TEOLOGIA FUNDAMENTAL

Dados Internacionais de Catalogação na Publicação (CIP)
(Câmara Brasileira do Livro, SP, Brasil)

Xavier, Donizete
    Teologia Fundamental / Donizete Xavier. –
Petrópolis, RJ : Vozes, 2021. – (Coleção Iniciação à Teologia)

    ISBN 978-65-571-3026-1

    1. Apologética 2. Cristianismo 3. Fé 4. Existência humana
5. Revelação – Igreja Católica 6. Teologia Sistemática
I. Título II. Série.

20-49277   CDD-239

Índices para catálogo sistemático:
1. Teologia Fundamental : Cristianismo 239

Maria Alice Ferreira – Bibliotecária – CRB-8/7964

DONIZETE XAVIER

TEOLOGIA FUNDAMENTAL

EDITORA
VOZES

Petrópolis

© 2021, Editora Vozes Ltda.
Rua Frei Luís, 100
25689-900 Petrópolis, RJ
www.vozes.com.br
Brasil

Todos os direitos reservados. Nenhuma parte desta obra poderá ser reproduzida ou transmitida por qualquer forma e/ou quaisquer meios (eletrônico ou mecânico, incluindo fotocópia e gravação) ou arquivada em qualquer sistema ou banco de dados sem permissão escrita da editora.

CONSELHO EDITORIAL

Diretor
Gilberto Gonçalves Garcia

Editores
Aline dos Santos Carneiro
Edrian Josué Pasini
Marilac Loraine Oleniki
Welder Lancieri Marchini

Conselheiros
Francisco Morás
Ludovico Garmus
Teobaldo Heidemann
Volney J. Berkenbrock

Secretário executivo
João Batista Kreuch

Editoração: Leonardo A.R.T. dos Santos
Diagramação: Sheilandre Desenv. Gráfico
Revisão gráfica: Alessandra Karl
Capa: Editora Vozes

ISBN 978-65-571-3026-1

Editado conforme o novo acordo ortográfico.

Este livro foi composto e impresso pela Editora Vozes Ltda.

Sumário

Apresentação à segunda edição da Coleção Iniciação à Teologia, 7

Prefácio, 11

Introdução, 13

Parte I, 21

1 Histórico da Teologia Fundamental, 23

2 O acesso do homem à revelação, 32

3 O Mistério inefável, 61

4 Perspectiva filosófico-exegética, 72

5 A fenomenologia bíblica, 90

6 A Constituição Dogmática *Dei Verbum*, 101

7 Algumas analogias significativas no panorama da Teologia Fundamental, 117

Parte II, 125

1 A Teologia Fundamental e a linguística cognitiva, 127

2 A importância da hermenêutica para a Teologia Fundamental, 140

3 O conceito de revelação em Paul Ricoeur, 155

4 O resgate da importância do conceito de testemunho, 176

5 A teologia do martírio e seu lugar na Teologia Fundamental, 223

6 Francisco, o papa da Teologia Fundamental do terceiro milênio, 241

7 O problema do mal na reflexão da Teologia Fundamental, 260

Conclusão – O Deus oniamante, 267

Referências, 271

Índice, 285

Apresentação à segunda edição da Coleção Iniciação à Teologia

Uma coleção de teologia, escrita por autores brasileiros, leva-nos a pensar a função do teólogo no seio da Igreja. Tal função só pode ser entendida como atitude daquele que busca entender a fé que professa, e, por isso, faz teologia. Esse teólogo assume, então, a postura de produzir um pensamento sobre determinados temas, estabelecendo um diálogo entre a realidade vivida e a teologia pensada ao longo da história, e se caracteriza por articular os temas relativos à fé e à vivência cristã a partir de seu contexto. Exemplos claros desse diálogo, com situações concretas, são Agostinho ou Tomás de Aquino, que posteriormente tiveram muitas de suas teorias incorporadas à doutrina cristã-católica, mas que a princípio buscaram estabelecer um diálogo entre a fé e aquele determinado contexto histórico. Como conceber um teólogo que se limita a reproduzir as doutrinas pensadas ao longo da história? Longe de ser alguém arbitrário ou que assuma uma posição de déspota, o teólogo é aquele que dialoga com o mundo e com a tradição. Formando a tríade teólogo-tradição-mundo, encontramos um equilíbrio saudável que faz com que o teólogo ofereça subsídios para a fé cristã, ao mesmo tempo que é fruto do contexto eclesial em que vive.

Outra característica que o acompanha é a de ser filho da comunidade eclesial, e, como tal, deve fazer de seu ofício um serviço aos cristãos. Se consideramos que esses cristãos estão inseridos em realidades concretas, cada teólogo é desafiado a oferecer pistas, respostas ou perspectivas teológicas que auxiliem na construção da identidade cristã que nunca está fora de seu contexto, mas acontece justamente na relação dialógica com ele. Se o contexto é sempre novo, também a teologia se renova. Por isso o teólogo olha novos horizontes e desbrava novos caminhos a partir da experiência da fé.

O período do Concílio Vaticano II (1962-1965) consagrou novos ares à teologia europeia, influenciada pela *Nouvelle Théologie,* pelos movimentos bíblicos e litúrgicos, dentre outros. A teologia, em contexto de modernidade, apresentou sua contribuição aos processos conciliares, sobretudo na perspectiva do diálogo que ela própria estabelece com a modernidade, realidade latente no contexto europeu. A primavera teológica, marcada por expressiva produção intelectual e pelo contato com as várias dimensões humanas, sociais e eclesiais, também chega à América Latina. As conferências de Medellín (1968) e Puebla (1979) trazem a ressonância de vários teólogos latino-americanos que, diferente da teologia europeia, já não dialogam com a modernidade, mas com suas consequências, vistas principalmente no contexto socioeconômico. Desse diálogo surge a Teologia da Libertação e sua expressiva produção editorial. A Editora Vozes, nesse período, foi um canal privilegiado de publicações, e produziu a coleção *Teologia & Libertação* que reuniu grandes nomes na perspectiva da teologia com a realidade eclesial latino-americana. Também nesse período, houve uma reformulação conceitual na *REB* (Revista Eclesiástica Brasileira), organizada pelo ITF (Instituto Teológico Franciscano), sendo impressa e distribuída pela Editora Vozes. Ela deixou de ser canal de formação eclesiástica para se tornar um meio de veiculação da produção teológica brasileira.

Embora muitos teólogos continuassem produzindo, nas décadas do final do século XX e início do XXI, o pensamento teológico deixou de ter a efervescência do pós-concílio. Vivemos um momento antitético da primavera conciliar, denominado por muitos teólogos como inverno teológico. Assumiu-se a teologia da repetição doutrinária como padrão teológico e os manuais históricos – muito úteis e necessários para a construção de um substrato teológico – que passaram a dominar o espaço editorial. Essa foi a expressão de uma geração de teólogos que assumiu a postura de não mais produzir teologia, mas a de reafirmar aspectos doutrinários da Igreja. O papado de Francisco marcou o início de um novo momento, chancelando a produção de teólogos como Pagola, Castillo, e em contexto latino-americano, Gustavo Gutiérrez. A teologia voltou a ser espaço de produção e muitos teólogos passaram a se sentir mais responsáveis por oferecerem ao público leitor um material consonante com esse momento.

Em 2004, o ITF, administrado pelos franciscanos da Província da Imaculada, outrora responsável pela coleção *Teologia & Libertação* e ainda responsável pela *REB*, organizou a coleção *Iniciação à Teologia*. O Brasil vivia a efervescência dos cursos de teologia para leigos, e a coleção tinha o objetivo de oferecer a esse perfil de leitor uma série de manuais que exploravam o que havia de basilar em cada área da teologia. A perspectiva era oferecer um substrato teológico aos leigos que buscavam o entendimento da fé. Agora, em 2019, passamos por uma reformulação dessa coleção. Além de visarmos um diálogo com os alunos de graduação em teologia, queremos que a coleção seja espaço para a produção teológica nacional. Teólogos renomados, que têm seus nomes marcados na história da teologia brasileira, dividem o espaço com a nova geração de teólogos, que também já mostraram sua capacidade intelectual e acadêmica. Todos eles têm em comum a característica de sintetizarem em seus manuais a produção teológica que é fruto do trabalho.

A coleção *Iniciação à Teologia*, em sua nova reformulação, conta com volumes que tratam das Escrituras, da Teologia Sistemática, Teologia Histórica e Teologia Prática. Os volumes que estavam presentes na primeira edição serão reeditados; alguns com reformulações trazidas por seus autores. Os títulos escritos por Alberto Beckhäuser e Antônio Moser, renomados autores em suas respectivas áreas, serão reeditados segundo os originais, visto que o conteúdo continua relevante. Novos títulos serão publicados à medida que forem finalizados. O objetivo é oferecermos manuais às disciplinas teológicas, escritos por autores nacionais. Essa parceria da Editora Vozes com os teólogos brasileiros é expressão dos novos tempos da teologia, que busca trazer o espírito primaveril para o ambiente de produção teológica, e, consequentemente, oferecermos um material de qualidade, para que estudantes de teologia, bem como teólogos e teólogas, busquem aporte para seu trabalho cotidiano.

Welder Lancieri Marchini
Editor teológico, Vozes
Coordenador da coleção

Francisco Morás
Professor do ITF
Coordenador da coleção

Prefácio

A Teologia Fundamental está intrinsecamente relacionada com a razão de ser da própria teologia. Debruçando-se sobre a revelação, entendida como relação entre Deus e criação, a Teologia Fundamental não se limita a estudar as concepções metafísicas de Deus, o que a identificaria como uma teosofia. Nem se limita a ser uma teodiceia, discutindo sobretudo a concepção do mal e sua incompatibilidade com a deidade judaico-cristã. Dialogando com as concepções filosóficas e com os conceitos que povoaram a história da teologia, a Teologia Fundamental busca compreender a revelação do Deus que se faz presença na história.

Outras dificuldades se impõem aos fundamentos da teologia. Como falar de Deus-em-si? Ela se torna uma tarefa não somente difícil, como cada vez mais inviável. Caminhamos para um Deus que se apresenta como mistério, como Deus da revelação, como um Deus que participa da história humana. Como mistério, a relação com Deus assume características místicas, recebendo contornos de vivência cristã, de testemunho histórico e de participação eclesial.

O ser humano se comunica com Deus e consequentemente comunica Deus. A experiência salvífica é vivência que se torna linguagem, se torna comunicação. Assim cada vez mais a hermenêutica figura como um instrumento indispensável para o entendimento da revelação. A experiência de Deus é sempre contextualizada, histórica, e por isso deve ser interpretada e entendida. A Teologia Fundamental, em constante diálogo com as Escrituras e com a tradição teológica, busca instrumentalizar essa hermenêutica. A obra de Donizete Xavier cumpre uma dupla função. Como manual de Teologia Fundamental, oferece ao estudante de teologia e ao leitor que se interessa pelo assunto os conceitos básicos e os principais autores e suas reflexões. Mas a obra vai além e apresenta sobretudo as reflexões acerca da relação entre hermenêutica e revelação, apresentando o pensamento de Paul Ricoeur e Jean Luc Marion.

Esperamos que as reflexões e teorias aqui apresentadas possibilitem aos estudantes e pesquisadores de teologia um diálogo com o Deus que se faz presente na história. Esse teólogo se tornará capaz de perceber que a relação com Deus é comunicada nos contextos históricos dando testemunho da fé.

Welder Lancieri Marchini
Editor teológico, Vozes
Coordenador da coleção

Francisco Morás
Professor do ITF
Coordenador da coleção

Introdução

Se é verdade que uma disciplina se determina por seu objeto e por seu método, para a Teologia Fundamental, o objeto e o método se situam no marco geral da revelação divina e sua aceitação por parte do homem. Deus se revela ao homem, vem ao seu encontro, estabelece com esse um diálogo livre de amor. O Deus que se revela é o Deus *absconditus* a quem ninguém jamais viu (Jo 1,18). Nesse sentido, falar da revelação divina de Deus faz necessário encontrar uma epistemologia da fé. No diálogo livre e amoroso que Deus estabelece com o homem, esse último em um ato de fé, aceita a revelação de Deus. O Deus misterioso se manifesta como Pai por meio do seu Filho encarnado no Espírito Santo. A revelação histórica de Deus é trinitária e se expressa em atos de linguagem. A Trindade não é somente o objeto da revelação, mas também sujeito, princípio formal que expressa sua estrutura epistemológica.

A Teologia Fundamental tem se ocupado cada vez mais em demonstrar que Deus, em seu mistério de amor, se dá a conhecer livremente (*DV* 2). Deus se expressa em amor e misericórdia, uma vez que se endereça a quem o reconhece e o recebe livremente. Em sua revelação, Deus irrompe na história e autocomunica o seu mistério. É aqui que a Teologia Fundamental se interessa pela ideia da expressidade do mistério revelado. O lugar do mistério trinitário na especificidade teológica que é a Teologia Fundamental está na atestação de que a Trindade é a revelação plena e definitiva de Deus. Não é apenas um mistério cristão, é o mistério por excelência, onde todas as outras verdades cristãs são uma decorrência da revelação da Trindade. A Trindade é um mistério soteriológico, por isso dispensadora dos bens salvíficos. Por esse motivo, está em íntima relação com a vida da humanidade, com a ecologia e a economia, com o trabalho e a cultura, com a justiça e os direitos humanos, com a cidade e a arte, de fato, com a organização da sociedade da Igreja.

A teologia está relacionada a um discurso que fala de Deus, com um *logos* humano que, fenomenologicamente, procura explicar e compreender, interpretar e anunciar e, historicamente, exige que o discurso sobre Deus renuncie a todas as objetivações impostas pela razão especulativa e, assim, possa encontrar uma nova significação de um discurso que não fale somente sobre Deus, mas que evidencie uma linguagem que fale dele humanamente, como afirma o teólogo Claude Geffré.

A *ratio essendi* da Teologia Fundamental encontra sua cifra sintética nos primórdios da Igreja nascente, quando o Apóstolo Pedro convida algumas comunidades cristãs que viviam em diversas religiões da Ásia Menor a darem testemunho da sua fé no acontecimento Jesus de Nazaré: "Pelo contrário, santificai em vossos corações a Cristo, que é o Senhor. Estai sempre dispostos a justificar vossa esperança perante aqueles que dela vos pedem conta" (1Pd 3,15). Muitos são os manuais e escritos de Teologia Fundamental, de tal forma que não há um único esquema para um trabalho moderno dessa disciplina.

A principal premissa deste livro é conceber a Teologia Fundamental a partir do seu evento fundador que é a revelação de Deus em Jesus Cristo e a sua credibilidade, capítulo decisivo nos estudos dessa disciplina. De fato, a centralidade orientadora da revelação cristológica nos autoriza afirmar que "a revelação cristã é a verdadeira estrela de orientação para o homem, que avança por entre os condicionamentos da mentalidade imanentista e os reducionismos de uma lógica tecnocrática; é a última possibilidade oferecida por Deus para reencontrar em plenitude aquele projeto primordial de amor que teve início com a criação" (*FR* 15).

Nossa proposta de trabalho é apresentar uma fenomenologia desse evento fundador e demonstrar a linguagem como sua mediação. Como uma espécie de Teologia Fundamental I, queremos deixar claro que a revelação é o núcleo irredutível dessa teologia. Ciente que a proposta deste livro toca em apenas um dos tópicos da Teologia Fundamental, já que sua reflexão é fecunda e interage com os mais variados temas existenciais, pois se trata de uma disciplina de fronteira com janela aberta, que interage e dialoga com os mais variados parceiros externos: Igreja, religiões, culturas e ciências. Sendo assim, como uma espécie de *praeparatio revelationis*, assumindo como horizonte sobretudo um diálogo com a filosofia, apropriamo-nos da ideia de que a credibilidade da revelação se relaciona com as instâncias culturais e filosóficas do próprio tempo e que seus interlocutores refletem a partir do evento revelador.

Na história moderna da Teologia Fundamental, a temática da credibilidade foi desenvolvida com propriedade por René Latourelle e hoje encontra ecos e impulsos profundos no pensamento de Rino Fisichella e Salvador Pié-Ninot. Nós nos aproximaremos metodológica e sistematicamente desses pensadores para apresentar uma Teologia Fundamental que olha para frente, que dialoga sem medo com consciência viva de sua identidade e de sua missão.

Por outro lado, assumimos o modelo hermenêutico da Teologia Fundamental pensado por Claude Geffré. Para ele, a teologia, quando tem por objeto a história e o conjunto de fenômenos, tende, então, a se compreender não mais como um discurso imediato sobre Deus, mas como um discurso sobre uma linguagem que fala humanamente de Deus. Hoje somos sabedores que a hermenêutica é uma das palavras mais importantes da linguagem teológica contemporânea e tem se tornado central para a Teologia Fundamental.

A hermenêutica é uma ciência mediadora, como Hermes é o mediador entre o céu e a terra: ele revela as coisas misteriosas em palavras humanas. Sem a sua função hermético-hermenêutica (fechando e abrindo), o oráculo permanece inacessível. Segundo Ricoeur, a linguagem é a própria *hermeneia* original do real, pois, ao mesmo tempo em que revela, esconde, permitindo assim que a ordem das significações participe da ordem da vida. É nesse contexto, na busca de uma linguagem capaz de dizer Deus, dotada de sentido e inovadora da realidade, que a questão da linguagem assume o centro da Teologia Fundamental.

Para Geffré, na teologia hermenêutica se coloca justamente a questão da relação do intérprete com seus textos, os textos fundadores de sua fé. Nesse sentido, a Teologia Fundamental tem sido reconhecida como teologia hermenêutica, uma vez que é um discurso que se debruça sobre um discurso sobre Deus. A questão descortinada é que, de fato, a linguagem religiosa da Bíblia é uma linguagem simbólica que "faz pensar", uma linguagem da qual não se cessa de descobrir as riquezas de sentido, uma linguagem que visa uma realidade transcendente e, ao mesmo tempo, desperta a pessoa humana à dimensão profunda de seu ser.

Com efeito, podemos dizer que o labor teológico se constrói perspectiva hermenêutica, uma vez que estamos sempre inscritos em uma tradição de linguagem que nos precede e acompanha qualquer interpretação e reflexão possível. Sendo assim, entende-se que a linguagem é um dos capítulos constitutivos do desdobramento histórico e semântico do vocabulário teológico; de tal forma que sua significação e implicação epistemológica desdobram-se no testemunho e no encontro entre a palavra do homem sobre Deus e a Palavra definitiva de Deus sobre si mesmo.

O mistério de Deus, analisado no horizonte da linguagem a partir da hermenêutica moderna, evidencia uma razão capaz de articular dialeticamente revelação e linguagem. Nesses termos, reconhece-se a importância da hermenêutica para a teologia, sendo possível demonstrar sua pertinência e relevância não somente para os chamados métodos explicativos, mas também para o jogo referencial e paradigmático entre textos e ações, como uma característica específica da revelação de Deus na história e na palavra humana. Dessa feita, o objeto epistemológico do ato teológico configura-se sempre mais como o conjunto de textos compreendidos no campo hermenêutico da revelação.

Pensar a revelação de Deus no horizonte da linguagem pressupõe um estudo dinâmico que integre na busca de nova razão teológica as realidades utilizadas por Deus como instrumentos de manifestação de seu amor e de sua misericórdia. As categorias *história, linguagem* e *signos* são proposições necessárias para se pensar Deus e o seu mistério que se revela. Considerar que a revelação de Deus se realiza sob o modelo de comunicação e sob o horizonte da linguagem exige perceber que o aspecto histórico da revelação, sua dimensão de encontro e sua fisionomia corporal constituem elementos que permitem unir teoria da linguagem e teologia da revelação.

Com este livro queremos demonstrar que para se pensar uma Teologia Fundamental recontextualizada, sua aproximação à linguística cognitiva é decisiva, isso porque, quando se considera Jesus Cristo como Palavra universal e definitiva de Deus, a revelação aparece assim como um acontecimento da linguagem. Nesse sentido, adotamos para este livro uma análise da linguagem religiosa. Sabedores de que esta não é sem sentido, mas rica em significado e em sua referência veritativa. Será oportuno em nossa reflexão acentuarmos a análise da linguagem do filósofo Paul Ricoeur e a aproximação da Teologia Fundamental à moderna semiótica e à filosofia da linguagem na certeza de que essa conexão pode oferecer maior inteligibilidade de que a linguagem humana é mediação da divina. Nas palavras de Carvalho, "a filosofia da linguagem constitui um desafio para a teologia cristã. Não se pode falar de Deus sem levar em conta as regras da linguagem usadas na comunicação humana" (CARVALHO, 2004, p. 35).

O interesse da Teologia Fundamental pela questão da linguagem toca três espécies de pressupostos: a realidade da fé, a natureza e o papel da razão; podemos dizer que assim como toda teologia, ela é a fé em busca de inteligência, mas especificamente em busca da inteligência do mistério revelado de Deus na carne da história. Nesse sentido, a linguagem teológica expressa a fé no acontecimento da revelação e participa da dinâmica mesma da fé, que tem a inteligibilidade do seu próprio objeto. É nesse contexto – na busca de uma linguagem capaz de dizer Deus, dotada de sentido e inovadora da realidade – que a questão da linguagem assume o centro da Teologia Fundamental.

A linguagem cognitiva tornou-se um tema central da epistemologia teológica recente, o que faz pensar a possibilidade de uma articulação frutífera entre a teologia e teorias filosóficas teologicamente neutras, capaz de instruir o teólogo na construção do seu discurso na atualidade. Vale dizer que, de fato, a teologia se vê impulsionada a se recontextualizar na busca de novas conexões com a filosofia contemporânea, na qual a filosofia da linguagem e a filosofia reflexiva exercem um papel singular. Nas palavras de Jean-Yves Lacoste, "a questão da linguagem renovou-se profundamente na filosofia, depois na teologia recente, e levou a uma revitalização da imagem, da metáfora, da narrativa, de tudo o que nunca se deixa reduzir a uma tradução em termos proposicionais estritos" (LACOSTE, 2004, p. 1.044).

Sabe-se por tradição que, para a teologia, a questão do texto está na origem do seu trabalho reflexivo. Nesse sentido, não é inconsistente adotar um modelo linguístico no seu labor em sua interpretação e compreensão. A substância epistemológica desse novo saber deve ser capturada como linguagem poética. A poesia se revela como um lugar teológico; é profecia em um novo estilo de linguagem. Por meio dela, o homem pode encontrar uma nova linguagem espiritual e transfigurar-se, ressignificando a sua própria vida. Nesse sentido, quando se trata da análise da linguagem religiosa, não se começa do zero, é preciso estar à procura de um começo consignado. Sendo assim, como que numa fuga para trás, o teólogo tem a tarefa de encontrar-se com os textos fundadores de sua fé e decifrar contemporaneamente para si e para a sua comunidade ouvinte a verdade dessa fé.

Essa lógica é singular para a Teologia Fundamental cada vez mais consciente da importância da linguagem para sua análise e para a elucidação de uma nova epistemologia dos signos, capaz de oferecer uma adequada consciência do universo simbólico onde o homem se insere. Com esse labor científico, evidencia-se que sob a ação conjugada de todos esses fatores, uma renovação da linguagem da fé é possível. De fato, a Teologia Fundamental busca, no espaço das significações da linguagem, identificar a palavra como hipótese de trabalho. Trabalhar a palavra, encontrar nela um terreno fecundo onde se possa compreender melhor não somente uma importância antropológica da palavra, porque o homem é palavra, mas não só palavra, como também uma importância teológica da palavra.

A Teologia Fundamental aborda a questão do fenômeno da palavra a ponto de os seus maiores expoentes em seus manuais abrirem páginas fecundas e reflexivas sobre esse tema, estabelecendo um percurso que vai da palavra humana como forma de expressividade e comunicação à palavra divina dirigida aos homens no acontecimento da encarnação. Com todas as aferições que os novos manuais conferem ao fenômeno da palavra, compreende-se que não somente a filosofia, a antropologia ou a linguística, mas também a teologia se interessa pela análise da palavra para, desse lócus, extrair maior inteligibilidade do acontecimento da revelação.

Ao lado dessas considerações, este livro leva-nos a pensar a categoria de sujeito convocado, que se vincula impreterivelmente ao ato revelante de Deus e à ideia de receptividade por parte do homem, que acontece na perspectiva de sua fé, porque é doação e acolhimento, dom e resposta eticamente implicativa. Com efeito, essa ideia de sujeito convocado permite ressaltar a importância da categoria de testemunho para a Teologia Fundamental. Graças a uma dupla aproximação filosófica e bíblica, pode-se compreender melhor a afirmação do sujeito humano em seu agir responsável.

A categoria de testemunho ocupa na atualidade o centro da reflexão da Teologia Fundamental, pois, partindo da ideia de que a relação entre revelação e testemunho implica uma questão central para o labor teológico: elucidar "o escândalo do paradoxo", a possibilidade de dizer que uma palavra humana seja absoluta e, por outro lado, aperceber-se do signo do Absoluto em uma experiência de vida eticamente testemunhada. Pensar em termos de Teologia Fundamental a categoria de "sujeito convocado" sob a ótica do testemunho significa compreender que há um caminho de humanização como dom recebido que interpela a responsabilização original. O sujeito que crê e acolhe a revelação se vê chamado a servir, cultivar e a aceitar a promessa de Deus sem nunca abandonar o lugar de sua responsabilidade. Sendo assim é capaz de testemunhar com a palavra e com a vida a responsabilidade pela própria humanidade. O sujeito convocado é aquele que se refigura como hóspede do humano e interpreta livremente o relato da sua existência recebida como resposta a um chamado que abre sempre novas possibilidades.

PARTE I

1
Histórico da Teologia Fundamental

Quando falamos de Teologia Fundamental no quadro das disciplinas teológicas, podemos afirmar que ela é uma disciplina teológica recente e instigante. Aparece nos primórdios da Igreja nascente, quando o Apóstolo Pedro convida algumas comunidades cristãs que viviam em diversas religiões da Ásia Menor a darem testemunho da sua fé no acontecimento Jesus de Nazaré: "Pelo contrário, santificai em vossos corações a Cristo, que é o Senhor. Estai sempre dispostos a justificar vossa esperança perante aqueles que dela vos pedem conta" (1Pd 3,15). Esse texto se situa por volta do ano 64 ou 67, possível data do martírio do apóstolo encarregado de conduzir a Igreja nascente. Suas palavras são tradicionalmente tomadas como cifra sintética da teologia e, da Teologia Fundamental. Recorda-se que as duas cartas do apóstolo foram dirigidas à convertidos do paganismo. Ser cristãos naquela sociedade exigia perseverança e testemunho frente às ameaças iminentes. Perseverança e testemunho marcam a origem da fundamentação da Teologia Fundamental, uma vez que desde o início das primeiras comunidades cristãs a busca da racionalidade, daquilo que se crê, era sua preocupação.

A definição clássica da teologia é que ela é *fides quaerens intellectum* (a fé que busca a inteligência). Nesse sentido, podemos dizer que a teologia se realiza como um desdobramento da dimensão cognitiva da fé. Para a teologia, a questão que afeta a verdade da fé é o movimento inaudito de Deus em entrar em todo o drama humano, deixando marcas de sua presença na carne da história. Nesses termos, podemos dizer que a fé está sempre implicada em uma história em movimento, cujo *Deus revelatus* se aventura a penetrar nas entranhas da história humana.

Afirmar que Deus em seu mistério se faz decifrar no entrelaçamento inseparável entre revelação e salvação é objeto da Teologia Fundamental, uma vez que a história é por excelência *locus revelatus* e *locus salvationis*. Nesses termos, a Teologia Fundamental é o resultado do perguntar do crente por sua própria situação de crer; é dizer pelo significado da revelação de Deus e da fé com a qual responde aquele que crê, assim como pela integração da revelação e a fé na estrutura do espírito humano. Consequentemente, a Teologia Fundamental acaba sendo uma reflexão sistemática e científica a partir de uma atitude espontânea que, de uma maneira ou de outra, surge em todo crente. Trata-se da atitude teológica básica: a da fé que busca a inteligência (*fides quaerens intellectum*), ou se preferir, da inteligência do crente que se pergunta por si mesmo, que se faz reflexiva em um intento de integrar o que sabe e o que crer.

A Teologia Fundamental, desde o seu início, é marcada pelo diálogo que, em princípio, pode iniciar-se tendo o sujeito como interlocutor a seu próprio espírito em que a fé e a razão se relacionam, se interrogam mutuamente, precisam seu alcance e tendem a uma ação e resultado conjunto. Essa é a face constitutiva do *intellectus fidei*, da inteligência da fé em que confluem o exercício da razão e o da fé. A teologia não deve ser somente compreendida como inteligência da fé, mas, ao mesmo tempo, linguagem da fé, isso porque inteligência e linguagem vivem do paradoxo que se abre entre a obediência à revelação de Deus e a experiência que dele se faz como mistério. É no espaço existente entre a revelação e o mistério que acontece a teologia; ela será sempre ato segundo.

1.1 Da apologética tradicional à Teologia Fundamental pós-conciliar

A Teologia Fundamental procede historicamente da apologética. No contexto histórico da Teologia Fundamental, a apologética tradicional fundiu na tradição manualística as afirmativas da fé que encontramos entre os dois Concílios Vaticanos. De fato, desenvolve-se uma lógica argumentativa em forma demonstrativa. As três demonstrações – a religiosa, a cristã e a católica – que delineavam as etapas de uma *analysis fidei* e pretendiam conduzir o interlocutor a um *rationabile obsequium*, como expressaram as palavras do Apóstolo Paulo no que diz respeito a ato submissão da fé ao fundamento racional. Trata-se de uma fé científica que reconhece a racionalidade da fé e a credibilidade da revelação. Mas é importante deixar claro que não se tratava da fé sobrenatural, do ato da fé enquanto resposta do homem a Deus que se revela e expressa na forma de um *assensus fidei* ao conteúdo da fé que se faz possível pela graça de Deus[1]. A impostação se colocava na distinção entre a fé a razão ápice da cultura moderna.

Num contexto em que a evidência se submetia ao regime da razão e o que é obscuro ao regime da fé, doutrina incapaz de exibir suas próprias razões, a apologética surgia como uma tentativa de homologar ao modelo epistemológico do ato da fé. Porém o limite da apologética se definiu justamente na maneira como abordou epistemologicamente a questão da revelação em um modo apriorístico, ou melhor, sem considerar nesse modelo o conteúdo e o sentido da revelação e aceitando afirmar a verdade de um modo extrínseco.

---

1. A fé é um dom de Deus e um ato humano, afirma o Catecismo da Igreja: *A fé é um ato humano*. Ainda que seja um ato que se realiza graças a um dom sobrenatural, "crer é um ato autenticamente humano. Não é contrário nem à liberdade nem à inteligência do homem depositar sua confiança em Deus e dar sua adesão às verdades por Ele reveladas". Na fé, inteligência e vontade cooperam com a graça divina: "Crer é um ato do entendimento que assente à verdade divina por determinação da vontade movida por Deus mediante a graça" [1] (*CIC* 153-154).

Como disciplina teológica, a apologética surgiu no processo de diversificação interna experimentada pela teologia nos séculos XVII e XVIII. Porém, foi a partir do século XIX que sua sistematização se tornou mais efetiva. A Teologia Fundamental como nova disciplina apareceu pela primeira vez nos documentos oficiais da Igreja como uma das partes da teologia na constituição *Deus Scientiarum Dominus*, promulgada pelo Papa Pio XI a 24 de maio de 1931. Porém foi o Concílio Vaticano II que marcou uma nova era para a Teologia Fundamental. Se na apologética a revelação, credível em razão da excecionalidade do Revelador, coincidia com a verdade comunicada de Deus. Na *Dei Verbum*, o Vaticano II afirma de imediato que a revelação consiste na vida eterna de Deus que fez visível na forma da comunicação entre o Pai, o Filho e o Espírito Santo à qual somos chamados a participar.

Mas foi no documento da Congregação para a Educação Católica, *A formação teológica dos futuros sacerdotes*, de 1976, que a Teologia Fundamental ganhou visibilidade a ponto de o documento seguinte da mesma congregação, a constituição apostólica *Sapientiae Christiana* de 1979, apresentar a Teologia Fundamental como uma das disciplinas obrigatórias, depois da Sagrada Escritura, já que se ocupa das próprias bases de todos os outros tratados teológicos. Outro documento que se destaca no contexto histórico da Teologia Fundamental é a Encíclica *Fides et Ratio*, ressaltando o caráter missionário da disciplina, de dar razão à fé (1Pd 3,15). A Teologia Fundamental deve se encarregar de justificar e explicitar a relação entre a fé e a reflexão filosófica [...] ao estudar a revelação e sua credibilidade, junto com o correspondente ato da fé. Deve ainda mostrar como, à luz do conhecimento pela fé, emergem algumas verdades que a razão já possui no seu caminho autônomo de busca e que a revelação lhes confere pleno sentido, orientando-as para a riqueza do mistério revelado, no qual encontram o seu fim último. Deve ainda mostrar a íntima compatibilidade entre a fé e sua exigência fundamental de ser explicada mediante uma razão capaz de dar seu assentimento na plena liberdade. Assim, a fé saberá mostrar "plenamente o caminho a uma razão que busca sinceramente a verdade. Desse modo, a fé, dom de Deus, apesar de não se fundar na razão, certamente não pode prescindir dela; ao mesmo tempo, a razão necessita fortalecer-se mediante a fé, para descobrir os horizontes a que não poderia chegar por si mesma".

1.2 Objeto e método da Teologia Fundamental

Uma disciplina se determina por seu objeto e seu método. Para a Teologia Fundamental, o objeto e o método têm estado sempre situados no marco geral da revelação divina e de sua aceitação por parte do homem. "Deus se revela ao homem", "o homem aceita a revelação de Deus". O Deus que se revela é o *Deus absconditus* a quem ninguém jamais viu (Jo 1,18). Deus misterioso que se manifesta como Pai por meio do seu Filho Jesus Cristo, Verbo encarnado, e do Espírito Santo. Essa revelação de Deus se manifesta em amor e misericórdia, aspectos da natureza de Deus, manifestados na história dos homens como realidades salvíficas de Deus. A revelação é parte integrante da história da economia da salvação. O Deus que se revela é o Deus que salva em seu amor e sua misericórdia. Nesse sentido, Deus não revela algo, mas se revela a si mesmo e manifesta sua vontade salvífica. Ao revelar-se a si mesmo, Deus revela ao homem seu próprio mistério.

1.3 A revelação como objeto primeiro

Enquanto objeto da Teologia Fundamental, a revelação se caracteriza pelo seu primado ontológico, a iniciativa de Deus. Deus vem ao encontro do homem e estabelece um diálogo de amor e de amigo (*DV* 2). Nesse sentido, a revelação não é somente um conceito *a priori* da teologia, é autocomunicação e automanifestação pessoal e livre de Deus aos homens, o que implica dizer que, por causa do seu primado ontológico temos que pensar sua prioridade epistemológica: o acolhimento, por parte do homem. A revelação é um convite à aliança e à vida de comunhão com Deus. O Deus que se revela é o Deus vivo que vai muito mais além do que se pode afirmar sobre Ele. A razão humana e a própria história e os textos bíblicos que o manifestam, não esgotam o ser de Deus. Então falar de sua revelação é falar da expressividade do seu mistério. Expressividade é uma categoria fenomenológica que nos dá acesso à manifestação de alguma coisa. Nesse sentido, o conceito de expressividade se liga simetricamente à ideia de manifestação. Manifestar-se é se mostrar, é dar-se a conhecer (RICOEUR, 1984, p. 41). A Teologia Fundamental tem se ocupado cada vez mais em demonstrar que Deus em seu mistério de amor, livremente, dá-se a conhecer (*DV* 2). Nesse sentido, o objeto primeiro da revelação é a sua categoria de *mistério*. Podemos dizer que, a partir do campo semântico das línguas modernas utilizado pela teologia contemporânea, agora se atribui um hífen ao termo latino "*revelatio*", do qual emana a compreensão não só do "tirar o véu", mas também sua condição de "velar de novo" (FORTE, 2003, p. 49-53).

O termo latino "*revelatio*" garante a dialética entre revelação e mistério, uma vez que a manifestação de Deus na história não é total, no sentido de dizer que verdadeiramente Deus se revela na história, mas nela não se esgota. Ele sempre excede sua própria revelação, de tal forma que sem anular-se como o Deus *absconditus* manifesta-se plenamente como o Deus *revelatus*. *A fortiori*, a teologia dirá que *o Deus revelatus* é o *Deus absconditus*, garantindo o paradoxo que se realiza na revelação de Deus no coração da história (PASTOR, 1982, p. 316). A Teologia Fundamental procura demonstrar que a ideia da revelação de Deus desde a perspectiva do seu duplo sentido, ou seja, seu ocultamento e manifestação, uma vez que, "o Deus que se mostra é um Deus escondido a quem pertencem as coisas escondidas" (RICOEUR, 1984, p. 33). O mistério é o propósito do desígnio salvífico de Deus para o homem, a realização da sua economia salvífica (CORDOVILLA PÉREZ, 2007, p. 42).

1.4 A credibilidade como objeto da Teologia Fundamental

A credibilidade revela a revelação de Deus para o homem. Essencial para o homem, a revelação faz necessário que se dê ao mesmo tempo continuidade e descontinuidade entre a revelação e o espírito humano. Se houvesse somente continuidade, a revelação pertenceria ao universo do naturalmente cognoscível, e estaria penetrada pela racionalidade. Se somente houvesse a descontinuidade, a revelação não poderia ser conhecida e pertenceria à destinação humana.

A continuidade e a descontinuidade mantêm plenamente o mistério de Deus e, ao mesmo tempo, o abre pelas mesmas vias que reconhecem as faculdades cognitivas do homem. Isso tem sido expresso pelos teólogos dizendo que a revelação tem uma forma ou estrutura que se corresponde com a forma e estrutura do espírito humano, e que é condição de sua inteligibilidade. Daqui surge uma dupla relação: por um lado, a revelação ilumina o ser mesmo do homem; por outro, o homem pode conhecer algumas características formais da revelação previamente a seu ser dada, na medida em que vem condicionadas pelo sujeito ao que se dirige essa revelação. Uma vez dada a revelação, o homem pode pensá-la, refletir sobre ela e integrá-la como conhecimento de fé na vida de sua própria razão.

Pela credibilidade, a revelação aparece dotada não somente de coerência interna, nem só de racionalidade e plausibilidade, senão que apela ao homem, ao homem histórico chamado à comunhão com Deus, ante quem se apresenta como uma oferta e uma resposta perfeitamente adequada ao que ele se pergunta e necessita, tanto no nível de sua razão como de sua existência pessoal e de sua vida em sociedade. A revelação se apresenta como credível; isto é, digna de ser aceita pela fé porque responde à busca da verdade plena, do sentido total da vida e da fecundidade da vida social. Põe-se assim em relevo o aspecto que, por relação à transcendência, poderíamos designar como de imanência da revelação, isto é, de situar-se no interior do dinamismo do espírito humano, iluminando e dando-lhe sua culminação.

Não se deve duvidar que a revelação vá sempre mais além das exigências do espírito e que, sendo a resposta que o homem espera, exige ao mesmo tempo que o homem saia de si mesmo e responda por sua vez com a entrega da fé. O sentido e o fundamento dessa fé não se apoiam somente no caráter escatológico da revelação, senão também, de modo particular, em sua dimensão atualmente transcendente e divina. Então a fé é uma adesão da parte do homem que se abre e se entrega ao mistério revelado de Deus e desse mistério de amor encontra o verdadeiro sentido da sua vida e existência.

Quando se compreende a credibilidade como objeto da Teologia Fundamental, torna-se evidente que as relações da fé com a razão, com a experiência e com a práxis são integradas na unidade da teologia. Como entendia Kant, a teologia é um corpo ou totalidade de conhecimentos bem trabalhados entre si. Deve ser compreendida como sistema que exige rigor científico. Nesses termos, a sua cientificidade está no fato de se pensar e repensar racionalmente a revelação de Deus com um método adequado e rigoroso. Se ela é reflexão inteligível da fé, é concomitantemente transmissão da fé que dá testemunho do que é credível da própria revelação. O que é credível está presente na junção entre revelação e mistério, uma vez que a sua credibilidade manifesta a sua origem incriada e o destino do humano. De fato, o que chamamos de credibilidade da revelação é a sua dimensão agápica, a iniciativa de Deus em sair ao encontro do homem e dar-se a conhecer plenamente e convidá-lo a participar da vida da Trindade (*DV* 2). A autocomunicação de Deus é um convite de Deus que existe para ser recebido como revelação pelo ser humano. De fato, a revelação, "fruto da iniciativa transcendente e gratuita do amor divino que se autocomunica, só pode ser percebida a partir da imanência das experiências humanas, no âmbito da historicidade" (GOMES, 2020, p. 20). O que está subentendido nessa impostação teológica é que Deus se revela em situações de humanidade.

Sendo assim, revelação e credibilidade são partes essenciais do objeto da Teologia Fundamental. A elas se unem o ato da fé ao que se dirigem tanto uma como a outra, uma vez que o receptor da autocomunicação de Deus se torna seu interlocutor, sendo capaz de expressar e interpretar a sua fé na busca da credibilidade da própria revelação. Desse modo, o objeto da Teologia Fundamental não é uma realidade considerada puramente em si mesma, mas essencialmente constituída pela ação de Deus e a resposta do homem, vivida dinamicamente na história e interpretada.

2
O acesso do homem à revelação

O especialista em Teologia Fundamental, Salvador Pié-Ninot, em seu manual dedica significativas páginas à questão do ser humano como "capaz de Deus". Partindo do enfoque medieval de matriz agostiniano-tomista, *homo capax Dei*, desdobra o duplo aspecto dessa afirmativa: o protológico e o escatológico. O primeiro se refere à questão do homem como "imagem de Deus". Recorda-se que o termo "protologia", oriundo do grego *prótos*, significa "primeiro" e está vinculado à teologia da criação e o termo escatologia, consumação definitiva, que na visão cristã se relaciona com a "visão de beatífica de Deus". Com isso, o enfoque medieval, considerando as referências bíblicas fundadas na tradição bíblico-agostiniano-tomista do homem criado a imagem de Deus e do novo homem criado em Cristo (Gn 1,27; Sir 7,30; Cl 3,9s.; Ef 4,23; Rm 8,10.29), marca decisivamente o seu uso futuro e sua atualização (PIÉ-NINOT, 2011, p. 110-111).

2.1 Prolegômenos à revelação

No contexto limitado deste escrito, propõe-se partir metodologicamente de uma rápida introdução antropológica, isso porque a intenção é entender o significado da acolhida da fé por parte do ser humano.

A pergunta central no nosso estudo é: qual é a realidade epistemológica do ato de crer? E como compreender a questão da fé na reviravolta antropológica do século XIX? De fato, a fé, assim como o ser humano, nasce do seu acontecer temporal e histórico. Assim, seria a teologia apenas *intellectus fidei* e a fé apenas *credo ut intelligam*? Fé e teologia se implicam mutuamente. Assim, pensar a fé teologicamente, sem abandonar o terreno crente no ambiente teológico, constitui tarefa básica de toda a Teologia Fundamental. *Teologia* que constitui reflexão a partir da fé – sendo, em sentido mais vasto e precisamente por essa via, articulação (*Logos*) de Deus (*Theos*) no nosso mundo; *Fundamental*, porque aborda os fundamentos de toda a teologia.

2.2 O homem como *potentia oboedientialis*

A Teologia Fundamental no horizonte da credibilidade da revelação insiste na ideia da capacidade do homem de acolhê-la devido à sua condição de *potentia oboedientialis*. De fato, o que se vincula aqui, é o sentimento religioso e de confiança absoluta, o da pertença a ordem de um amor obediente. A compreensão de tal *potentia oboedientialis* afeta o sujeito religioso num horizonte mais profundo. O sujeito que crê é capaz de dar conta da presença de um Outro que lhe fala e se torna fonte do seu chamado. Afirma Pié-Ninot:

> Dizer que o homem é potência obediencial ou capacidade receptiva é afirmar sua radical abertura para Deus, horizonte infinito. Essa capacidade – ou potência – se chama obediencial – quer dizer, receptiva – por razão de ser uma atitude fundamental de disponibilidade da revelação de Deus. Essa situação do homem faz com que este não apenas não experimente uma contradição para o horizonte infinito, o absoluto, Deus, senão também uma tendência frequentemente desconhecida por ele (PIÉ-NINOT, 2011, p. 110-111).

Diante disso, observa-se que a Teologia Fundamental tem se ocupado do tema da potência obediencial numa perspectiva antropológica transcendental, já que o homem está dotado de uma capacidade radical de abertura ao transcendente e à comunicação amorosa de Deus. Se o homem é capaz de abertura ao transcendente e a seu próprio mistério, é capaz de acolher a revelação de Deus. Essa é a premissa maior para que a Teologia Fundamental possa afirmar a abertura do homem à revelação. De fato, o sujeito que crê é capaz de dar conta da presença de um Outro que lhe fala e se torna fonte do seu chamado e de sua resposta.

Um dos expoentes da ideia da *potentia oboedientialis* é o teólogo alemão Karl Rahner. Em sua obra *Ouvinte da palavra: Fundamentos para uma filosofia da religião*, ao trabalhar no primeiro capítulo "A filosofia da religião como ontologia da *potentia oboedientialis* com vista à revelação". Para o teólogo alemão é possível pensar uma ontologia da *potentia oboedientialis* para acolher a livre-revelação de Deus. Afirma o teólogo:

> [...] Com efeito, a teologia em sua essência primigênia não é, nem muito menos, uma ciência cuja constituição seja realizada pelo homem mesmo. Originalmente é a teologia a audição – também iluminada – da revelação que Deus faz de si mesmo, conforme o seu livre--desígnio, por meio de sua palavra. A teologia, em sentido primeiro e primigênio, não é um sistema de proposições válidas constituídas por um pensar humano, senão a totalidade do falar divino dirigido por Deus mesmo, embora em linguagem humana, ao homem. Essa palavra de revelação de Deus, uma vez assim ouvida, e aprendida em uma unidade primigênia de *auditus* e *intellectus fidei,* pode o homem e fazê-la objeto de seu pensar que interroga, sistematiza e coordena o complexo total do saber humano, do qual resulta uma nova forma de ciência teológica. [A diferença entre o primeiro e o segundo sentido de teologia pode ser expressa por meio] de uma antiga terminologia, distinguindo entre teologia positiva e teologia escolástica.

Pois essa ciência que é a teologia escolástica se baseia essencialmente na livre-palavra da revelação de Deus mesmo, na teologia que ouve a Palavra de Deus, na teologia positiva. Essa simples percepção e aceitação de uma mensagem – que não se pode obter à força e cujo conteúdo é imprevisível – do Deus supramundano que se revela livremente, parece ser – enquanto se baseia em uma ação de Deus da qual depende da audição – radicalmente inacessível a uma fundamentação científica. Essa revelação de Deus não se pode motivar por parte do homem enquanto sua existência efetiva ou sua necessidade, como tão pouco enquanto a sua natureza intrínseca. Se isso é assim, é evidente de antemão que uma fundamentação científica da teologia, que em algum modo pelo menos deve conceber-se como anterior a esta, não se pode entender a Palavra de Deus, senão que deve se ater à audição da palavra por parte do homem: só a possibilidade apriorística da capacidade de ouvir uma revelação de Deus que possivelmente ocorra. Mas isso não pode *a priori* pretender uma motivação científica de uma teologia da revelação, que seja anterior à própria teologia. E assim deve, todavia (pelo menos, provisoriamente) permanecer problemático se o homem pode – e em que sentido – descobrir em si mesmo algo como um "ouvido" ou capacidade de ouvir uma possível revelação de Deus, se não tem ouvido antes algo semelhante e por isso sabe que pode ouvir e como deve, em função da revelação já ocorrida, interpretar em seus elementos constitutivos sua capacidade de ouvir (RAHNER, 2009, p. 22-23).

Ora, diante disso, compreender o homem como *potentia oboedientialis* na perspectiva rahneriana significa que se desenvolve uma antropologia metafísica em estreita relação com a Teologia Fundamental. Nesse sentido, para ele há uma ontologia da *potentia oboedientialis* capaz de escutar um eventual falar de Deus que se faz princípio no âmbito do conhecimento natural, isto é, mediante a experiência histórica. Cabe aqui, como explica Pié-Ninot, elucidar que não se trata da *potentia oboedientialis* para a graça sobrenatural, mas para a experiência histórica ou ainda para a capacidade de perceber a Palavra de Deus que se revela na história (PIÉ-NINOT, 2011, p. 112).

Compreender o homem como *potentia oboedientialis* significa compreendê-lo como capaz de revelação. Nesse sentido, o conceito liga-se diretamente à ideia de uma antropologia transcendental que coloca em relevo a condição de abertura do homem a uma possível revelação de Deus. Estamos diante de uma questão central para a Teologia Fundamental: o homem é dotado de uma capacidade inerente de acolhimento e receptividade que o qualifica como um ser transcendental. Nesse sentido, a matriz teológica que se desdobra dessa afirmação é que na base de tudo isso está a reflexão sobre a essência do ser humano.

> O homem é o ente dotado de uma espiritualidade receptiva, sempre aberta à história, e, em sua liberdade enquanto tal, se encontra diante do Deus livre de uma possível revelação, a qual, caso se verifique, se efetua sempre mediante "a palavra" em sua história, da qual constitui a mais elevada realização. O homem é aquele que escuta na história a Palavra do Deus livre. Só assim ele é aquilo que deve ser. Uma antropologia metafísica só é completa quando concebe a si mesma como metafísica de uma *potentia oboedientialis* para a revelação de um Deus supramundano (PIÉ-NINOT, 2011, p. 112).

Para melhor compreendermos o conceito de *potentia oboedientialis* enquanto capacidade receptiva, como explica Pié-Ninot, basta olharmos para uma relação verdadeira de amizade e de amor entre duas pessoas. Recorde-se que a palavra "amizade" provém do latim "*amicitia*", derivada do adjetivo "*amicus*", amigo. Ambas se originam no verbo "*amare*", que significa amar ou sentir afeto. Já na origem grega, "*philos*", da qual deriva do verbo "*phileo*", amar, expressa o sentimento que surge por pertencer a uma comunidade concreta. "Na relação de amizade cada um recebe o amor da outra parte como plenitude de sua própria existência e, apesar de tudo, como dom indevido que não pode exigir" (RAHNER, 2009, p. 112). *Philia* indica o amor amadurecido da amizade, do intercâmbio saudável e da aceitação da condição do outro (SPANAVELI PUGLIESE, 2019, p. 35-36).

O próprio Concílio Vaticano II na sua Constituição Dogmática *Dei Verbum*, conjugando os distintos modelos de revelação (PIÉ-NINOT, 2011, p. 112), assume a estrutura dialógica de uma amizade como condição da comunicação interpessoal entre Deus e o homem. Nesse sentido, é possível compreender do ponto de vista fenomenológico a relação entre a ideia de *potentia oboedientialis* e a categoria de amizade; uma vez que a representação dialógica assumida na constituição ajuda compreender a relevância desses fenômenos quando se referem à ideia da manifestação e à revelação comunicativa do Deus invisível ao homem, seu real interlocutor (NOVO, 2013, p. 27).

2.3 O homem capaz de escutar a Palavra de Deus

A Teologia Fundamental assume a ideia de que a experiência religiosa se situa no horizonte da linguagem, embora nela nem tudo seja linguagem, porém na experiência religiosa nada é sem a linguagem. A originalidade do discurso religioso relata a entranhada relação vital e de amor entre Deus e o homem desde a comunicação gratuita de Deus e a forma receptiva por parte do homem. De fato, a linguagem religiosa expressa, a partir dos instrumentos naturais da linguística, que a revelação de Deus aos homens se realiza como história de dois amantes envolvidos em um jogo semântico de linguagem e de liberdades.

A fé vem pela escuta, ensina a teologia. Nesse sentido, compreender o *auditus fidei* como uma das máximas do movimento interno da teologia, significa receber o dado da revelação, porém a linguagem da revelação é performativa, linguagem de amor que não enclausura o sujeito que crê num subjetivismo exacerbado, ou ainda num solipsismo espiritual; mas, ao contrário, remete-o para fora de si em direção ao outro, ao mundo e ao totalmente Outro. Nesse sentido, o ser humano na sua relação com Deus se compreende como um sujeito convocado, pois efetivamente toma consciência do mistério que o envolve.

Compreender o homem como capaz de escutar a Palavra de Deus significa compreendê-lo em sua condição original de transcendência. O homem é um ser transcendental, o que garante a sua condição de sujeito convocado. Como afirma J.P. Josua: "chamaremos transcendência à dimensão do homem pela qual ele toma consciência de que não tem outra essência que não seja o seu povir e de que, se vive, é um ser ainda não acabado" (JOSUA, 2012, p. 164). Esse, em sua consciência, espaço de encontro entre a Teologia Fundamental e a linguagem, é capaz de escutar a Palavra de Deus vinculada a sua atenção ao mundo e a questão da dignidade humana. Para a Teologia Fundamental, o sujeito convocado e consciente se assemelha àquele do *auditus temporis et alterius* com que a teologia contemporânea tem acenado, pois atento às múltiplas vozes do seu tempo é capaz de dar-se conta dos sinais que o movimento inaudito da revelação imprime na história. Sem essa atenta noção do outro e do mundo a relação entre Deus e o homem seria apenas uma ilusão que os filósofos da suspeita (Freud, Nietzsche e Marx) já haviam denunciado (cf. KASPUTIS, 2019, p. 121-122).

Mas, para aprofundarmos a questão da capacidade do homem em escutar a Palavra de Deus, podemos nos aproximar das reformulações e avanços da teologia do século XX, como tem acenado Salvador Pié-Ninot. Para o teólogo de Barcelona, diversos autores enveredaram em suas pesquisas sobre a ideia do homem como capaz de escutar a Palavra de Deus e aberto ao transcendente.

Tomo aqui a liberdade de seguir sistematicamente o seu esquema, uma vez que considero a estrutura apresentada em seu manual de Teologia Fundamental como pertinente para se pensar os grandes temas dessa teologia (PIÉ-NINOT, 2011, p. 112). De fato, se a filosofia, a antropologia e a teologia têm afirmado o caráter transcendental do homem, essa condição ontológica não é uma abertura qualquer, mas sim "uma abertura que aponta para o não conseguido, para o absoluto, o infinito, o último, o transcendente" (BOTSMAN, 2019, p. 121-122). O ser humano, enquanto sujeito ativo e não meramente receptor, está sempre orientado para um horizonte ilimitado e absoluto. Essa é a sua busca ontológica, sendo assim, sua busca transcendental. É dessa máxima teológica que emana a ideia de que "a capacidade receptiva do ser humano (*potentia oboedientialis*) e seu desejo de Deus (*desiderium naturale videndi Deum*), ativo e tendencial para a revelação e a Palavra de Deus" (PIÉ-NINOT, 2009, p. 167).

Nas palavras de Pié-Ninot:

> [...] a abertura do homem ao transcendente é a qualificação fundamental e fundante da existência humana que o converte assim em *movimento de abertura ao futuro*. Essa abertura e esse movimento se expressam em três respostas: *a resignação,* se o homem somente o suporta; *a desesperação,* se o homem se encerra em si mesmo; e finalmente *a esperança,* se decididamente se lança (*De Spe* I ad 6; *S.Th.* I, q. 75 a.6). Todo esse caminho para o transcendente parte de certo método básico da imanência e do bom uso de *correlações significativas.* É essa a forma como podemos qualificar o *fio comum* constatado tanto nas razões do coração de Pascal, como na apologética da imanência de Blondel, na perspectiva transcendental de K. Rahner, na *via amoris* de Von Balthasar, no critério da correlação de Tillich, no princípio de religação de Zubiri, no tríplice método transcendental, existencial e fenomenológico de Alfaro, na articulação entre memória, narração e solidariedade de Metz e na busca de uma fundamentação última de Verweyen (PIÉ-NINOT, 2011, p. 168).

Por outro lado, a famosa virada antropológica assumida pela Teologia Fundamental é fruto do Entreguerras onde se reinicia um movimento de releitura da tradição católica e as perguntas que o homem moderno faz sobre si mesmo que ultrapassam seus próprios limites (CARDERDAL, 2008, p. 97). Como afirma o filósofo Paul Ricoeur: "o homem é um ser finito, porém capaz"[2]. É a partir da sua condição paradoxal que está potencializado a experimentar Deus e compreender-se como um ser transcendental. Vejamos sistematicamente esse percurso antropológico transcendental traçado pelo teólogo barcelonense.

2.4 Blaise Pascal e as razões do coração

Pascal foi matemático, físico, filósofo e teólogo católico francês. Em *Pensamentos*, a partir da sua filosofia da religião sobrenatural, defende que a religião cristã deve ser demonstrada principalmente diante daqueles que a negam como revelada. Segundo Pascal, o homem é um ser miserável, incapaz de atingir a verdade, pois a razão humana é constantemente enganada pela imaginação. Nesse sentido, a sua única esperança é o Deus revelado[3].

Em *Pensamentos* (n. 793), Pascal trata da irredutibilidade das três diferentes ordens da realidade, buscando ressaltar a questão do dom de Deus, pertencente exclusivamente à ordem sobrenatural.

---

2. Para melhor aprofundar o tema do homem capaz em Paul Ricoeur, cf. Ricoeur (2006, p. 105-122) e Cavaleiro (2019, p. 142-145).

3. O teólogo René Latourelle em seu verbete "Pascal, Blaise", publicado no *Dicionário de Teologia Fundamental* afirma que o filósofo francês "procura demonstrar como a religião cristã confere um sentido a uma existência aparentemente absurda; é uma antropologia de caráter teológico. A chave o mistério do homem está em Cristo, totalidade de sentido, que permite não somente decifrar a condição humana, mas também remediá-la. Cristo é verdadeiramente a totalidade do sentido do homem. Para Pascal, 'em Jesus Cristo todas as contradições se resolvem' (B 684, C 558)" (LATOURELLE, 2017, p. 576-579).

1) A ordem dos corpos compete não somente às coisas materiais, senão também aos dados meramente materiais da ordem social. "Essa ordem se conhece pelos sentidos, pelos olhos, a partir do espírito de geometria, caso do espírito cartesiano que usa a ciência dedutiva; também se dá o 'espírito de precisão' com o que se constitui a ciência indutiva" (n. 2).

2) A ordem dos espíritos compete propriamente aos homens, à dignidade de seus pensamentos. Aqui os homens conhecem as coisas e são conscientes (n. 146, 339, 346-348, 365). O conhecimento das coisas humanas depende do "espírito de fineza" que julga com um olhar.

3) A ordem da caridade compete à religião sobrenatural e se percebe a partir da fé. Diz respeito à revelação cristã e à graça de Deus. Percebe-se a partir da fé e segue suas leis próprias (n. 793, 283).

Os homens possuem duas faculdades que lhes permitem conhecer essas diferentes ordens: a razão e o coração, faculdade intuitiva que torna possível o conhecimento dos princípios, o amor e a fé sobrenatural, dom de Deus enraizado no coração do ser humano.

Os homens possuem duas faculdades que lhes permitem conhecer essas três diferentes ordens: a razão (*raison o esprit*) e o coração (*coeur, instinct, sentiment*). A primeira, essencialmente discursiva, procede por princípios e demonstrações (n. 283), busca argumentos de prova, até para a existência de Deus. Seu domínio próprio são as verdades de ordem geométrica; ela leva até Deus, pois não gera a fé (n. 246, 248, 279). Há que se evitar dois excessos: excluir a razão, ou admitir só a razão (n. 253). Nesse sentido, é necessário voltar-se para a segunda faculdade, a do coração, a da ordem intuitiva que torna possível o conhecimento dos princípios, o amor e a fé sobrenatural, dom de Deus enraizado no coração do ser humano. O conhecimento do coração não é cego e irracional, senão uma compreensão profunda e afetiva, que tem sua própria certeza invencível (n. 277, 339). Trata-se não somente de chegar ao Deus dos filósofos, mas de chegar ao Deus da revelação cristã, o "Deus de Abraão, de Isaac e de Jacó" (n. 556).

Considerando essas duas faculdades analisadas à luz da fenomenologia dialética da situação do homem concreto pensado por Pascal, esse mesmo homem é conduzido a desejar a realidade cristã como única solução possível em meio as suas aporias (PIÉ-NINOT, 2011, p. 121).

O filósofo Blaise Pascal, ressalta a condição do homem enquanto ser situado entre o infinitamente grande e o infinitamente pequeno, entre a sua miséria e a sua grandeza, este experimenta também sua desproporção ao dom sobrenatural (n. 205s., 72). Mas o homem vive na contrariedade, e por ter sentimento, não tão limitado ou pequeno (n. 399). A sua miséria o faz grande, e essa é a sua consciência de verdade, pois somente o homem é capaz de conhecer tal situação e isso o torna grande (n. 397). Essa situação aporética do homem somente pode ser remediada pela religião revelada, uma vez que ela pode fornecer respostas satisfatórias para os desejos, anseios e buscas humanas. Para Pascal, é preciso aceitar tudo isso como um mistério inacessível, o mistério do coração, das razões do coração que descrevem as dimensões mais profundas do ser humano. Como afirma Pié-Ninot:

> Finalmente, quando Pascal fala das razões do coração descreve dimensões interiores que outros pensadores também viram; unicamente chama "coração" e "instinto" ao que outros chamam "percepção imediata da evidência", "conhecimento espontâneo" ou "conhecimento por conaturalidade". [...] Não quer diminuir a razão em si mesma, senão a razão isolada. Entende-se, pois, que se unem razão e coração, e que aquela serve para vertebrar a este. Em definitiva, Pascal se dá conta que o único problema prático do homem é o problema

"metafísico" e aqui está o fato de ser considerado predecessor do enfoque antropológico da Teologia Fundamental do século XX (PIÉ-NINOT, 2011, p. 123).

Diante de tudo isso, fica claro que Pascal desenvolve uma antropologia filosófica capaz de inserir a ideia de revelação no homem concreto. O ponto de inserção da revelação nesse homem concreto se faz a partir da sua miséria e se converte em capacidade positiva de abertura ao mistério da revelação. A Teologia Fundamental volta sua atenção a esse giro antropológico, pois compreender o homem e suas experiências pode levar a Deus. Ela aceita situar a transcendência na imanência, Deus no homem, o absoluto no tempo, o infinito no finito, a grandeza na miséria (CARDEDAL, 2008, p. 98).

2.5 O método da imanência de Maurice Blondel

Maurice Blondel (1861-1946) foi filósofo, professor universitário e acadêmico francês. Em seus estudos sobre o problema da religião se ocupa em construir uma apologética integral via o seu "método da imanência". Para o filósofo de Aix-en-Provence a fé é estruturalmente necessária ao saber filosófico como tal. Nesse sentido, sua "apologética da imanência", como afirma Pié-Ninot: "se refere àquelas reflexões sobre a preparação filosófica da fé que querem facilitar o assentimento subjetivo da fé ensinando o valor e o sentido da revelação cristã como plenitude de uma aspiração natural e primordial do homem" (PIÉ-NINOT, 2011, p. 124).

Assim descreve Blondel o método da imanência:

> há um princípio no qual o pensamento moderno se assegura com uma suscetibilidade zelosa, não porque cria fazê-lo descoberto como uma nova verdade, senão porque se gloria, com razão ou sem ela, de fazê-lo posto em plena luz depois de fazer-se notado de toda a sua importância. Esse princípio poderia ser formu-

lado assim: "O que não corresponde a uma chamada ou a uma necessidade, o que não tem no homem seu ponto de enraizamento interior, sua prefiguração ou sua construção, o que é pura e simplesmente exterior, isso não pode penetrar sua vida e informar seu pensamento, é radicalmente ineficaz e, ao mesmo tempo, inassimilável" (BLONDEL, 1973, p. 233).

Observa-se que Blondel chama a atenção para uma nova atitude em relação às intenções modernistas que orientavam para os problemas verdadeiros. Numa luta para superar o extrinsecismo, apologia clássica, que pretendia demonstrar que a fé pode ser justificada racionalmente, porém, o uso da razão no âmbito interno da fé não é possível (BÖTTIGHEIMER, 2009, p. 75). Hoje, por estar situada diante dos grandes desafios do pensamento moderno, a Teologia Fundamental reconhece nessa atitude de Blondel um momento ou aspecto da sua própria natureza[4].

Sendo assim, a grande obra do filósofo de Aix-en-Provence que caracterizou seu método da imanência é *A ação*. Nela, Blondel pergunta: Sim ou não? Tem a vida um sentido e o homem um destino? Esse problema é inevitável quando se diz respeito da ideia da construção do humano que se define pelas suas ações. Nas palavras do filósofo: "eu atuo sem saber o que é a ação, sem haver desejado viver, sem saber quem sou nem se sou. E, segundo se nos diz, não posso ou ninguém precisa conquistar o nada, senão que estou condenado à vida, à morte, à eternidade, sem fazê-lo sabido nem querido" (BLONDEL, 1973, p. 233). A intenção de Blondel é abordar a questão da existência humana em sua totalidade, sem privilegiar nenhum de seus aspectos parciais, como a vontade, a razão e os sentimentos podem sê-lo.

---

4. Como cita Pié-Ninot, essa questão se faz presente em múltiplas obras: Henrici (s.d., p. 371-375; 1993, p. 524-563; 1994, p. 528s.), Verweyen (s.d., p. 720-725), Doré (1996, p. 30-432).

É aqui que o filósofo de Aix-en-Provence situa categoricamente a ideia da revelação com a necessidade imanente da natureza humana. Em sua carta, afirma:

> se é verdade que as exigências da revelação estão fundamentadas, não é possível que, no entanto, nós sejamos totalmente nós. Dessa insuficiência, dessa impotência, dessa exigência é necessário que haja traços no homem puramente humano e eco na filosofia mais autônoma (BLONDEL, 1973, p. 46).

E prosseguindo em sua reflexão formulará explicitamente a expressão "método da imanência como método próprio". Essa é sua chave hermenêutica para compreender essa visão de totalidade do ser humano e assim superar os perigos da dominação do princípio da imanência da consciência e da tendência anti-intelectualista e sentimental herdadas da crítica da razão prática de Kant que possibilitou o fenômeno do modernismo[5]. Na busca da superação desses perigos é que o filósofo se aventura a analisar a dinâmica da ação humana. E na busca da unidade, da totalidade da existência humana, na busca do seu sentido, Blondel situa no centro da reflexão, a ação, comum a tudo o que o homem conhece, quer e realiza. Sua síntese do conhecer, do querer e do ser se apresenta como laço da união do comportamento humano, destacando que a ação é o elemento primeiro e irredutível da vida humana. Em suas palavras:

> a ação é a síntese do conhecer, do querer e do ser, o vínculo do composto humano, que não se pode dividir sem destruir tudo o que se tem dividido. É o ponto preciso onde convergem: o mundo do pensamento, o mundo

---

5. Como Pié-Ninot explica em nota: O modernismo como tendência (A. Loisy) ou dirección (P. Sabatier) é importante para entender Blondel (cf. POULAT, 1972; 1982; AUBERT, s.d., p. 765-775; *Revista Concilium*, 17, 1966, p. 432-446, 520-528; SOUSA, 1972, p. 129-143; GREISCH, 1980, p. 161-180; TRESMONTANT, 1981, crítico com seus discípulos; e o arrazoado global de IZQUIERDO, 1990).

moral e o mundo da ciência. Se não se unissem na ação, tudo estaria perdido (BLONDEL, 1973, p. 46).

Para Blondel o ponto justo para onde convergem o mundo do pensamento, o mundo moral e o mundo da ciência é a ação. Utilizando-se de uma expressão de Merleau-Ponty poderíamos dizer que a ação para Blondel é o que o fenomenólogo definia como quiasmo ontológico entre *logos*, *natureza* e o *corpo humano*. A fenomenologia ontológica do último Merleau-Ponty visa a reabilitação do sensível. A fenomenologia ontológica de Blondel visa a reabilitação da ação enquanto movimento original da vontade que emana do interior do sujeito. A ação em Blondel é sintética, uma vez que é fonte dos distintos aspectos fundamentais da existência humana. Por sua vez, é ao mesmo tempo dinâmica, já que em sua razão de ser está o seu sentido primeiro e originário que se manifesta numa autêntica dialética interior. Desta feita, não se pode confundir o que ele denominou de método da imanência com "sistema de imanência", uma vez que este último não considera a transcendência como condição real do ser humano.

O filósofo de Aix-en-Provence, ao ressaltar a primazia da imanência, está afirmando que a ação emerge da interioridade do indivíduo o que garante a necessidade de superar a imanência até chegar à realidade e à transcendência. O velho axioma de que quanto mais imanente, mais transcendente, ganha na análise blondeliana seu sentido ontológico. Para o filósofo, um seguimento atento da dinâmica intrínseca da ação leva à transcendência. Eis aqui a razão de a filosofia de Blondel ser chamada de apologética: pelo fato de examinar racionalmente os motivos intrínsecos da religião revelada. Nesse sentido, se pode compreender o seu interesse de vincular o sobrenatural teológico, a revelação, com a necessidade imanente da natureza humana (PIÉ-NINOT, 2011, p. 124).

Mas é a partir da busca da unidade, da totalidade da existência humana, na consideração dialética da ação que surge em Blondel a famosa distinção entre a "vontade que quero" – vontade do instinto – (*volonté voulante*) e "vontade querida" – vontade da razão – (*volonté voulue*), como motor do dinamismo e, concomitantemente, chave interpretativa da ação. Como explica Pié-Ninot:

> a primeira se equipara a *voluntas ut natura* da escolástica e a aspiração infinita para a felicidade, presente e implícita em tudo, como *desiderium naturale vivendi Deum;* a segunda é a vontade explícita e livre, que pode abusar de sua liberdade e assim pode desviar a tendência primeira e fundamental para a felicidade, ficando sem conseguir o seu fim. Daí a desproporção entre a vontade natural do querer infinito e as vontades deliberadas das coisas concretas e particulares, que são germes dos contrastes e dos conflitos (PIÉ-NINOT, 2011, p. 125).

A dialética da ação é tema principal da obra do filósofo de Aix-en-Provence, uma vez que para ele o desdobramento da ação humana se dá em ondas concêntricas em sua marcha para Deus. Nesse sentido, compreende-se por que a ação se caracteriza efetivamente pelo ato de dar-se aos demais, pois nenhuma pessoa humana o é isoladamente. Sua verdade ontológica está no fato de ser um ser social que se percebe como existente na mútua relação com o universo (*primeira onda*), consigo mesmo (*segunda onda*), na busca da realização pessoal no amor aos outros (*terceira onda*), com a família (*quarta onda*), com a comunidade em que está inserido (*quinta onda*) e, enfim, com a comunidade universal (*sexta onda*). Em todas essas instâncias, ou melhor, nas ondas concêntricas da ação humana que caracterizam o percurso humano, acrescentam-se ainda os valores morais (*sétima onda*) que se realizam nos horizontes do tempo e do mundo e a superação do espaço e do tempo (*oitava onda*) de onde nasce a aspiração da dimensão religiosa da ação (*nona onda*). "Em toda onda, a ação é fonte de uma nova perfeição, pois nenhuma leva à perfeição completa, e a experiência de insuficiência se apresenta como chave de todo esse caminho" (PIÉ-NINOT, 2011, p. 126).

Para Blondel, quando o ser humano se dá conta de percorrer um caminho que o transcende e todos os fenômenos que o afetam, percebe e tem consciência de que entrou na atmosfera da moral. Nesse sentido, a distinção entre a *volonté voulante* e a *volonté voulue* delineia o que o filósofo classificou de dinamismo das vontades. Sendo assim, a vontade autêntica está na busca do absoluto, no reconhecimento da presença do único necessário, Deus. Nesse sentido, lá onde nasce a aspiração da dimensão religiosa da ação, encontra-se todo "esforço da vontade que sai da imanência do agir moral para associar o transcendente a seu próprio agir" (PIÉ-NINOT, 2011, p. 126).

Como afirma Pié-Ninot foi Henri Bouillard, professor de Teologia Fundamental do Instituto Católico de Paris, quem sistematizou de maneira mais clara e objetiva o pensamento de Blondel traçando o caminho do homem para a revelação.

Para o jesuíta francês há uma insuficiência da ordem natural que caracteriza a primeira etapa do acesso do homem à revelação. Partindo da afirmação de Blondel de que:

> é impossível não reconhecer a insuficiência de toda a ordem natural e não experimentar uma necessidade ulterior; é impossível não encontrar um mesmo modo de satisfazer essa necessidade religiosa. É necessário e é impraticável (BLONDEL, 1973, p. 233).

Bouillard reconhece que o ser humano não pode limitar o seu destino a nenhuma realidade, seja dos sentidos ou das ciências positivas. A vontade dos instintos e a vontade da razão aparecerão sempre de maneiras inadequadas, uma vez que o ser humano não pode limitar-se à ordem natural, ao próprio campo da atividade humana. Para o filósofo, é certo que a condição necessária para o aperfeiçoamento da ação humana é inacessível à ação humana (BLONDEL, 1973, p. 127). Nesse sentido, reconhece no homem uma necessidade inerente de abrir-se à ação divina que define uma segunda etapa do acesso do homem à revelação.

Blondel, partindo da ideia de Aristóteles de que há uma vida melhor do que a vida humana, ressalta a ideia do sobrenatural no caminho de acesso a Deus. Para o filósofo de Aix-en-Provence, a própria palavra "sobrenatural" designa a ação divina que, em todo ser humano, está na origem do movimento da vontade. Nesse sentido, como ele mesmo afirma, é na ação que se dá a relação homem e Deus, que significa compreender que nela é possível encontrar uma equação chamada a transcender toda a ordem natural. Em suas palavras: "a vontade humana, força o homem a se abrir ao dom de uma vida mais elevada" (BLONDEL, 1973, p. 487). Aqui, o filósofo reconhece o que Bouillard denominou de "determinismo da ação".

Para o professor de Teologia Fundamental do Instituto Católico de Paris, Blondel se refere a uma ideia de um sobrenatural indeterminado; isso significa reconhecer o infinito que todo ser humano vê obscuramente, independentemente de qualquer religião, pois há no ser humano, a necessidade do sobrenatural. Essa necessidade "não é mais do que a sede do Absoluto reconhecido pela abnegação em sua soberana liberdade" (PIÉ-NINOT, 2011, p. 128). É aqui que se apresenta a terceira etapa do caminho do homem à revelação. Este se vê impulsionado a outra ação que não seja sua e nem puramente humana. O homem experimenta, na ordem do sobrenatural, a ação divina. Nesse sentido, como afirma Pié-Ninot: "Seria, portanto, irracional esquivar o exame da noção de sobrenatural revelado pelo cristianismo" (PIÉ-NINOT, 2011, p. 128). Isso implica levar a sério a ideia da ordem sobrenatural definida pelo cristianismo (BLONDEL, 1973, p. 394-404).

Diante de tudo isso, fica claro que o método da imanência de Blondel coloca em evidência a pergunta do homem em relação ao sentido da vida e aponta para a revelação. Seguir essa seta da condição humana e dessa experiência sobrenatural não é uma agressão a sua realidade criatural, mas ao contrário, constitui uma ordem eficaz que o aperfeiçoa conaturalmente (PIÉ-NINOT, 2011, p. 128). De fato, como afirma o teólogo de Barcelona, trata-se de "apresentar ao homem a revelação como um valor para ele, como uma resposta à pergunta por um sentido, que o homem pode ou precisa colocar. E certamente a revelação reclama ao homem sua totalidade, se o tem de apresentar como a resposta a mais fundamental das perguntas. A que se refere o sentido último da vida" (PIÉ-NINOT, 2011, p. 129).

2.6 Karl Rahner e sua antropologia transcendental

Karl Rahner (1904-1984) é considerado um dos maiores teólogos do século XX e representa um ponto decisivo para a teologia por conta de seu método teológico transcendental. O método adotado por Rahner recebe esse nome porque foi constituído a partir de uma analogia com a filosofia transcendental. O teólogo jesuíta assume a ideia de uma virada antropológica refletindo sobre Deus a partir do homem situado na história. Poderíamos dizer que sua busca está no fato de evidenciar uma antropologia da fé. Nesse sentido, compreende-se que para ele o ser humano é dotado de uma capacidade de abertura transcendental a Deus, o que define o seu crescimento indefinido para o Absoluto. Sendo assim, compreender o ser humano permite que se compreenda teologicamente Deus.

Para Rahner, chama-se teologia transcendental aquela teologia que, a partir de aproximações genuinamente teológicas, examina as condições *a priori* no sujeito crente para o conhecimento das verdades importantes da fé. O que implica dizer que a teologia por ser uma ciência sobre Deus, deve necessariamente considerar uma análise interna sobre o homem que está em relação com o seu Deus. A teologia transcendental de Rahner assume características novas em sua estrutura metodológica; também chamada de método indireto, procura refletir em nível mais profundo a natureza do homem numa perspectiva tomista. Desta feita, o teólogo alemão, fundamentando-se na filosofia transcendental, articula a teologia com a antropologia conduzindo sua reflexão teológica a partir da categoria transcendental. Sendo assim, a abertura do homem a Deus segue três passos que partem da análise do juízo e concluem com a reflexão reflexa de Deus.

O homem é um ser de mistério, sendo assim, o seu caráter transcendental o define como um ser de busca e de possibilidades. Em outras palavras, essa condição inata do ser humano é para o teólogo jesuíta uma nova metafísica do ser humano que o coloca em seu estado original de abertura a um horizonte infinito que tange a sua existência remetendo-o ao absoluto e incondicional que é Deus. Em outras palavras, para Rahner, essa abertura do ser humano à infinitude do seu mistério é a condição da possibilidade de sua experiência humana. O ser humano é um ente, uma realidade que se realiza na história, sem ele não existe história. Ele faz a história e é histórico enquanto age livremente. Sua relação com Deus é parte essencial da sua historicidade. O ser humano se experimenta existencialmente como um ser espiritual, perguntando-se pelo próprio Ser.

Para Rahner, tudo deve começar com a reflexão pela própria existência, pois quando o ser humano começa a pensar a si mesmo, quando faz uma filosofia que reflete uma existência cristã, automaticamente, imerge no campo teológico. Reflete sua própria existência teologicamente, uma vez que a visão filosófica sugere a teológica. O que se observa aqui é que, para ele, o sujeito filosó-

51

fico é o teológico e, concomitantemente, o sujeito que reflete é o cristão que crê. Aqui aparece o primeiro passo da sua abertura que é da ordem dos fenômenos à do ser em si. Parte-se da pergunta sobre o que se experimenta. Essa pergunta pelo Ser é o ponto de partida da sua metafísica, uma vez que, perguntando compreende-se como humano, pois parte-se dos fenômenos sensíveis para se chegar ao ser em si. Desta feita, para o teólogo, buscar compreender a transcendência faz com que o ser humano seja *homo religiosus*. Nas palavras de Rahner:

> No entanto, somente quando a pessoa começa a se perguntar pelo perguntar mesmo e a pensar sobre o pensar mesmo, somente quando volta sua atenção para o espaço do conhecer e não somente para os objetos do conhecimento, para a transcendência e não somente para o que é entendido categoricamente no espaço e no tempo no interior dessa transcendência, somente então é que essa pessoa pisa no limiar do *homo religiosus* (RAHNER, 1989, p. 36).

Observa-se que nessa citação está exposta a ideia de que a condição de interrogabilidade do ser humano o constitui enquanto tal (RAHNER, 1963, p. 73). É no pensar e no falar que o ser humano é realmente ele mesmo (RAHNER, 1967, p. 52). Então a pergunta sobre o ser se torna condição inerente a ele e o determina como um ser transcendental. A palavra "transcendental" segue o sentido kantiano e se refere à condição da possibilidade formal apriorista da consciência humana. Para Rahner, essa palavra introduz uma transcendência vertical aberta ao ser que fundamenta a esperança. Se a filosofia transcendental utilizada por Rahner é moderna na sua impostação do problema gnosiológico, simultaneamente recupera a via metafísica da filosofia clássica. Sua originalidade está no fato de introduzir na teologia o método antropológico-transcendental. Como afirma Max Seckler, "Rahner elaborou sua antropologia sob diversos aspectos, mas não recusou a metafísica do espírito finito que se encontra em suas primeiras obras" (RAHNER, 2005, p. 61).

Aqui se dá o segundo passo, uma vez que, do ser em si se vai ao ser infinito e ilimitado. Como afirma Pié-Ninot, para Rahner, "o perguntar humano é o ato fenomenológico, que dá razão do porquê de se postular a coincidência entre a metafísica e a antropologia, já que, por meio do perguntar humano, o homem pode abrir-se ao ser em geral" (PIÉ-NINOT, 2011, p. 131). Realiza-se então o terceiro passo: do ser infinito ao Ser Deus, pois do campo da antropologia metafísica se passa a teologia natural e inclui a Teologia Fundamental (PIÉ-NINOT, 2011, p. 134). Nessa perspectiva, compreende-se por que Rahner chamará a Teologia Fundamental de "nova", uma vez que encontra no homem aquela forma estrutural que o torna capaz de acolher e compreender uma eventual revelação de Deus.

E quando se trata dessa "nova" Teologia Fundamental no pensamento rahneriano é necessário destacar a sua obra *Ouvinte da Palavra: Fundamentos para uma filosofia da religião*, de 1963. Síntese filosófico-religiosa fiel ao pensamento de Santo Tomás de Aquino e concomitantemente atenta aos principais problemas do pensamento filosófico contemporâneo, essa obra traz o homem concebido como ente que se realiza na história. A obra, como afirma Johannes Baptist Metz na elaboração do seu prefácio:

> Ouvinte da palavra é uma designação em um esboço de filosofia da religião, que tem afinidade com o pensar de Tomás de Aquino, também sem ignorar os impulsos e problemas das filosofias atuais. Nela se considera o homem como um ente que só historicamente alcança sua realização (como também a história só logra seu verdadeiro ser passando pelo homem). Por conseguinte, deve-se prestar atenção à história para contatar com essa "palavra" que motiva e ilumina a existência e para a qual está já aberta com cada uma de suas perguntas a inteligência humana que aprende a

> ser assim a cimentação da existência crente sobre uma palavra de Deus pronunciada historicamente não aparece como algo arbitrário e discricional, senão como algo que responde ao mais profundo desta existência. Assim, esta obra, quer ser uma "antropologia dentro da Teologia Fundamental". Ela se interessa por uma peça fundamental na ilustração racional da fé, a qual resulta hoje em dia tanto mais urgente quanto que a relação fundamental do homem com a história passa cada vez mais ao segundo termo, devido ao predomínio categorial de um ideal do conhecimento da índole científica e técnica; de modo que o homem moderno mostra de antemão ceticismo ou incompreensão frente ao intento de motivar e explicar sua existência a partir da história (METZ, 1963, p. 10).

Se essa é a sua essência, a abertura absoluta do ser humano ao ser significa para o teólogo que o homem é espírito encarnado no mundo, isso porque o ser humano não pode negar a história concreta em que assola os seus pés de sua existência. Durante o curso da sua história deve estar em estado de escuta para encontrar aquela palavra que ilumina e funda a sua existência e aquela razão humana que tem por objeto o ser e sua problematicidade. "O homem é originalmente espírito que tem acesso ao mundo graças à sensibilidade, que é a condição que possibilita tal acesso, o qual faz possível a definição de que o homem é espírito-no-mundo" (METZ, 1963, p. 132). Nesse sentido, o eixo central da antropologia rahneriana é o tema da constituição ontológica fundamental do ser humano. Rahner concebe a filosofia da religião como uma ontologia da *potentia oboedientialis* em vista da revelação.

Num capítulo intitulado "O homem como espírito", Rahner aborda um segundo pressuposto para que seja possível a revelação. Para ele,

> o homem tem que possuir uma abertura para a autoexpressão da absoluta possessão do ser por meio da palavra clara. Essa abertura tem de pressupor-se *a priori*

para que tal palavra possa ser ouvida. Com isso fica já indicada a nossa tarefa imediata: recolher do primeiro aspecto de nossa pergunta geral pelo ser quantos elementos podem nos servir para uma antropologia metafísica do homem como ente aberto de antemão a uma possível revelação (RAHNER, 2009, p. 79).

Vale destacar que, essa absoluta abertura do homem ao ser constitui a sua estrutura fundamental e, concomitantemente, designa a sua natureza espiritual. "O homem é a absoluta abertura ao ser em geral ou, por dizê-lo com uma só palavra: o homem é espírito. A transcendência para o ser em geral é a estrutura fundamental do homem" (RAHNER, 2009, p. 79). O homem é espírito, pois vive num processo contínuo de abertura para o Absoluto, para Deus.

Afirmar que o homem é espírito pressupõe ainda compreender que ele é possuidor de uma antecipação do ser em sua ilimitação. Nas palavras de Rahner, "o julgar e o agir livre formam necessariamente parte da estrutura fundamental da existência humana à 'antecipação' do ser em absoluto na infinitude que lhe compete a si mesmo" (RAHNER, 2009, p. 79). Para Rahner, a ideia de "antecipação" afirma de forma temática o fundamento da sua própria possiblidade, uma vez que, o homem é a abertura infinita do finito para Deus. Essa abertura ilimitada do ser é o que faz do homem um espírito e ao mesmo tempo é a sua constituição ontológica transcendental. Sendo assim, a questão da "antecipação" expõe a sua diferença ontológica inacabada do homem. A "antecipação" inata no homem tem por meta o próprio Deus, o que permite dizer que, na finitude experimentada, o homem é *per se* portador de um horizonte prévio e ilimitado. Só uma abertura infinita faz com que o homem possa acolher a eventual revelação de Deus sem pôr limites a sua possibilidade de conteúdo.

Cabe aqui ressaltar a afirmação de Max Seckler que diz: "Rahner queria mostrar que é concebível que o homem possa ser em si ouvinte da palavra, em virtude da estrutura da *potentia oboedientialis* da natureza finita do espírito" (SECKLER, 2005, p. 60). Sim, se de fato o homem pode acolher o sobrenatural, a revelação de Deus, é decisivo partir desse mesmo homem e examinar a sua estrutura ontológica constitutiva que justifica o seu estado de escuta. Trata-se de uma questão de método, de procurar a capacidade apriorística do homem de escutar a revelação divina. Se o homem pode descobrir em si a capacidade de receber uma eventual revelação de Deus, é porque primeiramente escutou a sua palavra. Deus não só transcende o conteúdo da nossa consciência humana, mas também fala e podemos compreender o valor dessa palavra reveladora de Deus como um ato de seu amor pessoal que adoramos de joelhos. Para Rahner a ideia de *potentia oboedientialis* define a existência natural do homem (SECKLER, 2005, p. 61).

É pela mediação da palavra que cada ente pode se tornar um dado no horizonte do fenômeno sensível. Deus ao se revelar como palavra respeita a estrutura da consciência humana que se constitui a partir da abertura do ser pela mediação dos fenômenos sensíveis.

2.7 Hans Urs von Balthasar (1905-1988)

O teólogo suíço Hans Urs von Balthasar, por seu turno, desenvolveu uma concepção de Teologia Fundamental denominada de fenomenológico-estética no horizonte da reflexão do acesso do homem à revelação. Sua reflexão também ficou conhecida como fenomenologia do amor. Sua obra clássica *Só o amor é digno de fé* (1963) nos oferece pertinentes reflexões no campo da Teologia Fundamental. A primeira delas é a percepção do sentimento de presença, típico da *via amoris*. Nesse sentido, a conceptualização da *via amoris* em Von Balthasar se refere à abertura estética da parte do homem à revelação de Deus que lhe é oferecida.

56

Von Balthasar compreende que a percepção da contingência constitui o fundo do conteúdo da experiência humana, o que significa ser percebido com amor fundamentador pela existência. A primeira experiência irreflexiva de uma criança é a de perceber-se como amor ao ser que o rodeia[6]. Para Von Balthasar o valor está colocado sob a ideia no dado da experiência, nesse sentido, na primeira relação entre mãe e filho. Sua interpretação dessa relação é a seguinte: podemos tomar esse ser amor da mãe como indício – literalmente como signo ou aviso – de que o ser pode ser compreendido como amor: podemos nos perceber como amor (ROVIEIRA BELLOSO, p. 175-176). Por outro lado, como o próprio Von Balthasar afirma: "o amor permanece sempre como horizonte, patente ou secreto, segundo o qual o homem tem de medir todo o criado" (BALTHASAR, 1969, p. 46).

Mas, quando o homem está diante da revelação de Deus, este também o acolhe pela via do amor. Para Balthasar essa é a terceira via, e somente ela é digna de fé. De fato, para ele, a teologia patrística, medieval e renascentista tem superado o caminho cosmológico sob o risco de um reducionismo extrincesista. Já a teo-

---

6. Explica Roviera Belloso: "Von Balthasar não intenta um uso ingênuo da analogia. Sua argumentação não consiste exatamente em dizer: assim como a criança percebe seu horizonte de ser – que é a mãe – como amor fundamentador e transcendental, assim percebemos em nossa existência um horizonte de amor fundamentador e transcendental que chamamos Deus. É algo mais complicado. O ponto de partida é um ato de experiência: a primeira relação entre mãe e filho. A interpretação dessa relação é a seguinte: posso tomar esse ser amor da mãe como indício – literalmente como signo ou aviso – de que o ser pode ser compreendido como amor: pode perceber-se como amor. No caminho da vida, essa primeira relação interpessoal, pela qual a criança se abre ao ser e ao amor ao mesmo tempo – se abre ao ser percebido como amor -, permitirá, em sucessivo, seguir interpretando sempre o ser como amor. Aquela primeira relação interpessoal é o fundamento e a memória – *anámnesis*, afirma Von Balthasar – que me faz possível interpretar minha existência na seguinte forma: não é uma existência lançada ao absurdo ou abandonada à destruição, em um existir dominado e marcado pela falta de sentido, senão que minha existência – precisamente no momento de abrir-se ao ser – tem recebido o aviso – a admoestação – de que essa chamada e acolhida pelo ser que é amor. E essa chamada e essa acolhida, devido precisamente à qualidade aquela primeira memória, se apresentam constantemente como indestrutíveis e incondicionais" (ROVIERA BELLOSO, 1979, p. 175-176).

logia na época moderna, segundo ele, operou-se uma mudança e prática da via antropológica, o que significa o reconhecimento dos limites da perspectiva antropológica. Para ele, há o perigo reducionista do intricesismo ou imanentismo, quando se parte para a construção da teologia unicamente a partir da antropologia e das suas estreitas categorias (DUQUE, 2004, p. 19). De fato, para Balthasar, tanto a via cosmológica quanto a via antropológica são interpretações redutivas na justificativa do cristianismo, uma vez que o cristianismo tem em si mesmo e exibe por si a sua justificativa[7]. Para Balthasar,

---

7. Qual a essência do cristianismo? Jamais, na história da Igreja, a referência a uma pluralidade de mistérios para acreditar satisfez como resposta última: sempre se tem como alvo um ponto unitário em que se encontre sua justificativa para o pedido de acreditar que é feito para o homem: um *logos* também de caráter e natureza particulares, mas, no entanto, tão persuasivo, de fato tão esmagador e irresistível que, fugindo das "verdades históricas contingentes", confere-lhes caráter de necessidade. Sim, os milagres e as profecias que se realizaram têm a sua parte (se bem que seu valor e seu poder interpretativo parecem consideravelmente reduzidos a partir dos tempos da crítica bíblica do Iluminismo), mas o ponto de referência a que se referem acha-se colocado além dele. A Patrística, a Idade Média, o Renascimento, cujos epígonos chegaram até os dias de hoje, colocaram esse ponto sobre o plano cósmico, enquadrando-o na história do universo; a Era Moderna, a partir do Iluminismo, ao contrário, transferiu-o para um plano antropológico. Se a primeira tentativa resulta limitada e confinada dentro dos limites do tempo e da história, a segunda faliu como sistema: aquilo que Deus pretende dizer ao homem por intermédio de Cristo não pode receber sistematização nem no mundo como um todo, nem nos seres humanos, em particular; isso é absolutamente teológico, de fato, melhor ainda, teopragmático: é ato de Deus nas comparações com o homem, ato que se explica antes do homem e para ele (e, portanto, assim pode encontrar nele e com ele a sua explicação). Desse ato deve ser dito que ele só é digno de crédito apenas como amor: queremos dizer o amor próprio de Deus, cuja manifestação é a da glória de Deus. A autoconsciência cristã (e, portanto, a teologia) não pode ser explicada, colocando em fundamento e justificativa uma sabedoria adquirida mais por meio de revelação divina que sublime e transcenda a cognição religiosa humana (*ad maiorem gnosim rerum divinarum*), ou o homem tomado individualmente e como entidade social, que recebe apenas por intermédio da revelação e da redenção uma consciência definitiva de si mesmo (*ad maiorem hominis perfectionem et progressum generis humani*), mas que só pode ser explicada, justificando-a como autoglorificação do amor divino: *ad maiorem divini amoris gloriam*. No Antigo Testamento, essa glória [*kābhôdh*] consiste na presença da augusta majestade de Iahweh na sua aliança (e – transmitida pelo trâmite desta – em todo o mundo), no Novo Testamento, essa sublime glória explica-se como o amor de Deus em Cristo que desce para o abismo extremo de trevas e de morte. Esse *quid extremum* (a verdadeira escatologia), que, se tudo é concebido em termos de cosmos

o cristianismo, em sua reflexão sobre si mesmo – a teologia –, não pode considerar-se nem como doutrina que eleva a sabedoria religiosa da humanidade graças a um ensinamento divino (*ad majorem hominis gnosim gloriam*), nem como um acontecimento definitivo pessoal e social do homem, graças à revelação e à redenção (*ad majorem hominis pefectionem et progressum generis humanis*). Só se pode compreender como Amor divino que se glorifica a si mesmo: *ad majorem Divini Amoris Gloriam* (PIÉ-NINOT, 2004, p. 136).

O amor se apresenta como terceira via: *via amoris*, uma vez que, "somente o amor é digno de fé". Com essa via, Von Balthasar procura evitar os riscos das anteriores. Para ele, trata-se definitivamente de superar tanto a atitude especulativa da via cosmológica, como a atitude ativa da via antropológica. Como resolução, propõe a via estética, uma vez que a fé cristã, no seu polo subjetivo, é a percepção e visão da forma (*Gestalt*), que quer dizer, visão/contemplação da figura, forma. "A fé cristã, no seu polo subjetivo, é a percepção e visão da forma (Gestalt), como polo objetivo, que aparece na figura histórica do Cristo, como Verbo de Deus feito homem, revelação da glória de Deus e da sua vontade universal de salvar" (VON BALTHASAR, 1969, p. 46).

Por outro lado, na revelação cristã é o amor absoluto de Deus que em Cristo por si só vem ao encontro do homem. Nesse sentido, na teologia trata-se, fundamentalmente, de contemplar a figura central e Jesus Cristo, pois nele Deus se autoapresenta na glória de seu amor absoluto. Ora, se assim se dá a revelação cristã, a credibilidade do cristianismo provém desse evento concreto de Deus no qual o *Logos* divino desce kenoticamente e se manifesta como amor, ágape, e, enquanto tal, como glória e esplendor. "Amor e beleza são as exegeses da Palavra feito carne, unidas em grau de

---

e de homem, é absolutamente inimaginável, pode ser percebido na sua realidade somente acolhendo-o como a "alteridade absoluta" (cf. VON BALTHASAR, 2013).

salvaguardar a transcendência da alteridade divina, revelando-se como amor" (SABETTA, 2004, p. 374).

A captação da figura de Cristo, como entende Duque na visão de Von Balthasar, só é possível por meio de uma doutrina da contemplação que constitui para o teólogo suíço, diferentemente de uma doutrina do *extasis* (Teologia Dogmática), a Teologia Fundamental propriamente dita (DUQUE, 2004, p. 19). Se a doutrina do *extasis* (teologia dogmática) não significa a alienação do ser finito em si mesmo, mas a superação de si mediante o amor, a doutrina da percepção (Teologia Fundamental) se centra em torno da constante interrogação de como o homem pode entrar em comunicação com Deus e perceber sua ação salvífica. A Teologia Fundamental, segundo Von Balthasar, compreende a estética no sentido kantiano como doutrina da percepção da forma do Deus que se revela[8].

---

8. Para Von Balthasar a estética teológica tem um duplo sentido: doutrina subjetiva da percepção e doutrina da autointerpretação objetiva a glória divina. Em suas palavras, só o amor é digno de fé: "Esse esboço servirá, portanto, também para esclarecer a linha diretiva e os escopos do meu mais laborioso trabalho intitulado: Glória, uma 'estética teológica' no duplo sentido de uma doutrina subjetiva da percepção e de uma doutrina da autointerpretação objetiva da glória divina. Esse esboço servirá para mostrar que esse método teológico, bem longe de representar um subproduto irrelevante e supérfluo do pensamento teológico, ao contrário, tem o direito e o dever de promover a pretensão de ser colocado como único método definitivo no centro da teologia, lá onde a verificação cosmológica e antropomorfa podem, no máximo, serem admitidas como ponto de vista de natureza complementar. E, com isso, resta especificado que o que vem aqui chamado com o nome de "estética" é entendido como algo puramente teológico, isto é, como a intuição, possível somente na fé, da gloriosa manifestação do amor absolutamente livre de Deus" (VON BALTHASAR, 2013; cf. tb. PIÉ-NINOT, 2009, p. 138, nota 83).

3
O Mistério inefável

Quando situamos as indagações deixadas pelos filósofos da suspeita (Nietzsche, Marx e Freud) nos amplos setores da nossa existência e o "não" que deixaram a Deus e à religião como compêndio diagnóstico de nossa cultura, pode-se dizer que a pergunta que se impõe é: como pensar Deus e o seu mistério? Para muitos teólogos, na atualidade o termo "mistério" está sendo redescoberto pela teologia para poder pensar novamente a realidade de Deus, porém a sua ambiguidade permanece devido à sua dupla orientação. Como define Gisbert Greshake,

> mistério não é somente algo negativo, paradoxal, alheio ao homem, senão também algo positivo, que está perto de nós e nos detém, contém e move todas as demais coisas e assim, conservando seu permanente caráter de mistério, pode ser expressa de maneira aproximada também com palavras (GRESHAKE, 2001, p. 38).

Sendo assim, "mistério" é uma realidade que nos é dada e que nos afeta. Mais do que um objeto de conhecimento, é uma possibilidade de conhecer e experimentar. É a particularidade que caracteriza a Deus e ao ser humano, uma vez que o mistério deste último emana do mistério do Absoluto (RAHNER, 1964, p. 53-101). Não seria essa a tarefa da teologia? Para Rahner, a teologia deve ter a coragem de proclamar claramente ao homem de hoje a questão do mistério, dado que este seja por si mesmo objeto da teologia. Karl Rahner foi um dos teólogos contemporâneos que mais se ocupou do tema do mistério. Em *Escritos de teologia* (vol. II), expõe sua ideia sobre o conceito de mistério na teologia católica. Para ele, "o problema sobre a essência do mistério é, certamente, mais obscuro do que se pensa na Teologia Fundamental" (RAHNER, 1964, p. 69). Por outro lado, continua o teólogo, "o homem tem que ser de tal maneira determinado como o ser de mistério, constituído da relação entre Deus e o homem e que, por ele, também a perfeição e plenitude do ser humano seja a perfeição e plenitude de sua ordenação ao mistério permanente" (RAHNER, 1964, p. 70).

Ignazio Sanna comenta:

> Mas se a teologia se considera a "ciência do mistério" como tal (indubitavelmente sustentada pela sua proximidade com o homem, que consiste naquilo que os cristãos chamam graça etc.). Se a teologia tem uma possibilidade de sobreviver hoje e com todas as suas forças proclama ser essa a sua natureza e não se esconde assustada diante do homem moderno, então não pode esquecer sua essência nem mesmo seu trabalho cotidiano. Não deve considerar a si mesma como aquela ciência que cada vez mais se amplia em um sistema diferenciado e definido em cada mínimo detalhe, mas deve interpretar-se como o ato com o qual o homem, no plano da reflexão, volta a impelir a multiplicidade da sua realidade, das suas experiências e dos seus conceitos no mistério inefável e obscuro que chamamos "Deus" (SANNA, 1974, p. 35).

Sim, quanto maior é a revelação de Deus, maior é o seu mistério. Nesse sentido, o mistério de Deus se vincula à sua revelação no ocultamento, o que significa que Deus mesmo em seu princípio sem origem se nos comunica como palavra e como graça em seu Espírito. Como afirma Ladaria, "quanto maior é a revelação de

Deus, maior é seu mistério, maior é o saber do não saber, porque põe diante de nós a imensa grandeza de Deus" (LADARIA, 1998, p. 25). A revelação de Deus não esgota o seu mistério, mas nos comunica o mistério inefável que ele é. Na relação Deus e homem o que está sempre em jogo são duas liberdades abertas e não duas naturezas fechadas. Como afirma Olegário Cardedal, "Deus fala primeiro. A teologia como momento segundo só pode nascer da atenção, da audição ou da obediência ante Deus que fala" (CARDEDAL, 2005, p. 12).

A Teologia Fundamental, a partir de sua própria história e em sua dinâmica interna, procura fundamentar com suas proposições inteligíveis a não esgotabilidade do mistério de Deus, já que é fundamental a afirmação da circularidade entre revelação e mistério no campo da reflexão teológica, uma vez que a primeira não esgota a segunda; mas, ao contrário, comunica aos homens o mistério amoroso de Deus. Sendo assim, compreende-se que em nenhum momento a teologia prescinde dessa tradição que a fecunda e a sustenta (PASTOR, 1986, p. 312-316). De fato, a teologia é o exercício da razão oriundo do espaço existente entre a revelação e o mistério referido a Deus. O objeto da teologia é Deus no seu movimento de abertura aos homens.

3.1 A não esgotabilidade do mistério

O fato de Deus revelar-se tal como Ele é, não significa que a revelação desvela a totalidade do seu mistério, o que quer dizer que sua presença e sua manifestação no mundo transbordam e se sobressaem à própria condição finita do homem, isso não ocorre por ambiguidade do ato revelante de Deus, mas "precisamente por sua unicidade e singularidade que remete à plenitude e à totalidade" (CORDOVILLA PÉREZ, 2007, p. 54) do seu mistério revelado.

Paralelamente ao momento em que Deus se dá a conhecer, o homem também se compreende como mistério. Significa dizer que a revelação de Deus que se orienta sobre o modelo de comunicação é, por consequência, a determinação do mistério indeterminado-aberto do homem, de seu mundo e de sua história. O que exige compreender que não há revelação de Deus fora da mediação histórica, de sua manifestação amorosa desenhada como movimento de abertura de Deus aos homens e, ao mesmo tempo, permitindo-lhes tocar a realidade última do mistério que os afeta. Deus, ultimato do homem, sua consumação e plenitude, convida-o a estar diante dele, na eterna contemplação face a face. O homem está chamado a inserir-se na indestrutível participação da vida divina, na confluência do mistério de Deus com o seu mistério (CORDOVILLA PÉREZ, 2007, p. 189).

No que concerne à temática do mistério revelado, a reflexão teológica considera a dinâmica paradoxal e antinômica da revelação de Deus que na dialética entre revelação e ocultamento, uma vez que toda a forma de revelação histórica de Deus aponta para o seu mistério. Teologicamente se tem colocado sob a epígrafe do conceito de mistério de Deus, uma profunda reflexão, não com a intenção de solucionar um problema não resolvido no universo da teologia ou qualquer coisa do gênero, mas de aperceber-se que para o homem o mistério de Deus deve permanecer mistério. Quanto mais o homem descobre que o mistério de Deus o transcende, tanto mais entra, "com todos os seus sentidos e todas as suas faculdades, com seu amor e sua compreensão no mistério de sua própria existência" (THEOBALD, 2005, p. 246).

A relação entre revelação e mistério é um tema fecundo para a teologia, inclusive para a sua área que se ocupa da ideia da revelação de Deus no coração da história como tema central e regente da constelação de todos os mistérios que afetam a tessitura da existência humana (LATOURELLE, 2017, p. 1.437-1.448).

3.2 A tessitura da existência humana

Fica claro que o mistério de Deus se nos dá a conhecer na expressividade de seu Amor e de sua liberdade, cuja inventividade se apresenta como condição testemunhal do próprio Deus. O Deus que se revela dá testemunho de si mesmo, tal é a credibilidade de sua revelação (DORE, 2009, p. 8). Nesse sentido, a automanifestação de Deus se realiza no quadro de uma significativa proposição, a de não se fazer conhecer diretamente. Em sua revelação, Deus estabelece com o homem uma relação de sujeito a sujeito, para que o homem possa entrar em uma relação vital e de amizade com Ele e aperceber-se de sua presença. Deus ao se revelar dá-se a conhecer permanentemente, o que supõe o caráter dinâmico de sua revelação e sua significatividade (CORDIVILLA, 2007, p. 42).

Nesse conjunto de significações, poder-se-ia dizer que uma marca indelével para a Teologia Fundamental, ao se evidenciar a questão da fé que busca inteligência, está na recuperação do sentido do mistério de Deus realizado na carne histórica e reafirmá-lo como comunicação amorosa de Deus com os homens (LATOURELLE, 2017, p. 1.445). Em efeito, quando se atribui a categoria amor ao mistério de Deus, permite-se assim, que a teologia assuma o caráter pessoal e de proximidade da revelação de Deus realizada na história humana (RAHNER, 1983, p. 121-276). Nesse sentido, na perspectiva da expressividade do mistério de Deus, o homem experimenta um amor autodoante e concomitantemente revelante de Deus.

A categoria de revelação exige que se coloque em termos epistemológicos que o específico do mistério de Deus acontece definitivamente no evento Jesus Cristo, expressão do amor maximizado de Deus pelos homens. Destarte, poder-se-ia dizer que o mistério de Deus se expressa cristologicamente, uma vez que Jesus Cristo, como afirma Walter Kasper, "é a autocomunicação de Deus em pessoa, o mistério de Deus manifestado" (KASPER, 1998, p. 195). A autocomunicação de Deus na pessoa de Jesus exige precisar que a vida de Cristo é por excelência o lugar do mistério de Deus. "Jesus Cristo não é somente um mistério, Ele é o Mistério" (DE LUBAC, 2006, p. 33). As observações desses dois teólogos permitem uma compreensão cristocêntrica da expressividade do mistério de Deus selado na carne da história. Dizer que Jesus Cristo é o mistério de Deus implica assumir que toda a sua vida, os seus atos e suas palavras, tudo aquilo que viveu humanamente no coração da história também foi vivido com a liberdade e como uma Pessoa divina (DE LUBAC, 2006, p. 33).

3.3 O Deus que se revela é o *Deus absconditus* e o percurso teológico

O tema do mistério de Deus tem suscitado pertinentes reflexões nos últimos decênios, desenhando um rico percurso teológico, cujo conceito de revelação tem regido uma constelação de significações semânticas na qual a teologia se deleita. Na teologia católica, Karl Rahner é um dos principais expoentes que tem aprofundado a teologia do mistério. É nesse horizonte desenhado pela questão do mistério de Deus que a reflexão sobre o *Deus revelatus* e o *Deus absconditus* se torna acesso por excelência à questão teológica do mistério do Deus que se revela. Muitos teólogos atuais têm se ocupado efetivamente da investigação da pertinente questão dialética entre a revelação e o ocultamento de Deus na aventura humana (JÜNGEL, 1983, p. 145).

Falar do ocultamento de Deus não significa opor-se à sua revelação, ao contrário, traz ao horizonte da teologia da revelação a cifra da gratuidade do amor de Deus descortinada pelos textos que dizem a fé. A teologia acolhe a descrição bíblica do Deus que se revela ao se esconder e se esconde ao se revelar. Os textos bíblicos narram a ação de Deus na história; nesse sentido, a dialética entre a revelação e o mistério de Deus descortinada pelos textos bíblicos confere maior inteligibilidade à expressividade do mistério do Deus revelado no cerne da história.

A teologia, ao se fundamentar em textos sobre o ocultamento divino, não o faz para acentuar que o Deus revelado se faz presente sob a condição de finitude do homem e sua alienação do mundo, mas para evidenciar que seu ocultamento é parte integrante da constituição do seu mistério que se revela (JÜNGEL, 1983, p. 145). A dialética entre revelação e mistério que se desenha na confluência do revelar-se e esconder-se do Deus bíblico acentua a grande proposição: "o *Deus absconditus* não se opõe ao *Deus revelatus*". O *Deus revelatus* é o *Deus absconditus*, o que significa reconhecer que "Deus é o tesouro que, gratuitamente, anuncia sua presença sempre escondida" (BELLOSO, 1966, p. 6). Essa condição paradoxal e antinômica é o que permite dizer que Deus, ao se manifestar, não deixe de permanecer radicalmente escondido. Registra-se a novidade do advento de Deus pela semântica da fé revelada em toda a sua riqueza na dialética do *Deus absconditus in revelatione et revelatus in abscondite*, como assinalado por Bruno Forte (2003, p. 57). Assumir essa dialeticidade do mistério de Deus nos obriga a mergulhar no acontecimento histórico de Jesus de Nazaré, enquanto visibilidade de humanização de Deus.

3.4 O inaudito movimento de Deus na carne da história

Falar da questão do mistério revelado é ter consciência de que o tema da revelação de Deus, exige, *a priori*, objetivar que falar de revelação é falar do mistério absoluto de Deus que sai de si ao encontro do seu outro. Consequentemente, compreende-se que a revelação de Deus se insere no quadro do seu desígnio amoroso, no qual liberdade e gratuidade tecem sua iniciativa em endereçar-se ao homem, tal é a condição do seu mistério, como afirma a *Dei Verbum*. No tocante a isso, a revelação gratuita de Deus toca o coração da história e afeta seus destinatários, realiza-se sob as mediações humanas, passando pela semântica das Escrituras e por sua textualidade, pelo sentido e referencial das palavras e dos gestos que registram a intencionalidade primeira de Deus: pôr-se em diálogo existencial com o homem.

É da ideia da revelação como diálogo que surge a pertinência de se perguntar pela possibilidade de uma teologia do mistério. A reflexão sobre o mistério de Deus é o que nos permite ter o acesso à ideia da sacramentalidade da sua revelação realizada na carne da história. A Constituição Dogmática *Dei Verbum* se ocupa categoricamente dessa proposição ao inferir sobre a questão da economia da revelação. A revelação tem sua gênese na ação gratuita de Deus que entra na aventura da história humana reunificando-a e lançando-a para além de si mesma. A história está marcada pela sua reserva escatológica: ser consumada definitivamente em Jesus Ressuscitado. Daí a importância de afirmar a dimensão cristocêntrica da revelação e seu aspecto de abertura a um teocentrismo, enquanto categoria última e definitiva da própria revelação.

O tema do mistério de Deus afere efetivamente uma das questões do universo reflexivo da Teologia Fundamental. Assina com justiça René Latourelle: "a realidade de Deus entendida como mistério adquire uma grande importância para a Teologia Fundamental, que considera como tarefa básica aclarar o problema sobre Deus ao homem moderno" (LATOURELLE, 2010, p. 989). Com esse escopo, compreende-se que o objeto da Teologia Fundamental será indiscutivelmente o mistério revelado de Deus e, nesse sentido, a ação pessoal de Deus que, em sua livre-autorrevelação e autocomunicação, entra na história *inabitando-a*, estabelecendo nela uma relação dialógica indestrutível onde o homem se vê chamado a responder a Deus livremente.

Referir-se ao mistério de Deus em sua revelação, no horizonte da Teologia Fundamental, impõe que se reconheça de imediato a relação entre revelação e credibilidade, uma vez que, ambas as proposições formam parte essencial do objeto da Teologia Fundamental (URBINA, 2002, p. 47). Disso decorre um novo corolário argumentativo onde as questões do mistério revelado e da credibilidade da revelação se liguem simetricamente à questão central do hoje da teologia. Esta é sabedora de que o seu grande desafio é se referir e se ocupar de uma linguagem que fala humanamente sobre Deus e concomitantemente de uma linguagem eficaz sobre o homem que busca a Deus como verdade plena e sentido fecundo de sua existência.

3.5 Deus como mistério e como linguagem

O estatuto epistemológico da teologia contemporânea, ao evidenciar o tema da revelação de Deus, aborda a questão dos seus fundamentos, a ideia de sua natureza desde a compreensão da iniciativa gratuita de Deus que se imprime na história dos homens como manifestação agápica de sua revelação. Nesses termos, o acontecimento da revelação deve ser pensado cada vez mais no marco, ou na injunção, da ideia do par assimétrico desse acontecimento, no qual Deus e o homem imbricam-se numa relação mútua de amor e de comunicação. Assumir tal proposição significa pensar na revelação desde sua questão epistemológica, dando o destaque ao primado ontológico (o aspecto gratuito da automanifestação de Deus) e à sua prioridade epistemológica (o acolhimento por parte do homem), evitando o risco de desvincular a relação dinâmica no exigente ato de se pensar a continuidade e a descontinuidade da credibilidade da revelação. Se houvesse somente continuidade entre a revelação e o espírito humano, a revelação permaneceria simplesmente ao âmbito do cognoscível, penetrada de racionalidade. Se houvesse somente descontinuidade, não poderia ser conhecida, pois perderia sua destinação humana.

A Teologia Fundamental não pode prescindir de se aperceber desse fenômeno assimétrico que marca o acontecimento da revelação. Nesse sentido, poder-se-ia dizer, a partir dessa objetivação, que está nas mãos dos teólogos o cuidar-se porque a relação entre Deus e homem é *per se* um horizonte fecundo que se abre constantemente a novas investigações e que se impõe constantemente à teologia. Objetiva-se, então, nesse contexto, dizer que Teologia Fundamental e fenomenologia se encontram, uma vez que esta última se ocupa diretamente do tema da expressividade do mistério revelado. Nessa perspectiva, é de capital importância reafirmar a suspensão de uma visão meramente instrutiva e iluminativa, intelectualista e verbalista e até mesmo autoritária da revelação, para entrar por completo no horizonte semântico de sua natureza e economia (GEFFRÉ, 1984, p. 172).

Nesse sentido, o mistério de Deus estudado na Teologia Fundamental exige, de certa forma, que se exponha em termos de uma nova razão teológica que revelação histórica e amor se imbricam. Sendo assim, a dinâmica fecunda da continuidade e descontinuidade da revelação no espírito humano corporifica a ideia do mistério revelado. Nesses termos, é possível reafirmar que o mistério amoroso de Deus em sua expressão no curso da história configura-se à livre e decisiva manifestação salvífica de Deus. E, uma vez oferecido, pode ser pensado e acolhido como conhecimento de fé na via própria da razão.

Desse modo, fica claro que um Deus que se manifesta como amor só pode ser conhecido como amor; ou ainda, um Deus que atua como amor só pode ser percebido e experimentado como amor. Portanto, um Deus que salva com amor só pode ser verdadeiramente um Deus "oniamante". Logo, o homem pode conhecê-lo e amá-lo e assim se comprometer numa atitude radical de transgressão de toda imagem que identifique o Deus da história com o *deus ex machina* da tragédia grega. Deus não é um mero espectador do drama humano e, consequentemente, não entra na história como um poder mágico, e muito menos se deixa ser percebido e conhecido por espetáculos sensacionalistas, senão pelas reais mediações humanas passíveis de sua manifestação. A percepção do acontecimento da revelação de Deus se torna inteligível no terreno das categorias humanas e pessoais, o que implica dizer que uma autêntica compreensão desse acontecimento se insere no terreno da percepção e na suscetibilidade do que é experimentado (TILLICH, 1984, p. 210).

4
Perspectiva filosófico-exegética

A partir do campo semântico das línguas modernas, utilizado pela teologia contemporânea, agora se atribui um hífen ao termo latino "*revelatio*", do qual emana a compreensão não só do "tirar o véu", mas também sua condição de "velar de novo". O termo "*revelatio*" garante a dialética entre revelação e mistério, uma vez que o mistério de Deus não se esgota na história. A teologia dirá que o *Deus absconditus* é o *Deus revelatus*, garantindo o paradoxo da revelação de Deus que se realiza no coração da história.

4.1 A revelação de Deus pela palavra e pela história

No Antigo Testamento, o evento da revelação é lido à luz de uma intervenção livre, soberana e poderosa de Deus. A forma privilegiada de expressá-la é "Palavra do Senhor". Deus é aquele que fala e, no ato de sua fala, revela quem Ele é. Nesse sentido, recorda-se que na tradição bíblica é a palavra (*Dabar*) que é colocada em destaque, uma vez que é a categoria por excelência da revelação bíblica (MONTES, 2010, p. 45). A religião veterotestamentária compreendia a manifestação de Deus partindo da significação que tem a palavra nas religiões interpessoais. A palavra (*Dabar*), qual categoria fundamental sob a que acontece a revelação, ocupa um lugar altamente relevante em toda Sagrada Escritura. Na religião israelita predomina a ideia de que Deus intervém na história de seu povo. Israel está convencido de que Deus o elegeu como o seu povo, o que caracteriza que a revelação de Deus corresponde à ideia da eleição com sua implicação de aliança (NOVO, 2003, p. 56).

O homem bíblico, embora "veja" e "ouça" o Senhor, confia muito mais no ouvir a voz de Iahweh. A escuta é o seu órgão receptivo da relação com o Senhor. Com efeito, é típico de Israel entrar em relação com Iahweh pela Palavra. Deus fala, Israel escuta. Nesse sentido, a noção de palavra de Deus, ou ainda, palavra de Iahweh, é chave para entender o sentido de pertença do povo de Israel. Uma observação que merece destaque neste momento da nossa reflexão é que o mundo bíblico difere completamente do mundo grego. Se para os povos gregos predominava a contemplação, para o povo hebreu é a "audição" o núcleo central de sua existência e sua relação como Deus. Nesse sentido, para eles, ver Iahweh será sempre apenas um componente metafórico, uma vez que a religião hebraica será sempre a religião da palavra, que por si exige atitude de escuta e de silêncio. É por meio da palavra de Iahweh que Israel fica sabendo quem é Deus, uma vez que, para o mundo semítico, a palavra não se distingue quase em nada daquele que a profere. A pronúncia tem um valor noético que permite conhecer a própria realidade. Em sua *Dabar*, Deus está se dizendo.

Segundo o teólogo Adolfo González Montes,

> as tradições históricas e literárias testemunham como a palavra divina dirigida a Israel funda a permanência das promessas feitas aos pais, verificando-se em seu cumprimento; isto é, trata-se da "experiência da palavra divina dentro da história". Os Salmos são lugar privilegiado em que está concentrada a experiência histórica de Israel convertida pela comunidade de culto em recitação da história salvífica e em oração recordatória dirigida a Deus, a fim de provocar sua intervenção restauradora salvífica. A oração sálmica tem uma estrutura memorial e nela Israel recorda as grandes ações

73

históricas em que Deus tem credenciado seu nome, já que nome e palavra de Iahweh são os intermediários de que se serve o Deus de Israel para dar-se a conhecer (2010, p. 46).

Partindo dessa citação, observa-se que se evidencia a experiência da palavra divina na história humana[9]. Sim, de fato, Deus se revela por meio da palavra, sendo assim, palavra e história se integram no processo da revelação. As etapas históricas vividas por Israel (patriarcal, mosaica, profética e sapiencial) que definem a fenomenologia bíblica da revelação atestam que as ações históricas de Deus credenciam o seu nome. Ao nomear Deus, o que vem primeiro é a experiência da sua palavra e da sua ação. Nesse sentido, a nomeação que o Ex 3,14 dá de Iahweh "o define por sua indefinibilidade: Ele é o que é porque é como é e não dá mais explicações" (NOVO, 2003, p. 60).

4.2 Campos semânticos neotestamentários da revelação

No Novo Testamento encontram-se campos semânticos diferentes para expressar o que na atualidade entendemos por revelação. Segundo a *Dei Verbum*, os evangelhos "constituem o testemunho privilegiado relativo à doutrina" do Senhor (*DV* 18). Nesse sentido, a Teologia Fundamental tem um papel específico quando se trata dos campos semânticos neotestamentários da revelação:

---

9. Explica o teólogo Afonso Novo que "a palavra '*dabar*' é, para o Israelita, muito mais do que um enunciado verbal. Não somente designa a emissão da voz, senão também aquilo ao qual a voz se refere. Assim, o plural '*d'barim*' significa não poucas vezes 'acontecimentos'. A palavra aparece no princípio do Livro do Gênesis como a potência criadora de Deus. A palavra de Deus se identifica também com sua fidelidade, como aquilo que permanece frente a todo o mutável. Tudo tem a sua consistência nessa palavra, expressão da vontade e a firmeza de Deus, isto é, de seu projeto. É, portanto, uma palavra eficaz, já que participa da eficácia de Deus (cf. Is 55,10s.). Essa palavra não tem somente uma função criadora, mas expressa a ação de Deus. Por isso as sucessivas alianças devem ser associadas a uma palavra de Deus" (NOVO, 2003, p. 59).

recuperar a pessoa de Jesus de Nazaré, para reafirmar o ponto de partida para a renovação da cristologia e, concomitantemente, o princípio hermenêutico da centralidade dos evangelhos no exercício testemunhal da novidade da revelação.

O teólogo René Latourelle afirma:

> A revelação pela palavra pressupõe a linguagem da criação, do mesmo modo que a graça se apoia na natureza intelectual e espiritual do homem. Nosso conceito e termos humanos podem enunciar o mistério porque Cristo os elegeu, sim, pois temos de dizer que Cristo os utilizou porque dizem a relação ao ser divino. É certo que a revelação pela via da encarnação representa um caso privilegiado. Em Jesus Cristo, Deus se nos manifesta como vivente no mundo, como pessoa que pode ser conhecida e com quem podemos tratar diretamente, como com qualquer outra pessoa humana. Assim, as palavras de Cristo têm esse caráter de visão direta, que nasce do interior (Jo 1,18; Lc 10,22; Jo 5,20). O conhecimento que Cristo tem de Deus é um bem familiar que divide com o Pai e o Espírito e comunica a quem quer. O ponto de partida do conhecimento natural é a criatura como tal, enquanto em Cristo o conhecimento de Deus procede da pessoa mesma de Deus: "o Pai e eu somos um" (Jo 10,27-30; 14,6; 8,58). Partindo desse conhecimento, Cristo condescende, isto é, desce até o plano humano, e elege as realidades de nosso mundo que têm valor semelhante com relação ao mistério divino (LATOURELLE, 2005, p. 460-461).

O que se esclarece com tudo isso é que a pessoa de Jesus de Nazaré é sujeito e objeto da revelação. Porém, é preciso compreender toda a história vivida por Jesus. Isso significa considerar o fato histórico de Jesus de Nazaré como ponto de partida. Os acontecimentos que determinam o tecido da sua existência, que vai do seu nascimento, passando pelo seu ministério público, paixão, morte de cruz e ressurreição, têm uma função revelante. É nesse quadro semântico que encontramos três notáveis campos de variações significativas nos escritos neotestamentários.

4.3 Os evangelhos sinóticos

Os evangelhos são a proclamação da boa notícia da intervenção decisiva de Deus no acontecimento Jesus de Nazaré. Obedecendo a perspectiva própria de cada comunidade, os evangelhos são narrativas que evidenciam que Jesus de Nazaré, por meio de suas palavras e ações, instaura o Reino de Deus e demonstra o que significa a soberania do Senhor no quadro do seu desígnio salvífico. Essa presença histórica de Deus é a base epistemológica da dimensão cristológica da revelação, uma vez que "cada evangelista explicita criativamente de maneira própria o querigma da Igreja primitiva, acentuando uns e outros traços tanto da pessoa quanto da sua mensagem" (CARDEDAL, 2006, p. 504). O anúncio da salvação assume a forma de uma narrativa histórica, o que significa dizer que os evangelhos sinóticos garantem um estilo próprio ao fazer teologia, colocando-se na escuta da narração originária do evento Jesus de Nazaré. Por outro lado, as narrativas dos evangelhos têm um objetivo: colocar-nos diante da experiência vivida pelos apóstolos. Afirma Latourelle:

> Os evangelhos são ao mesmo tempo narração e confissão: narração sobre Jesus e testemunho da comunidade que crê nele. Mais ainda: narração e testemunho estão fundidos a tal ponto que o relato é confissão e o testemunho de fé é narração ou recitativo sobre Jesus, exatamente como os credos do Antigo Testamento que são relatos sintéticos dos atos salvíficos de Deus (Dt 26,5-9; 6,20-24; Js 24-13) [...] Se os evangelhos adotam deliberadamente a forma narrativa, própria da história, para descrever a atividade terrena de Jesus de Nazaré, decorre daí que o gênero literário do evange-

lho não foge ao condicionamento e ao questionamento da história (LATOURELLE, 2017, p. 237).

A cristologia dos evangelhos sinóticos oferece razões e um sistema, não somente com o objetivo de narrar a existência de Jesus, mas introduzir a inteligência da sua realidade. Jesus de Nazaré é o Cristo da fé. Essa profissão de fé designa para a comunidade a própria missão que lhe foi confiada por Deus-Pai: salvar a humanidade. Com efeito, a experiência dos apóstolos testemunhada no ato de fé diz que "a história terrena de Jesus, percebida com ambiguidade e polivalente em si mesma, já estava pletórica de sentido e é o fundamento de toda afirmação ulterior sobre Ele" (CARDEDAL, 2005, p. 356). A estrutura narrativa dos evangelhos garante a continuidade fundamental entre o Jesus histórico e Cristo da fé.

4.3.1 Marcos

Entre os evangelhos, o de Marcos é considerado o mais antigo e vem como resposta da comunidade que passa por uma crise. "Marcos quer remontar aos inícios (*archê*) de uma história, isto é, às primeiras manifestações da ação decisiva de Deus neste mundo" (LATOURELLE, 2017, p. 238). A intenção da narrativa é impulsionar a comunidade a uma nova perspectiva de esperança, lembrando que a cruz e o sofrimento fazem parte do caminho de Jesus e de seus seguidores. Nesse sentido, a afirmação querigmática de que Jesus de Nazaré é Messias e Senhor, o enviado do Pai, diz que o messianismo de Jesus, antes de ser um ato presente, é uma vocação que se cumprirá no futuro pelo sofrimento e obediência assumida em sua total liberdade. Para Marcos, a morte e a ressurreição de Jesus o constituem como o Messias da fé. Com efeito, nele se revela o "segredo messiânico", pois a partir de sua realidade histórica e com o mistério de sua morte e ressurreição, Ele vence os poderes da morte (At 2,36; Mt 28,18).

O Evangelho procura resgatar os ensinamentos de Jesus que, considerados por muitos como superiores aos dos mestres da lei, estariam em oposição ao fanatismo nacionalista.

1) Reconhecendo nele a autoridade de um profeta, os seus ouvintes percebem que Ele ensina com a força do Espírito:

> Eles ficavam impressionados com o seu ensinamento; pois ensinava com quem tem autoridade e não como os escribas. Naquela ocasião, estava na sinagoga deles um homem possuído por um demônio impuro, ele exclamou: "Que há entre nós e ti, Jesus de Nazaré? Vieste para nos perder. Eu sei quem és: o Santo de Deus". Jesus o repreendeu: "Cala-te e sai desse homem". O espírito impuro sacudiu-o violentamente e saiu dele, soltando um grande grito. Todos ficaram tão espantados que se perguntavam uns aos outros: Que é isto? Eis um ensinamento novo, cheio de autoridade! Ele manda até nos espíritos impuros e eles lhe obedecem (Mc 1,22-27).

2) Sua insistência na proximidade do Reino de Deus, as controvérsias, os exorcismos:

> Ele curou muitos doentes, que sofriam de males de toda espécie, e expulsou muitos demônios; e não deixava os demônios falarem, porque o conheciam (Mc 1,34).

Os espíritos impuros, quando o avisavam, lançavam-se-lhe aos pés e gritavam: "Tu és o Filho de Deus". E ele lhes ordenava muito severamente que não o dessem a conhecer (Mc 3,11-12).

3) Os milagres, gestos messiânicos, são sinais da presença de Deus que revelam o seu amor, tanto nas coisas extraordinárias como nas comuns:

> Ao desembarcar, Jesus viu grande multidão. Ele foi tomado de compaixão por eles, porque eram como ove-

lhas sem pastor, e pôr-se a ensinar-lhes muitas coisas. Depois, como a hora avançasse, seus discípulos aproximaram-se dele para dizer-lhe: "Despede-os, para que vão aos sítios e aldeias dos arredores comprar para si o que comer". Mas ele lhes respondeu: "Dai-lhes vós mesmos de comer". Eles lhe dizem: "Será preciso ir comprar pão por duzentas moedas de prata e dar-lhes de comer?" Ele perguntou: "Quantos pães tendes? Ide ver!" Tendo verificado, responderam: "Cinco, e dois peixes". E ele ordenou que acomodassem todos em grupo sobre a relva verde. Eles se estenderam em fileiras de cem e de cinquenta. Jesus tomou os cinco pães e os dois peixes e, erguendo os olhos para o céu, pronunciou a bênção, partiu os pães e dava-os aos discípulos para que os oferecessem ao povo. Repartiu também os dois peixes entre todos. Todos eles comeram e ficaram saciados. E recolheram-se os pedaços, que enchiam doze cestos, e o restante dos peixes. Os que haviam comido os pães eram cinco mil homens (Mc 6,34-44).

Naqueles dias, como houvesse novamente uma grande multidão e ela não tivesse o que comer, Jesus chama seus discípulos e lhes diz: Tenho compaixão desta multidão, pois já faz três dias que permanecem comigo e não têm o que comer. Se os despeço, mandando-os para casa em jejum, vão desfalecer no caminho, e há alguns que vieram de longe. Seus discípulos lhe responderam: "Onde encontrar de que fartá-los com pães aqui num deserto?" Ele lhes perguntou: "Quantos pães tendes?" – "Sete", disseram. E ele mandou a multidão acomodar-se no chão. Depois, tomou os sete pães e, após ter dado graças, partiu-os e os dava a seus discípulos para que eles lhos oferecessem. E eles os ofereceram à multidão. Havia também alguns peixinhos. Jesus pronunciou sobre eles a bênção e mandou oferecê-los igualmente. Comeram e ficaram saciados. E recolheram os pedaços que sobravam: sete cestos; ora, eles eram cerca de quatro mil. Depois, Jesus os despediu; e logo entrou no barco com seus discípulos e foi à região de Dalmanuta (Mc 8,1-10).

4) O ingresso em Jerusalém como afirmativa do tipo de messianismo assumido por Jesus. Seu messianismo não atende a expectativa triunfante esperada por muitos, mas afirma a forma não violenta da instauração do reinado de Deus[10]:

> Ao se aproximarem de Jerusalém, perto de Betfagé e de Betânia, para os lados do Monte das Oliveiras, Jesus envia dois de seus discípulos e lhes diz: "Ide à aldeia que está à vossa frente; logo que nela entrardes, encontrareis um jumentinho amarrado, que ninguém ainda montou. Desamarrai-o e levai-o, e se alguém vos disser: 'Por que fazeis isto?' Respondei: 'O Senhor precisa dele e o devolve aqui sem demora'". Eles partiram e encontraram um jumentinho amarrado fora, na rua, junto a uma porta. Eles o desamarraram. Alguns dos que ali se encontravam disseram-lhes: "Que estais fazendo, por que desamarrais esse jumentinho?" Eles responderam como Jesus havia dito, e os outros os deixaram ir. Levam o jumentinho a Jesus; põem suas vestes sobre ele e Jesus sentou-se em cima. Muita gente estendeu as vestimentas sobre a estrada, e outros, folhagens que cortavam no campo. Os que caminhavam à frente os que seguiam clamavam: "Hosana! Bendito seja em nome do Senhor aquele que vem! Bendito seja o reino que vem, o reino de Davi, nosso pai! Hosana no mais alto dos

---

10. Vale a pena aprofundar esse entendimento do Evangelho de Marcos, uma vez que, a intenção é demonstrar a irrupção do verdadeiro Messias. Comentam Juan Mateos e Fernando Camacho: "Os dois enviados deverão encontrar na tradição de Israel a ideia do messianismo pacífico. Devem ir à aldeia, lugar de onde Jesus tirou o cego e onde proibiu-lhe de voltar (8,23.26); agora que os discípulos decidiram seguir Jesus (10,52), podem entrar nela sem perigo: ela é hostil a Jesus e aos seus; o jumentinho alude ao texto de Zc 9,9, que descreve o rei/messias não violento: 'Vê teu rei que chega, justo, vitorioso, humilde, cavalgando um jumento'; essa passagem do Antigo Testamento, porém, é ignorada na teologia oficial (amarrado), quer dizer, o povo judeu possui a Escritura, mas a mutila e amordaça; os enviados de Jesus, que levam já a imagem do verdadeiro Messias, podem resgatá-la; nunca existiu antes em Israel um líder que cumprisse essa profecia (que ninguém montou ainda); é uma denúncia da história passada, sempre caracterizada pela violência e pela dominação. Jesus adverte a todos os enviados de que alguns podem estranhar que vão utilizar agora esse texto; a resposta que devem dar: o Senhor precisa dele, implica que Jesus ('o Senhor') precisa desses textos para invalidar nos discípulos a ideia messiânica da instituição do povo" (MATEOS & CAMACHO, 1998, p. 259-260).

céus. E ele entrou em Jerusalém, no Templo. Depois de ter olhado tudo à sua volta, como já era noite, saiu para ir a Betânia com os Doze (Mc 11,1-11).

5) A purificação do Templo:

Chegam a Jerusalém. Entrando no Templo, Jesus pôs-se a expulsar os que vendiam e compravam no Templo; derrubou as mesas dos cambistas e os assentos dos vendedores de pombas, e não permitia a ninguém atravessar o Templo carregando seja lá o que fosse. E ensinava e lhes dizia: "Não está escrito: 'Minha casa será chamada casa de oração para todas as nações'? Vós, porém, fizestes dela uma caverna de bandidos". Os sumos sacerdotes e os escribas souberam disso e procuravam como o fariam perecer. Pois eles o temiam, porque a multidão era tocada por seu ensinamento. Ao chegar a noite, Jesus e seus discípulos saíram da cidade (Mc 11,15-19).

6) As epifanias:

Logo depois, Jesus obrigou seus discípulos a entrarem no barco e precedê-lo na outra margem, rumo a Betsaida, enquanto ele despedia a multidão. Depois de tê-la mandado embora, ele se retirou para o monte, a fim de orar. Já de noite, o barco estava no meio do mar, e ele, em terra, sozinho. Vendo-os pelejar, remando – pois o vento lhe era contrário –, por volta do fim da noite, ele foi em direção deles, caminhando sobre o mar, estava a ponto de ultrapassá-los. Vendo-o caminhar sobre o mar, eles julgaram que fosse um fantasma e soltaram gritos. Pois todos o viram e ficaram apavorados. Ele, porém, logo falou com eles; disse-lhes: "Tende confiança, sou eu, não tenhais medo". Subiu junto deles no barco e o vento cessou. Eles estavam sumamente espantados. Na realidade, nada tinham compreendido a respeito dos pães; seu coração estava endurecido (Mc 6,45-54).

Todos esses dados fornecidos pelo Evangelho de Marcos encontram sua posição histórica na vida de Jesus na Palestina. Por outro lado, a perspectiva do Evangelho é mostrar que a vida de Jesus é o cumprimento da promessa de Deus a Israel, pois é por meio dele que Deus realiza o seu desígnio salvador.

Para o Evangelho de Marcos, a novidade de Jesus e o tema central de sua pregação é o seu anúncio do Reino de Deus que irrompe a história humana (Mc 1,15). Jesus anuncia a realização da soberania real de Deus, sua governabilidade como salvação para o ser humano. O Reino de Deus não é definido por Jesus, senão que atualizado por Ele, com sua pregação, milagres, relações e amizades. "O Reino de Deus é o que acontece em Jesus e com Jesus, o que Deus realiza por meio de Jesus" (CARDEDAL, 2005, p. 45).

4.3.2 Mateus

No Evangelho segundo Mateus a figura de Jesus está confrontada e situada desde a história de Israel tal como a relata o Antigo Testamento, com a recepção do povo judeu de sua pessoa com a luta que a sinagoga estava levando a cabo com a Igreja e seus membros considerados hereges. De fato, a crise da comunidade de Mateus é gerada pela reorganização do judaísmo, pela tensão entre os seguidores de Jesus e os fariseus e a consequente ruptura entre a Sinagoga e as Igrejas. Nesse sentido, há uma insistência de Mateus nas Escrituras, na Lei e nos costumes judaicos. Isso porque, para ele, é justamente a Lei judaica que deve receber um cumprimento que a Escritura aponta: reconhecer na obra e na pessoa de Jesus, que Ele é o Cristo, o Messias. Nele se cumpre a promessa que dá sentido ao povo de Israel, pois é Ele o enviado de Deus-Pai. Nele, cumpre-se a vocação do povo e, em sua missão messiânica, enraizada na história de Israel abrindo-se à sua realidade universal, a salvação de todos os povos.

É interessante observar que o Evangelho segundo Mateus é tecido numa perspectiva profundamente judaica, onde o próprio

Jesus é esperado, mas vem de maneira inesperada. Cita 41 vezes o Antigo Testamento em cinco grandes unidades literárias, ou cinco discursos em chaves de leituras cristológicas. Para Mateus, Jesus é a realização das promessas veterotestamentárias, e cada uma de suas ações, palavras ou lugares remete a textos de que são o cumprimento.

1) Jesus é o novo Moisés que, como aquele no Sinai, promulga a nova lei:

> Eu, porém, vos digo que qualquer que, sem motivo, se encolerizar contra seu irmão, será réu de juízo; e qualquer que disser a seu irmão: Raca, será réu do sinédrio; e qualquer que lhe disser "Louco" será réu do fogo do inferno (Mt 5,22).

2) É a sabedoria e atua com a autoridade oferecida pela revelação outorgada por Deus

> Veio o Filho do Homem, comendo e bebendo, e dizem: Eis aí um homem comilão e beberrão, amigo dos publicanos e pecadores. Mas a sabedoria é justificada por seus filhos (Mt 11,19).

> E, chegando à sua pátria, ensinava-os na sinagoga deles, de sorte que se maravilhavam e diziam: "De onde veio a este a sabedoria, e estas maravilhas?" (Mt 13,54).

3) É superior ao Templo:

> Ora, eu vos digo, há aqui algo maior do que o Templo (Mt 12,6).

4) Igual ao Pai em conhecimento e, por Ele, só Ele tem a capacidade e autoridade para revelá-lo:

> Naquele tempo, respondendo, Jesus disse: "Graças te dou, ó Pai, Senhor do céu e da terra, que ocultaste estas coisas aos sábios e entendidos, e as revelaste aos pequeninos. Sim, ó Pai, porque assim te aprouve. Todas as coisas me foram entregues por meu Pai, e ninguém

conhece o Filho, senão o Pai; e ninguém conhece o Pai, senão o Filho, e aquele a quem o Filho o quiser revelar. Vinde a mim, todos os que estais cansados e oprimidos, e eu vos aliviarei. Tomai sobre vós o meu jugo, e aprendei de mim, que sou manso e humilde de coração; e encontrareis descanso para as vossas almas. Porque o meu jugo é suave e o meu fardo é leve" (Mt 11,25-30).

5) O Cristo de Mateus é Doutor, Mestre e Caminho:

Quanto a vós, não vos façais chamar de mestres: porque tendes um só Mestre e sois todos irmãos. A ninguém na terra chameis de vosso pai: porque só tendes um, o Pai celeste. Tampouco vos façais chamar de doutores, porque só tendes um Doutor, o Cristo. O maior dentre vós será vosso servo; todo aquele que se exalta será humilhado, e todo aquele que se humilha será exaltado (Mt 23,8-12).

É a partir desse princípio teológico de Mateus que a comunidade professa seu ato de fé, pois em Jesus de Nazaré se realiza a esperança da humanidade e se cumpre o caminho da antiga profecia. Como afirma Pikaza: "[...] nenhuma esperança ou profecia está fixada de antemão, sua riqueza é a abertura para o novo. Por isso, o Cristo é mais do que cumprimento do antigo, é aquele brilho decisivamente novo que se entende à luz do anterior e o excede" (1974, p. 12).

Em Mateus, fala-se dos profetas em tempo presente, ou ainda em futuro imediato.

6) A qualidade de profeta:

Quem receber a um profeta, na qualidade de profeta, recebe a recompensa de profeta (Mt 10,41).

6.1) Diz-se do Batista que é profeta e mais do que profeta:

Então, que fostes ver? Um profeta? Sim, eu vo-lo digo, é mais do que um profeta (Mt 11,9).

6.2) Jesus considera-se a si mesmo como profeta:

> E era para eles uma ocasião de queda. Jesus lhes disse: "Um profeta só é desprezado em sua pátria e sua casa" (Mt 13,57).

6.3) Jesus assume a condição profética:

> Então aparecerá no céu o sinal do Filho do Homem, então, todas as tribos da terra baterão no peito; e elas verão o Filho do Homem vir sobre as nuvens do céu na plenitude do poder e da glória. E Ele enviará seus anjos com a grande trombeta, e, dos quatro ventos, de uma extremidade dos céus à outra, eles reunirão seus eleitos. Compreendei esta comparação tomada da figueira: mal os seus ramos ficam tenros e suas folhas começam a brotar, reconheceis que o verão está próximo (23,30-32).

> Vós, porém, dizeis: "Todo aquele que disser a seu pai ou à sua mãe: 'O auxílio que devias receber de mim é oferenda'" (15,5).

> As multidões respondiam: "É o Profeta Jesus, de Nazaré da Galileia" (21,11).

> Procuravam prendê-lo, mas tiveram medo das multidões, pois elas o consideravam como profeta (21,46).

> Eles disseram: "Para uns, João o Batista; para outros, Elias; para outros ainda, Jeremias ou alguns dos profetas" (16,14).

Outra característica do Evangelho de Mateus é compreender Jesus como revelador do mistério. Isso significa dizer que não se trata de um desvelamento como na literatura apocalíptica, mas sim uma reafirmação da nova profecia presente na pessoa de Jesus. O profetismo de Jesus se insere numa teologia que se desdobra na evidência dos acontecimentos em que culminou a vida de Jesus: sua morte de cruz e sua ressurreição (NOVO, 2004, p. 66).

7) Jesus revelador do mistério:

> Ele, respondendo, disse-lhes: "Porque a vós é dado conhecer os mistérios do reino dos céus, mas a eles não lhes é dado; por isso lhes falo por parábolas; porque eles, vendo, não veem; e, ouvindo, não ouvem nem compreendem" (13,11-13).

Como explicam Juan Mateos e Fernando Camacho, a expressão "a vós foi dado" significa indeterminação que supõe como agente o próprio Jesus que exerce na terra funções divinas. A palavra "mistério", tal como utilizada no Antigo Testamento, "desde Daniel, denotava uma realidade dos tempos finais (escatológico e messiânico) que somente Deus pode revelar (Dn 2,27-30.47), a de um reino eterno (Dn 2,44)" (MATEOS & CAMACHO, 1993, p. 150).

8) Jesus revela sua identidade aos pequeninos. Celebra seu papel como revelador e libertador manifestando a significação de sua presença salvífica aos pequeninos:

> Naquela ocasião, Jesus tomou a palavra e disse: "Eu te louvo, Pai, Senhor do céu e da terra, por teres ocultado isso aos sábios e aos inteligentes e por tê-lo revelado aos pequeninos. Sim, Pai, foi assim que dispuseste na tua benevolência. Tudo me foi entregue por meu Pai. Ninguém conhece o pai, a não ser o Filho, e aquele a quem o Filho o quiser revelar" (11,25-27)[11].

---

11. Vale a pena, a título de aprofundamento, observar o que diz Warren Carter em seu comentário bíblico sobre esta passagem de Mateus: "A frase 'os sábios e inteligentes' evoca uma tradição crítica daqueles, amiúde líderes e a elite, que se recusam a reconhecer os caminhos e os propósitos de Deus (Is 29,9-24, esp. 14; Dn 2,1-13; 2Br 46,5; 1QS 11,6). Eles não são humildes ante Deus e não têm temor de Deus (Pr 3,5-7; Eclo 1,16.27; 2,15-17). Eles são insensíveis à revelação de Deus, defensores de seus próprios interesses e controle. Enquanto *tu ocultaste* enfatiza o papel de Deus (1QS 4,6; 1QH 5,25-26), a responsabilidade humana é insinuada. Quem não está aberto ao desvendamento de Deus em Mateus? As elites políticas (Mt 2; 10,18) e religiosa (3,7-10; 9,34; 10,17; 11,19) não reconheceram Jesus como agente de Deus. Mas também algumas multidões (9,24), cidades (11,20-24) e grupos familiares (10,21.35-36). O reverso desse encobrimento, e a segunda razão para agradecer, é *tu as revelaste aos pequeninos*. Várias tradições afirmam revelações de Deus da Torá,

No ato de fé, a comunidade confirma sua esperança que se abriu na profissão de que Jesus é o Cristo. Essa profissão supera o Antigo Testamento, pois aceita a novidade da palavra de Jesus e o recebe como efeito da vida e da providência de Deus. Jesus é o rejeitado pelos judeus, mas nele Deus cumpre sua promessa a partir dessa rejeição. E nesse quadro conflituoso, Jesus vai assumindo numa fidelidade incondicional o que lhe cabe como missão. Para Mateus, é na cruz que está o conhecimento pleno da finalidade da missão de Jesus. Nela, há o reconhecimento da sua messianidade.

4.3.3 Lucas

Os escritos lucanos são constituídos de uma dupla obra histórico-religiosa, trata-se do seu Evangelho e do Livro dos Atos dos Apóstolos. O Evangelho apresenta os ensinamentos, atividades e destino de Jesus, já os Atos tratam dos primórdios da Igreja. Esses dois aspectos constituem um único mistério da presença de Deus no meio da humanidade. Em outras palavras podemos dizer que Lucas nos apresenta uma teologia universal de Cristo que é a base para a cristologia que vai se abrir: Jesus é o centro do tempo.

Em Jesus se cumpre a espera de Israel e se assegura o tempo da Igreja. É a partir desse princípio que Lucas apresenta Jesus movido

---

sabedoria, propósitos históricos e escatológicos. Graças são dadas pela atividade reveladora de Deus (Dn 2,22-23; Em 39,9-11; 69,27). A nova era de Deus aguarda outra revelação (Jr 31,34; Hab 2,14). A revelação vem aos jovens que são fiéis (Dn 1,4), aqueles que buscam (Eclo 4,11; Sb 6,12-18), os simples (Sl 19,7), mudos e pequeninos (Sb 10,21). Aqui 'pequeninos' está pela pequena comunidade de discípulos que respondera ao chamado de Jesus (4,18-22; 9,9; 10,1-4; 10,1-4.13) [...]. Pequeninos é uma metáfora para os humildes e os receptivos ao ensino (Sl 116,6; 119,130), o iniciante e o peregrino (Fílon, Mig 29-31; Probus 160), os justos (Sl 19,7). Frequentemente denota a criança vulnerável, fisicamente ameaçada pela guerra, capaz de ser enganada, da ação errada e tolice [...]. A metáfora reconhece tanto a receptividade à revelação de Deus quanto os locais sociais marginais e vulneráveis nos quais os desesperados vivem. O sábio e inteligente, a elite encapsulada no poder, no conforto e na arrogância de suas pretensões, não discernem os propósitos de Deus" (CARTER, 2002, p. 333-334).

pelo Espírito Santo, uma vez que é o Espírito que conduz Jesus na sua vida na terra, ele tem uma ligação íntima com o universo dos homens, do tempo e do espaço. O Evangelho segundo Lucas outorga um lugar especial aos pobres (1-2; 4,16-30), aos desgraçados e às mulheres (Lc 7,11-17.36-50 e 8,1-3; 23,27-29; 23,55; 24,12). Lucas é o único que chama a Jesus de Salvador. Jesus é o único nome em que há a salvação (Hb 4,12) e esta implica o perdão dos pecados, a vida e a paz.

Lucas ressalta ainda o aspecto missionário da vida de Jesus, começando pela Galileia (Lc 23,5), com a pregação na sinagoga de Nazaré. Nessa pregação, prefigura toda a sequência do Evangelho: anúncio de salvação, rejeição dos ouvintes, alusão à salvação dos pagãos, ameaça de morte. Nesse horizonte, Lucas apresenta Jesus diante da multidão e dos seus adversários realizando milagres e ao mesmo tempo enfrentando controvérsias.

Dito isso, podemos dizer que o Evangelho segundo Lucas contém uma estrutura noética da revelação que nos permite pensar a conexão entre a pregação inicial e as ações posteriores: seus ensinamentos, as bem-aventuranças, a lógica da gratuidade a prática do amor e da justiça e o permanente chamado à ética do seu seguimento. Se até então vigiam a Lei e os Profetas, agora irrompe o Reino de Deus revelado na pessoa de Jesus Cristo. Eis o ponto culminante do desígnio salvífico de Deus, algo que os profetas e muitos quiseram, mas não puderam ver. "Eu vos digo muitos profetas e reis quiseram ver o que vedes e não viram, ouvir o que ouvis e não ouviram" (10,23-24).

4.4 O *corpus* joanino

O Quarto Evangelho é testemunho escrito dos acontecimentos da vida de Jesus que se une à pregação da comunidade nascente. Como afirma Leon-Dufour, no Evangelho segundo João "entram em jogo a fé à qual a pregação está ordenada, a vida que é o termo da fé, os milagres que convidam a reconhecer em Jesus de Nazaré o Messias e o Filho de Deus" (1972, p. 101). Trata-se de uma estrutura análoga àquela do querigma originário, onde o ponto de partida é o relato do que aconteceu desde os dias de João Batista até os dias em que Jesus passou à glória do Pai. O pano de fundo dessa teologia é ressaltar que Jesus é o exegeta do Pai, seu revelador. O Filho revela o Pai da mesma forma que o Espírito revela aos homens o Filho. A revelação se realiza por mediação do outro, pelo princípio de alteridade. O Pai está em mim e eu estou no Pai.

A recíproca revelação entre o Pai e o Filho

> Jesus lhe disse: "Eu estou convosco há tanto tempo, e, entretanto, Filipe, não me reconheces? Aquele que me viu, viu o Pai. Por que dizes: 'Mostra-nos o Pai?' Não crês que eu estou no Pai e o Pai está em mim? As palavras que eu vos digo, eu não as digo por mim mesmo. Pelo contrário, é o Pai que permanecendo em mim realiza as suas próprias obras" (14,9-10).

Essa reciprocidade de revelação, ação e vida entre Jesus e o Pai é um dos pontos da cristologia neotestamentária do Filho de Deus.

Dito isso, podemos dizer que o Evangelho segundo João contém uma estrutura dinâmica que nos permite pensar a relação entre revelação e alteridade, pois nenhuma das pessoas divinas se revela a partir de si mesma, senão por meio da revelação mediada pela realidade da outra pessoa. O Pai se revela pelo Filho, o Filho se dá a conhecer no Espírito e o Espírito se revela na natureza e propriedade pessoal quando revela o Filho aos homens. No Evangelho segundo João, revelação e alteridade estão correlacionadas. O Pai por meio do Filho, o Filho por meio do Espírito e o Espírito a si mesmo somente quando revela o Filho e o Pai.

5
A fenomenologia bíblica

Se quisermos entender a questão da revelação no horizonte da palavra muito mais do que da visão, podemos recorrer ao texto do filósofo Paul Ricoeur *Manifestação e proclamação* primeiramente para compreender a revelação mosaica como manifestação divina como revelação de Deus por sua palavra. De início, é preciso esclarecer que o que se dá na revelação mosaica não se trata de uma visão meramente cósmica da revelação, como se a revelação de Deus fosse apenas uma manifestação do divino aos homens e nas coisas criadas como a compreendem as religiões pagãs, o que seria, do ponto de vista da teologia cristã, um reducionismo e ao mesmo tempo uma ideia contrária à índole e ao caráter de personalização da revelação de Deus aos homens. É preciso fazer uma leitura dinâmica e diferencial entre o fenômeno da manifestação e a ideia de uma hermenêutica da proclamação da palavra.

Como esclarece Claude Geffré, nas religiões hierofânicas a epifania do divino acontece pelo modo da manifestação, a revelação judaico-cristã privilegia as mediações históricas em uma perspectiva de futuro (GOMES, 2020, p. 25). De fato, se a manifestação do sagrado for tomada isoladamente como mera hierofania do *numinoso*, a linguagem não goza de nenhum privilégio, é como se houvesse uma suspensão natural da palavra e, consequentemente, de sua anterioridade. Nesse primeiro momento, a ideia da hierofania do sagrado se insere muito mais no horizonte cósmico do que no linguístico da palavra ou mesmo da expressão verbal da experiência (RICOEUR, 1974, p. 59). Aqui, o mostrar se insere no terreno do estético, do visível, do que é sem a palavra, porque a manifestação configura-se à mudez das coisas, na não verbalidade do mistério e na não linguisticidade do sagrado.

A revelação de Deus não se reduz à mera manifestação cósmica, à não verbalidade do seu mistério, porque ela é comunicação e presença e, simultaneamente, adquire uma fisionomia corporal (Deus se revela por gestos e palavras – *DV* 2). Nesse sentido, é preciso sublinhar que existe uma hermenêutica da palavra que a fenomenologia da manifestação não pode suspender. Dentro desse arcabouço do fenômeno da manifestação do sagrado, Ricoeur propõe uma dialética entre o fenômeno da manifestação e a hermenêutica da proclamação. Isso significa sublinhar, no tocante à revelação de Deus aos homens, tal como experimenta a tradição judaico-cristã, uma adequada polaridade entre manifestação e proclamação, uma vez que se considera o judaísmo e o cristianismo como religiões da palavra. Dessa forma, é preciso ressaltar a necessidade de uma emergência da palavra, pois, já na fé hebraica, a palavra prevalece sobre o *numinoso* e, na fé cristã, a Palavra se encarna. Tal é a condição dessa polaridade no interior da esfera religiosa (RICOEUR, 1984, p. 175-177). Há sempre um lugar, portanto, para uma espécie de fenômeno de grande ressonância religiosa que o judeu-cristianismo denomina presença da origem nas situações históricas dos acontecimentos fundadores da nossa fé. Como afirma Rovira Belloso,

> a leitura atenta dos capítulos 3, 6 e 14 do Êxodo vê nesses textos uma intenção clara: quem os escreveram tratam de dar a entender, inequivocamente, que tais pontos da história de Israel foram interpretados como verdadeiras situações de revelação de Deus, porque, segundo esses textos, os protagonistas daqueles acontecimentos os viveram, de alguma maneira, como si-

tuações originais em que se fez patente a presença ativa de Deus, com efeitos libertadores, cultuais (místicos) e de formação ético-jurídico do povo. O leitor atual, dotado de olhos curiosos e crítico, pensa na importância desta pergunta: de verdade se dão ou se deram na história essas pretensas situações da revelação? A pergunta – e as possíveis respostas positivas ou negativas – são chaves importantes, e, em definitiva, são a única maneira séria de se encarar a tradição judaico--cristã tal como ela se apresenta (BELLOSO, 1988, p. 209-210).

Segundo essa afirmação do teólogo, a narrativa bíblica da revelação de Deus no Êxodo (Ex 3,6-14) ressalta que nessa experiência o ato-chave por excelência é a relação comunicativa entre Deus e Moisés da qual se constituíram as tradições narrativas. O que se começa com a visão prossegue com a comunicação. É o diálogo entre Deus e o homem a condição primeira do reconhecimento de uma presença. O *numinoso*, no acontecimento da revelação de Deus na experiência de Moisés, é apenas o pano de fundo onde a palavra se destaca, já que sua escuta precede o lugar da visão. Assim, tomando como critério a experiência religiosa do judeu--cristianismo em sua relação com a palavra, por serem compreendidas como religiões da palavra, propõe uma hermenêutica da proclamação, de tal forma que onde existe o fenômeno da palavra, da escrita e do texto tem de haver uma hermenêutica que dê conta de sua especificidade (FERRERES, 1999, p. 36).

Diante dessa breve síntese bíblica do conceito de revelação, não é sem consistência que os grandes tratados de Teologia Fundamental tenham classificado a revelação cristã como palavra "universal e definitiva" de Deus[12]. Nesse sentido Pié-Ninot tem ace-

---

12. Cf. a segunda parte de Pié-Ninot (2009, p. 229-303), intitulada "Revelación Cristiana: la palabra 'universal y definitiva' de Dios. Seguiremos algumas reflexões que consideramos importantes nesta obra para melhor compreensão do que quer dizer a revelação de Deus.

nado que o conceito bíblico da revelação contém três dimensões que englobam todos os aspectos que surgem na Bíblia. No Antigo Testamento a noção dominante para a compreensão de revelação é o conceito de "Palavra de Deus" presente tanto na criação como dirigida a Israel por meio da história. No Novo Testamento a comunicação de Deus como ponto central da revelação se cumpre plenamente em Jesus Cristo como *Logos* encarnado, Palavra de Deus por excelência (PIÉ-NINOT, 2004, p. 240-241).

Para Pié-Ninot:

> Dada a característica central da revelação, tanto no Antigo Testamento quanto no Novo Testamento, como Palavra podemos aproximar a sua análise a partir das categorias que a linguística vê na palavra. Em efeito, a palavra *informa* sobre os acontecimentos e realidades, cumprindo uma função objetiva [a palavra como *símbolo*]; por sua vez, a palavra expressa a interioridade daquele que fala com seus sentimentos e emoções [a palavra como *sintoma*]; finalmente, a palavra interpela provocando resposta [a palavra como *sinal*]. Trata-se de três funções que respondem as três pessoas do verbo: a palavra expressa, em primeira pessoa; interpela, em segunda pessoa, e conta, em terceira pessoa. A partir dessas funções podemos tipificar o conceito bíblico de revelação em chave de síntese por meio das três dimensões que podem englobar todos os aspectos que surgem na Bíblia (PIÉ-NINOT, 2004, p. 241).

Dimensão dinâmica – Revelando-se, Deus cria e atua realizando signos "milagrosos" no cosmos e na história pessoal e coletiva do povo de Deus. (Deus tem se mostrado como criador, libertador, misericordioso, sumamente Deus da vida, clemente e fiel.)

Dimensão noética – Revelando-se, Deus ensina – destaca-se aqui, o aspecto pedagógico de Deus. As leis, as promessas, as profecias, os sapienciais, as bem-aventuranças e o anúncio do Reino caracterizam a pedagogia de Deus em se revelar. "Deus mesmo, ao largo de toda história e principalmente no Evangelho, se serviu de uma pedagogia que deve seguir como modelo da pedagogia da fé" (*CT* 58). Tanto a lógica do Sermão da Montanha como a lógica do Sermão da Planície de Jesus, no plano simbólico, desafiam a razão ético-teológica a ir mais longe, a encontrar o sentido metaético do ensinamento cristológico do mandamento do amor.

Dimensão pessoal – Revelando-se, Deus se autocomunica progressivamente de uma maneira total em Jesus Cristo "Palavra de Deus" (cf. Jo 1; Ap 19,13; "seu nome é palavra de Deus"). Como afirma Ricoeur, a palavra e a manifestação podem ser reconciliadas na afirmação central do prólogo de João (RICOEUR, 2008, p. 83).

Elucidando essas três dimensões, o teólogo da Catalunha explica que, graças ao *Logos* encarnado tipificado no prólogo joanino como máxima expressão de Jesus como revelador, existe uma clara diferença entre elas. O conceito "palavra de Deus" no Antigo Testamento está presente na criação e na condução histórica de Israel. Com efeito, a "palavra de Deus" é precisamente uma força dinâmica que pede obediência e leva o homem a uma Aliança (Jr 31,31-34). "O *Logos* de João aparece como a síntese de toda a revelação da Escritura" (PIÉ-NINOT, 2004, p. 242).

Podemos dizer que os elementos teoréticos até aqui apresentados ajudam-nos a compreender que as mediações históricas para a compreensão da ideia judaico-cristã de revelação. Como afirma Fraga Gomes: "com ênfase na fala e na escrita, agregando à esfera da religião a prevalência da palavra e da promessa sobre o numinoso e um horizonte soteriológico, com busca de sentido à marcha exodal da vida humana" (GOMES, 2020, p. 25). As mediações históricas são decisivas para a explicação e compreensão da revelação.

5.1 Os modelos históricos para explicar a revelação

O conteúdo semântico do conceito de revelação experimenta três variações conceituais no seu entendimento: epifânico, instrutivo e autocomunicativo. Trata-se de três modelos de compreensão da revelação divina bem-sucedidos no decorrer da história da religião bíblica e da teologia judaico-cristã até a sua consagração com o Concílio Vaticano II.

Na *Dei Verbum*, encontramos esses três modelos, mas sua orientação privilegia o terceiro, o modelo autocomunicativo, com aspectos do primeiro, o modelo epifânico, e do segundo, o modelo teórico-instrutivo.

5.2 A revelação como experiência de epifania

Epifania é um conceito próprio do Novo Testamento que interpreta a história da salvação como epifania de Deus. Por outro lado, desde a Idade Antiga até a Idade Média, o termo "revelação" designava primeiramente experiências de iluminação e era utilizado sempre no plural: revelações. O conceito de epifania é mais pertinente e qualifica melhor o Deus vivo que se manifesta e se faz experimentável em sua santidade como realidade concretamente presente, como força que cria, guia, julga e salva.

5.3 Característica do modelo epifânico da revelação

O essencial se dá pelo acontecer e pela manifestação histórica da mesma salvação. Então a revelação divina e a epifania da salvação se identificam. A *Dei Verbum* (n. 2) confirma essa realidade da "manifestação do mistério da sua bondade" – revelação como "economia e história da salvação" em gestos e palavras (*DV* 2, 4, 7, 8, 14, 15), assim como a visão iluminativa da fé (*DV* 5).

5.4 A revelação como instrução ou modelo doutrinal

Iniciada sob a influência do helenismo e da gnose, na Idade Média se experimenta uma importante tendência de ler a revelação em chave intelectualista. Surge assim, o modelo teórico-instrutivo com a intenção de informar doutrinalmente sobre os atos e conteúdo da doutrina divina sobre a redenção. Toma-se a revelação como a comunicação de enunciados doutrinais de acordo com uma visão puramente informativa da verdade, unida a uma consideração intelectual da fé, na qual consistiriam as verdades manifestadas por Deus (NOVO, 2003, p. 16).

No Concílio Vaticano I, a revelação se apresenta como instrução sobrenatural, o que significa dizer que o objeto da revelação é Deus mesmo e os decretos eternos de sua vontade. Como afirma Jared Wicks, "Deus comunicou em modo sobrenatural várias verdades sobre o homem, sobre o seu destino e sua moral as quais a razão natural pode chegar, embora com dificuldade e perigo de erro" (2008, p. 43)[13]. De fato, a revelação transcende a razão, porque fornece, ilumina e promove a salvação sobrenatural, totalmente para além da capacidade natural do homem (NOVO, 2003, p. 44).

No capítulo 2 da Constituição Dogmática *Dei Filius*, o Concílio Vaticano I especificou o objeto da divina revelação sobrena-

---

13. Para Jared Wicks, a doutrina da *Dei Filius* sobre o objeto da revelação é aberta a uma interpretação personalista, porque é querer da divina sabedoria e bondade *se ipsum [...] humano generi revelare*. Pois dois fatores no ensinamento do Concílio Vaticano I fizeram prevalecer na teologia católica desde 1870 a 1950, uma noção da revelação como instrução divina (*locutio Dei auctoritative docentes*, segundo P. Tromp). O Concílio Vaticano I apresentou ainda, "a revelação em Israel e Cristo em ligação e confronto com a consciência que o homem pode adquirir com o uso da própria razão. Em parte, a revelação supõe que a razão, mesmo com dificuldade, pode saber. Em parte, a revelação transcende a razão, porque ilumina e promove a salvação sobrenatural, totalmente a da capacidade natural do homem. Nesse quadro, a exposição da revelação é facilmente concebida como instrução na ciência e doutrina que elevam e aperfeiçoam a natureza humano do intelecto e da razão" (WICKS, 2008, p. 43-44).

tural como Deus mesmo e os eternos decretos da sua vontade. Tal comunicação aconteceu primeiramente em vários modos por meio dos profetas e no falar a nós no

> Filho divino Jesus Cristo (cf. Hb 1,1-2). Sobre a revelação de si mesmo e dos seus decretos, Deus também comunicou em modo sobrenatural, pois *per se* para chegar, com dificuldade e perigo de erro. Em qualquer caso, a necessidade absoluta da revelação se funda no chamado do homem à visão beatífica de Deus mesmo, a qual não pode em nenhum modo ser conhecido e alcançado sem as comunicações que os homens recebem na revelação sobrenatural (WILCKS, 2008, p. 43).

Nesse modelo, revelação e salvação se encontram separadas, pois a primeira se reduz à parte informativa e doutrinal da história da salvação que serve para manifestar as verdades reveladas. A partir dos séculos XIV e XV, esse modelo acentua o seu caráter doutrinal e conceitual, de maneira que a revelação se compreende quase que exclusivamente como comunicação de uma doutrina sobrenatural (*locutio Dei auctoritative docentes*). Esse modelo está presente na *Dei Verbum* dado que a verdade é o primeiro conteúdo da revelação próprio do Concílio Vaticano I e dominante até o vaticano II.

5.4 Revelação como autocomunicação

Com a *Dei Verbum*, o Concílio Vaticano II apresenta uma importante mudança na concepção teológica no conceito de revelação em relação ao modelo instrutivo. O documento conciliar fala de "doutrina autêntica da revelação" (*DV* 1), como resultado de uma nova consciência teológica dos séculos XIX e XX. Teólogos como K. Barth, com sua teologia da Palavra, K. Rahner, com a teologia antropocêntrica, e E. Schillebeeckx, com sua teologia sacramental, destacam que o acontecimento salvífico inteiro em sua substância e em seu fundamento se concebe como autocomunicação de Deus. De fato, o Concílio Vaticano II recupera no conceito de revelação o conceito de salvação. A revelação é vinculada com a salvação do homem e lhe é conferida na forma da participação na dinâmica da vida trinitária (WICKS, 2008, p. 45). Deus mesmo é, em sua eterna essência trinitária, o Deus da revelação. Isso significa que os conceitos: acontecimentos de salvação e acontecimentos de revelação se interpenetram mutuamente. Sua relação é pericorética e semanticamente amplia o conceito de revelação.

No sentido moderno do termo "revelação", no interior do acontecimento salvífico com seu conteúdo e seu caráter essencial, tudo está integrado. Com efeito, compreende-se a radicalização teocêntrica na qual o Deus da revelação não revela alguma coisa, tal como afirmara o modelo anterior, o doutrinal, que tomava a revelação como a comunicação de uns enunciados doutrinais, de acordo com uma visão puramente informativa da verdade. No modelo autocomunicativo, Deus se revela a si mesmo como Pai em Jesus Cristo, o mediador e a plenitude da revelação. Diz a *Dei Verbum*:

> Depois de ter falado muitas vezes e de muitos modos pelos profetas, falou-nos Deus nestes nossos dias, que são os últimos, por meio de seu Filho (Hb 1,1-2). Com efeito, enviou o seu Filho, isto é, o Verbo eterno, que ilumina todos os homens, para habitar entre os homens e manifestar-lhes a vida íntima de Deus (cf. Jo 1,1-18). Jesus Cristo, Verbo feito carne, enviado "como homem para os homens" (3), "fala, portanto, as palavras de Deus" (Jo 3,34) e consuma a obra de salvação que o Pai lhe mandou realizar (cf. Jo 5,36; 17,4). Por isso, vê-lo é ver o Pai (cf. Jo 14,9), com toda a sua presença e manifestação da sua pessoa, com palavras e obras, sinais e milagres, e, sobretudo, com a sua morte e gloriosa ressurreição, enfim, com o envio do Espírito da verdade, completa totalmente e confirma com o testemunho divino a revelação, a saber, que Deus está conosco para nos libertar das trevas do pecado e da morte e para nos ressuscitar para a vida eterna (*DV* 4).

Essa revelação como autocomunicação pessoal segue o padrão dos livros (a história da salvação consignada nos livros do Antigo Testamento) e (excelência do Novo Testamento) (*DV* 14, 17) e continua presente na Igreja por meio do Espírito (*DV* 7-8). Trata-se de uma autocomunicação ao homem como participação na mesma realidade salvífica de Deus. Porém, a partir dessa ideia de revelação, a mesma concepção do cristianismo como religião do livro deve ser superada. O cristianismo não é a religião do livro, é indiscutivelmente a religião do Deus encarnado, do Deus que sai de si e se precipita em direção ao homem. Se a revelação emerge do livro, em seu sentido bíblico, manifesta um Deus kenótico que renuncia todo tipo de despotismo para assumir na contingência da história humana os seus símbolos e as suas significações. Nesse sentido, pode dizer que o cristianismo não pode ser identificado como a religião do livro, mas a religião "com um Livro" que extraordinariamente fixa a narrativa do acontecimento salvífico de Deus, que é o acontecimento de sua revelação (THEOBALD, 2006, p. 6).

A revelação cristã se fundamenta em uma comunhão pessoal-vital que desemboca em um compromisso pessoal que vai muito mais além de uma pura fidelidade formal a um texto. Se o cristianismo não é a religião do livro, ao menos no exercício da sua interpretação, é compreendido como a religião com o livro. Como afirma Claude Geffré: "adotar um modelo hermenêutico em teologia é sempre tomar como ponto de partida um texto: as Escrituras fundantes do cristianismo e as releituras feitas ao longo de toda a tradição eclesial" (GEFFRÉ, 2009, p. 13).

Na *Dei Verbum* surge o modelo teórico-comunicativo-participativo, acentuando tanto o aspecto da comunhão-comunicação, pois gera uma relação pessoal (*DV* 1-2) e o aspecto participativo, pois oferece os bens divinos – verdade, justiça, amor e paz. A *Dei Verbum* fala da necessidade da revelação:

Pela revelação divina quis Deus manifestar e comunicar-se a si mesmo e os decretos eternos da sua vontade a respeito da salvação dos homens, "para fazê-los participar dos bens divinos, que superam absolutamente a capacidade da inteligência humana". O Sagrado Concílio professa que Deus, princípio e fim de todas as coisas, pode ser conhecido com certeza pela luz natural da razão a partir das criaturas" (Rm 1,20); mas ensina também que deve atribuir-se à sua revelação "poderem todos os homens conhecer com facilidade, firme certeza e sem mistura de erro aquilo que nas coisas divinas não é inacessível à razão humana, mesmo na presente condição do gênero humano (*DV* 6).

Diante de tudo isso que foi dito até agora, é importante ressaltar que, de fato, o Concílio Vaticano II recupera no conceito de revelação o acontecimento salvífico-histórico de Deus. Isso significa que o acontecimento de salvação e o acontecimento da revelação se interpretam mutuamente. "A revelação é uma experiência na palavra expressa, é o atuar salvífico de Deus enquanto experimentado e traduzido em linguagem por meio do homem" (SCHILLEBEECKX, 1981, p. 39).

6
A Constituição Dogmática *Dei Verbum*

A *Dei Verbum* se constitui como um dos grandes textos do Concílio Vaticano II, cuja perspectiva desdobrada sugere, no fértil campo de sua qualificação teológica, que o tema da revelação se apresenta como categoria central da teologia moderna (WALDENFELS, 2010, p. 249). O título que recebeu por parte dos Padres Conciliares dá a chave de sua unidade temática: "Constituição dogmática sobre a divina revelação", isso porque Deus é origem e objeto da sua revelação e porque revela aos homens a sua natureza. No próprio título já está explícito que Deus, ao revelar a sua vida íntima, se revela primordialmente como um mistério de amor (MATEO-SECO, 1998, p. 638). O amor revelado é relação, comunicação de vida e de ser (CARDERDAL, 2004, p. 30). É amor que dá testemunho de si mesmo, numa relação vital e histórica com o homem, que se vê interpelado a reconhecer e receber a oferta gratuita do Deus que se revela. A revelação de Deus na história não dissolve a condição do seu mistério, ao contrário, ela permite ao fiel entrar e permanecer nele (THEOBALD, 2005, p. 246).

6.1 Reflexão preliminar

A constituição tem sua história inscrita no longo período de gestação que vai de 1959 à sua promulgação em novembro de 1965 (THEOBALD, 2005, p. 36). Sua elaboração comporta a redação de quatro esquemas que se desdobram coincidentemente com as quatro sessões do Concílio Vaticano II (RUIZ, 2012, p. 4). O esquema sobre a revelação, como afirma o jornalista P. Wenger ao escrever a crônica de cada sessão do Concílio, é um dos mais importantes, primeiramente pela sua história (WENGER, 1965, p. 140), depois pela nomeação da comissão mista feita por João XXIII, considerada pelos jornalistas como uma data histórica da primeira sessão (WENGER, 1965, p. 140).

6.1.1 A constituição

A constituição dogmática, recebendo o título de *Dei Verbum*, traz ao horizonte da reflexão teológica, a ideia de que a revelação é divina caracterizando assim que Deus é objeto e natureza da revelação. É interessante recordar que até o quarto esquema preparatório, o *incipit* da constituição se inscrevia como *Sacrosancta Synodus*, se assim se mantivera, seria lamentável, como afirma Luis Alonso Schökel, uma vez que colocaria o homem em primeiro lugar, em uma abordagem trata da revelação de Deus aos homens (SCHÖKEL, 2012, p. 127). Com efeito, ao optar pelo título *Dei Verbum*, os Padres Conciliares garantiram o primado ontológico da revelação e sua prioridade epistemológica, uma vez que o homem se vê interpelado pela revelação de Deus a uma atitude de escuta, de obediência, de resposta e de fé. A constituição apresenta, também, o aspecto antropológico da revelação, uma vez que se dirige aos homens, que eclesialmente as transmitem e colaboram em sua formulação e interpretação.

6.1.2 A questão metodológica

Na *Dei Verbum* se inserem as principais preocupações que nortearam as discussões do Concílio tais como o interesse pelo dado bíblico, pelo ecumenismo, pela questão litúrgica e, finalmente, pelo diálogo com o mundo contemporâneo (ARTOLA, p. 16).

Com essas indicações, o Concílio Vaticano II traça linhas inovadoras para a Igreja e sua pastoralidade, constituindo-se assim, um campo fecundo de reflexão (LIBANIO, 2012, p. 12).

6.1.3 A composição geral da Dei Verbum

A constituição está dividida em seis capítulos.

Capítulo I – Natureza da revelação, suas etapas históricas, em primeiro lugar, a autorrevelação de Deus mesmo (*DV* 2); sua característica de falar aos homens como amigos; o ápice está em Cristo e a resposta humana à revelação (n. 2-6).

Capítulo II – A transmissão da revelação: A revelação, por ser histórica e por ter chegado a seu ápice em Cristo, deve ser transmitida a todas as gerações por uma tradição viva. Toda a Igreja é portadora da revelação (n. 7-10).

Capítulo III – A inspiração divina e a interpretação da Sagrada Escritura: a revelação enquanto palavra se cristaliza e se fixa em alguns escritos que chamados de Sagrada Escritura em razão de seu caráter carismático; como escritura exige uma interpretação que corresponda a seus caracteres divino e humano (n. 11-13).

Capítulo IV – O Antigo Testamento: a escritura se compõe de dois grupos de livros: o Antigo e o Novo Testamento. O Antigo Testamento reúne a economia antiga, a faz presente e a incorpora em forma de palavra ao Novo Testamento (n. 14-16).

Capítulo V – O Novo Testamento que compreende os evangelhos e outra série de escritos sobre o mistério de Cristo e a vida da Igreja (n. 17-20).

Capítulo VI – A Sagrada Escritura na vida da Igreja: a Escritura vivifica de muitos modos a Igreja. Por sua vez, o cristão deve colaborar com a ação da Igreja por meio da leitura, do estudo e da pregação da palavra divina (n. 21-26).

No bojo da questão da revelação, realizada na carne da história, encontram-se acontecimentos e palavras como sinais sacramentais da presença de Deus na história. Palavras e ações regem numa cumplicidade mediadora a constelação dos acontecimentos próprios da revelação, delineando o aspecto antropológico da revelação.

Vale a pena destacar os pontos relevantes que Henri Bouillard (1972, p. 35-49) apresenta em seu artigo "O conceito de revelação do Vaticano I ao Vaticano II":

> 1) A revelação divina não é mais um corpo de verdades doutrinais contidas nas Escrituras e ensinadas pela Igreja.
>
> 2) Deus se revela a si mesmo para introduzir os homens em sua própria vida.
>
> 3) O elemento mediador dessa revelação é duplo; ele se efetua por sua vez pelos acontecimentos salutares e pelas palavras que eles interpretam. Deus não se dá a conhecer em um corpo de verdades abstratas, mas em uma história humana sensível.
>
> 4) Cristo é, por sua vez, o mediador supremo e a plenitude da revelação. Em sua pessoa, em suas palavras e ações, em sua morte e ressurreição, Deus se manifesta de maneira decisiva.
>
> 5) A revelação efetuada na história está relacionada com a manifestação de Deus nas realidades criadas.
>
> 6) A constituição *Dei Verbum* revela não somente (como a *Dei Filius*) a possibilidade de uma consciência natural de Deus pela razão humana, mas também e antes de tudo o testemunho de que Deus se doa a si mesmo nas criaturas.

6.1.4 A autocomunicação

O problema clássico da revelação cristã, na perspectiva de uma autocomunicação, afeta diretamente a questão da linguagem humana. Sabemos que é impossível ao ser humano compreender-se fora da linguagem, isso porque ontologicamente é linguagem e esta, por sua vez, é a mediação do ser humano com o mundo, com os outros seres, consigo mesmo e com Deus. Em sua revelação, e na aventura de nossa fé, Deus se faz comunicador, entra efetivamente na aventura da fé do homem e propõe-lhe um diálogo livre de amor. Compreender o diálogo que Deus estabelece com o homem exige que se coloque em termos analógicos a questão da comunicação interpessoal, permitindo assim maior inelegibilidade à realidade da interlocução (NOVO, 2003, p. 27). De fato, como já se encontrara no pensamento de Hilário de Poitiers, "uma revelação de Deus que não fosse comunicação da realidade revelada ao espírito do homem não poderia ser chamada autocomunicação de Deus, nem ser considerada como realizada" (*De Trinitate*, I,1).

A *Dei Verbum*, ao apresentar a questão dialógica como um dos modelos de revelação, traz ao horizonte da reflexão teológica a relevância do fenômeno do encontro interpessoal, "frente a alguém que aparece como outro e que exige escuta e resposta" (NOVO, 2003, p. 27). É o fato de aparecer como Outro que garante a revelação seu caráter divino; em outras palavras, pode-se dizer que a revelação é divina porque Deus é sua origem e seu objeto, é Ele quem se dá a conhecer em seu mistério de amor (SCHÖKEL, 2012, p. 125). Nesses termos, a reflexão teológica considera cada vez mais categorias modernas que ajudam a refletir com profundidade o conceito católico de revelação. Deus é conhecido mediante a experiência histórica da sua presença, é o Deus vivente, e sua automanifestação como palavra é, concomitantemente, noética e operativa de salvação (DE LUBAC, 1985, p. 29-31).

6.2 Mudança de perspectiva

Para o teólogo René Latourelle, a metodologia do Concílio Vaticano I para tratar da revelação colocar em evidência primeira a criação e, em seguida, a revelação histórica. O Concílio Vaticano II inverte esse processo. Começa pela revelação pessoal por parte de Deus e da salvação da parte de Jesus (LATOURELLE, 2017, p. 172). Trata-se da compreensão agápica da revelação de Deus, mudança semântica na compreensão no sentido de revelação. O *incipit* do n. 2 da *Dei Verbum* é rico em sua teologia e merece uma atenção especial[14]. Como afirma Henri Bouillard, desde o Vaticano II, "a revelação não aparece mais como um corpo de verdades sobrenaturais comunicadas por Deus, ela é a automanifestação de Deus em uma história sensível, cujo ápice é Cristo, mediador da criação como salvador" (1972, p. 44).

A revelação é luz vertical sobre o mistério de Deus e sobre o destino do homem, nesses termos, encontram-se bem definidos o objeto, a natureza, a economia e o conteúdo da revelação. A *Dei Verbum* nos apresenta o horizonte agápico da revelação. O fato de a constituição elucidar que a revelação é um ato do desígnio amoroso de Deus significa que o objeto da revelação é abordado pelo Concílio na perspectiva da categoria de mistério já presente no Vaticano I; porém o Vaticano II usa uma nova expressão. Do querer "revelar-se a si mesmo" desde sua sabedoria e vontade da *Dei Filius* de 1870 se chega ao querer revelar-se e dar-se a conhecer no mistério de sua vontade da *Dei Verbum*.

O Concílio recorre à categoria de mistério oriunda dos escritos paulinos, sem excluir a estância da sabedoria da *Dei Filius*, configurando-a como horizonte sapiencial. Poder-se-ia dizer que de um modelo sapiencial da *Dei Filius* se chega a um modelo agápico da *Dei Verbum* (LORIZIO, 2005, p. 41). Nas palavras da *Dei Verbum*: "por Cristo, a palavra feito carne, e com o Espírito Santo, podem os homens chegar até o Pai e participar da natureza divina (cf. Ef 2,18; 2Pd 1,4) (*DV* 2).

---

14. Como base desta reflexão, seguimos Latourelle (2005, p. 355-362).

O objeto dessa revelação de si mesmo é ao mesmo tempo um convite para que o ser humano participe da vida íntima de Deus. Nesse sentido, é uma verdade e uma realidade salvífica, pois, ao revelar-se por meio de Jesus Cristo e com o Espírito Santo, Deus Pai manifesta aos homens o seu desígnio de salvação. Em outras palavras, "esse desígnio salvífico", o mistério tal como o entende São Paulo, "escondido em Deus desde toda eternidade, é agora revelado". Para essa revelação, Deus faz de seu Filho, Jesus Cristo, o centro da nova economia e o constitui, por sua morte e ressurreição, o princípio único da salvação.

A constituição declara, além disso, em que consiste o plano salvífico de Deus em relação ao homem: fazer com que ele participe da natureza divina. Desse modo, o desígnio salvífico inclui os três principais mistérios do cristianismo: a Trindade, a encarnação e a graça (LATOURELLE, 2017, p. 172).

6.2.1 O advento de Deus no coração da história

Como vimos, o *incipit* do n. 2 da *Dei Verbum* na riqueza da sua teologia deixa-nos clara a ideia do advento de Deus na carne da história e na linguagem humana. Sendo assim, a *Dei Verbum* pensa com maior exatidão e densidade a revelação de Deus em termos de encontro e comunicação desde a manifestação do amor incriado de Deus que vem ao encontro do homem. O Deus que vem, toca a ordinariedade de nossa vida e faz da nossa história uma história salvífica. A constituição conciliar explica também as etapas da história da salvação que precederam o centro cristológico: "a revelação é somente revelação da história da salvação; é revelação na história e, por meio dela, revelação da salvação" (CASALE, 2003, p. 80). A história foi assumida por Deus definitivamente no acontecimento Jesus de Nazaré. O objeto da revelação é a vida eterna de Deus, a vida da Trindade que se revela ao homem; na manifestação de si mesmo em Jesus Cristo, visto, ouvido, tocado, a substância da revelação não é uma doutrina abstrata, mas uma manifestação e um encontro com uma pessoa.

Nessa perspectiva, cabe compreender que, para o Concílio Vaticano II, no conceito de revelação se insere no acontecimento salvífico de Deus como autocomunicação aos homens. Por outro lado, na *Dei verbum* a ideia de revelação apresenta total simetria entre os conceitos de revelação e de mistério, uma vez que ambos são inseparáveis, garantindo assim a ideia do *"sacramentum voluntatis suae"* (*DV* 2), em que a revelação permanece como mistério, isto é, como sinal, como sacramento.

6.3 Do objeto da revelação à compreensão do caráter sacramental

Para definir o objeto da revelação, o Concílio recorre abundantemente às categorias bíblicas, especialmente às do contexto paulino. Em vez de falar, como o Concílio Vaticano I, de decretos da vontade divina, utiliza o termo paulino "mistério *sacramentum*". Deus se revela a si mesmo e dá a conhecer o mistério de sua vontade (Ef 1,8; *DV* 2). Nesse número, o Concílio segue afirmando que pela revelação divina, Deus quis se manifestar e comunicar a si mesmo.

A revelação é por sua vez automanifestação e autodoação de Deus em pessoa. Ao revelar-se, Deus se doa. A intenção do Concílio é personalizar a ideia da revelação, isso porque Deus, antes de dar a conhecer algo, a saber, seu desígnio de salvação, manifesta-se a si mesmo. O desígnio de Deus, no sentido paulino de mistério, é que os homens, por Cristo, Verbo feito carne, ascendam ao Pai no Espírito Santo e se tornem participantes da vida divina (*DV* 2). A revelação é essencialmente revelação das pessoas divinas: a revelação da vida das três pessoas divinas, a revelação do mistério da pessoa de Cristo, a revelação de nossa vida de filhos adotivos inseridos no seio do Pai. A revelação aparece assim em sua dimensão trinitária. Essa descrição do objeto da revelação em seu tríplice caráter: personalista, trinitário e cristológico, confere ao texto uma riqueza e uma ressonância que contrastam com a formulação do Vaticano I, que conseguiu abordar a revelação sem mencionar explícita e diretamente a Cristo, senão somente por meio de uma referência a Hebreus: "A palavra de Deus é viva e eficaz, é mais penetrante do que um espada de dois gumes" (Hb 4,12).

Entender o caráter sacramental da revelação pressupõe entendê-la como real comunicação de Deus e sua orientação em sentido teocêntrico. Deus fala, mas sua palavra é sempre ativa e tem um duplo valor: ela é noética e operativa de salvação. Ela é performativa. Cumpre aquilo que diz. "A palavra de Deus cumpre inefavelmente o que diz, é ao mesmo tempo criadora e intérprete da história" (CASALE, 2003, p. 79).

Para muitos autores da Teologia Fundamental, a novidade radical do Vaticano II, em particular, na *Dei Verbum*, está na centralidade da Palavra de Deus expressa numa linguagem concreta, personalista, dialógica, dinâmica e operativa. Como afirma Waldenfels:

> As expressões binárias *gesta et verba, opera et doctrina, res et verba, verba et mysterium* dão a entender claramente o caráter da totalidade da revelação que inclui a dimensão corporal e sensível do ser humano e lhe afeta em sua integridade como um tu. Essa afirmação é fruto da investigação da teologia exegético-bíblica do presente século, pois também das reflexões sobre a relação entre palavra e sacramento (WALDENFELS, 1994, p. 226).

Falar de um sentido performativo da Palavra de Deus presente na *Dei Verbum* significa compreender a sua fisionomia corporal da revelação. De fato, ajuda-nos a compreender o caráter sacramental da revelação. Hoje, somos sabedores de que a semiótica narrativa é um instrumento decisivo para interpretarmos o enigma e a profundidade simbólica das palavras. Para o Concílio Vaticano II, o significado das palavras se funda em sua eficácia para realizar os atos que constituem a história da salvação, o que caracteriza a dimensão corporal da revelação.

No sentido moderno do termo, e aplicando uma análise semiótica como percurso gerativo do sentido para decifrar o texto e entender o seu significado, podemos dizer que o Concílio a faz em chave cristológica. Para a *Dei Verbum* (n. 2), o sentido das palavras, o que elas significam, encontra suas raízes no prólogo de São João – "E o *Verbo se fez carne*" – como afirma Vicente Vide,

> o sentido dos atos chega a madurar na palavra, enquanto a solidez e a densidade da palavra procedem do ato. Por seu sentido manifestado, o ato se parece com a palavra. Porque acontece com o ato, a palavra constitui um ato salvífico. Essa dupla semelhança e essa aproximação chegam a sua conjunção perfeita em Cristo, revelador e revelação, Palavra feita carne (VIDE, 1999, p. 225).

A *Dei Verbum* estabelece uma relação orgânica entre atos e palavras e essa relação é identificada como caráter sacramental da revelação, uma vez que, nessa relação orgânica, Deus realiza o acontecimento da salvação e explica a sua significação. E, então, o conteúdo salvífico se torna eficaz e operante na aclamação doxológica da comunidade cristã (VIDE, 1999, p. 225).

6.4 Notas peculiares acerca da revelação na *Dei Verbum*

No proêmio da *Veritatis Gaudium*, o Papa Francisco nos chama a atenção para a construção de uma pluralidade de saberes correspondente à riqueza multiforme da realidade na luz patenteada pelo evento da revelação em chave cristológica. Pois é em Jesus Cristo que "estão escondidos todos os tesouros da sabedoria e do conhecimento" (Cl 2,3). Se de fato quisermos entender que o significado das palavras da revelação se funda em sua eficácia para realizar os atos que constituem a história da salvação e a forma do seu conhecimento, é preciso recuperar, como afirma Rino Fisichella, esse elemento na reflexão teológica sob o risco de minimizar as intuições presentes na *Dei Verbum*.

No esquema apresentado pelo teólogo, três notas precisam ser recuperadas[15]:

1) *O cristocentrismo da revelação* – A pessoa de Jesus de Nazaré, o Cristo da fé, está situada no horizonte central da reflexão sobre a revelação (*DV* 2, 4). Cristocentrismo significa ressaltar antes de tudo a singularidade de Cristo – sua história do nascimento e sua morte – Jesus está no meio de nós como Deus. A *Dei Verbum* testemunha que em Cristo, Deus mesmo se comunica porque Cristo é Deus.

2) *A historicidade da revelação* é uma consequência ao princípio cristocêntrico. Essa dimensão amplia o conceito de *kénosis*. Para o Concílio, *kénosis* não significa somente aniquilamento, possui um conteúdo semântico maior, pois implica a aceitação da temporalidade como categoria necessária para a realização da salvação. A historicidade é o conceito-chave para a compreensão da revelação segundo o Concílio Vaticano II, porque expressa toda a novidade que a fé cristã introduz na história do pensamento universal. Três realidades possuem especial relevância na categoria de historicidade: a) Princípio de encarnação-humanização de Deus, de modo que tudo o que é assumido é redimido. b) Conceito de economia da revelação – o modo como se dá uma dinâmica na revelação, que se dirige para um ponto definitivo e central, constituído precisamente pela vinda de Cristo. c) Jesus cumpre sua

---

15. Como base desta reflexão, seguimos Fisichella (1993, p. 41-82).

missão – a sua obediência e a sua entrega ao Pai na hora da morte como momento supremo da revelação do amor de Deus Pai.

3) *Sacramentalidade* – A revelação é cristocêntrica, porém aberta a um "teocentrismo" como conteúdo último e definitivo. O mistério de Deus é ato da revelação e revelação mesma, de modo que não pode se esgotar no humano, senão assumir o humano no divino. A originalidade da revelação cristã que abre o homem o espaço da transcendência, não só como capacidade de conhecimento, mas sobretudo como forma de participação e comunhão.

6.5 A dimensão cristológica da revelação

O ganho teórico da dimensão cristológica da revelação se desenha pelo fato de atribuir à pessoa de Jesus a condição da presença do divino no humano, a revelação do transcendente na imanência de uma história assumida e que, em última instância, é mediação salvífica de Deus.

Perseguindo a arguição teológica sobre o tema do mistério de Deus, outra ilustração interessante a fazer referência é o caráter pedagógico da revelação de Deus para a compreensibilidade do seu mistério. Como tem assinalado com justiça John Haught ao atribuir à dinâmica da revelação de Deus, sua condição de ocultamento, cuja incidência diz ao homem, esclarecendo-lhe o mistério de Deus, o que realmente Ele é (HAUGHT, 1998, p. 57). "O Deus absoluto abre graciosamente para nós uma dimensão ilimitada de profundidade onde podemos viver, mover-nos e ter o nosso ser" (HAUGHT, 1998, p. 57).

O mistério do Deus criador é o mistério do Deus salvador, que, em sua condescendência na história, abre espaço em si para que o homem participe de sua comunhão pericorética. Esse movimento próprio de Deus, sua condescendência, é a revelação do seu mistério, cuja expressividade se maximiza na pessoa de Jesus, imagem kenótica de Deus. "A imagem reveladora de Deus auto-limitante, autodoante, autoesvaziante, favorece a coerência cada vez mais ampla de nossa compreensão da realidade e do mistério" (HAUGTH, 1998, p. 57).

A história da revelação de Deus em nossa história se desenha a partir da eloquência de sua gratuidade em consonância com a capacidade inerente do homem de captar sua presença e abrir-se a uma história salvífica em que Deus se manifesta como o Deus de amor-todo-poderoso. Deus se nos dá a conhecer em um amor extravagante e infinito, amor superabundante que desconhece limites e fronteiras, um amor que é atuante, capaz de esbanjar-se até o fim.

Com esse escopo, tira-se uma consequência teológica: é a categoria de amor que a revelação de Deus descortina e que permite ao homem adentrar com maior credibilidade na história reveladora da vida íntima de Deus. O amor revelado é o amor entranhado. Nesse sentido, é esse amor que é digno de fé e de credibilidade.

Diante de tudo o que foi dito até aqui, podemos considerar que a revelação de Deus em seu mistério é trazida ao horizonte da linguagem. O homem, acolhendo a manifestação de Deus em sua história, está chamado a testemunhar com sua fé o que Deus tem revelado de si mesmo a ele. Nesse sentido se há limites na revelação histórica de Deus, "estes têm que estar, por força, do lado do ser humano, que não capta ou capta tarde e mal". Sabiamente assinala André Torres Queiruga que a noção determinante para se falar do mistério revelado se inscreve na "evidência-convicção de que Deus, como puro amor sempre em ato, está desde sempre tratando de revelar-se ao ser humano na máxima medida possível" (QUEIRUGA, 2008, p. 504). Tal é a sacramentalidade de sua revelação.

Essa aferição permite que se pense em profundidade a questão da humanização de Deus, que se torna humanamente visível e compreensível, de tal forma que a sua comunicabilidade que traz ao horizonte da linguagem a máxima expressividade do seu amor. Nesse sentido, poder-se-ia dizer que, no acontecimento Jesus, é a linguagem de Deus aos homens que se faz plausível. Jesus narra e revela o próprio mistério da intimidade com o seu Pai. O homem não pode conhecer e pensar o mistério revelado, senão como narração histórica da ação de Deus. O Deus narrado é o Deus experimentado, o Deus conhecido por meio dos acontecimentos fundadores da nossa fé. É no horizonte da narrativa que Jesus se apresenta em nossa história como o narrador por excelência, o intérprete do mistério absoluto do amor de Deus manifestado em nossas vidas. Aloca-se aqui uma maior proposição: o caráter pedagógico de Deus se desenha na inventiva dinâmica de seu amor que "em favor do homem se esconde no mundo e no texto" (QUEIRUGA, 2008, p. 504).

6.6 Revelação natural e revelação sobrenatural

O primeiro passo para falar de revelação é reconhecer a presença universal de Deus: não há lugar ou existência onde Deus não se encontre, por outro lado, não há lugar ou existência terrena que se identifique com Deus. Esses dois dados tradicionalmente são chamados natural e sobrenatural.

6.6.1 Revelação natural

Como define Adolfo G. Montes: "Por revelação natural se entende a manifestação de Deus por meio do mundo, que é visto e interpretado pelo homem como criação de Deus" (MONTES, 2010, p. 79). É em virtude das coisas criadas que o homem tem a capacidade de perceber a transcendência de Deus sobre o mundo e a imanência deste em Deus. O Concílio Vaticano I afirmara que o homem pode conhecer a Deus, princípio de todas as coisas, pela luz natural da razão[16]. "Falar da revelação natural de Deus no mundo supõe, de fato, contar filosoficamente com uma noção de Deus como *intelligentia prima*, isto é, como *natura naturans*, como natureza fundante; e do mundo como *natura naturata* ou *natureza fundada*" (MONTES, 2010, p. 83). Mas o que significa o conhecimento natural de Deus?

Compreender que a própria existência está dotada de uma dimensão de mistério. O que significa compreender sua realidade mais profunda e inesgotável. Nesse sentido, o conhecimento natural de Deus é suficiente apenas para chegar a Deus enquanto um conceito-limite positivo, pois "o conhecimento natural de Deus não deve ser interpretado como a tentativa de obrigá-lo a estar disponível para a razão; antes, o Deus reconhecido por essa via permanece um mistério para a razão" (BÖTTIGHEIMER, 2009, p. 259).

6.6.2 Revelação sobrenatural

A teologia desde o século XIX, mas considerando as reflexões precedentes dos séculos XVI e XVIII, mas efetivamente, somente depois do Concílio Vaticano II que a noção de revelação sobrenatural assume a objetivação da experiência histórica de Deus. Como afirma Alfonso Novo: "À medida que essa objetivação vai acercando a verdadeira realidade de Deus, a palavra humana que o expressa é também, em um sentido imperfeito, Palavra de Deus" (NOVO, 2003, p. 34-35). Por outro lado, a revelação de Deus mediante o acontecer histórico do mundo torna-se por si mesma um acontecimento histórico do mundo. A categoria acontecimen-

---

16. "A Santa Mãe Igreja sustenta e ensina que Deus, origem e alvo de todas as coisas, certamente pode ser conhecido pela luz natural da razão humana a partir das coisas criadas; 'pois o invisível nele é contemplado como a razão desde a criação do mundo por meio daquilo que foi feito' (Rm 1,20)" (*DZ* 3.004).

to é decisiva para se compreender que revelação e salvação se imbricam historicamente. A definição de Christoph Böttigheimer é bem objetiva:

> Revelação sobrenatural: para além da revelação mediada cosmologicamente, constitui-se no fato de que Deus se dá a conhecer "a si mesmo e os discretos eternos da vontade" de uma forma que não pode ser desvelada a partir da criação e do ser humano. Essa revelação é mediada de modo pessoal; sua forma básica não é o ser criatura, mas o historicamente falado, respectivamente, a Palavra de Deus tornada carne. Ela é dividida em duas épocas históricas: nos profetas e em Jesus Cristo (BÖTTIGHEIMER, 2014, p. 260).

7
Algumas analogias significativas
no panorama da Teologia Fundamental

Diversos autores da Teologia Fundamental concordam em ressaltar algumas analogias mais significativas para compreender o conceito de revelação. Essas analogias inseridas no panorama da Teologia Fundamental têm colocado em evidência não somente a renovação filosófica representada sobretudo pelas escolas fenomenológicas, mas também uma evolução interna do próprio pensar teológico. O texto de René Latourelle é paradigmático. Muitos afirmaram que o teólogo canadense, professor da Universidade Gregoriana de Roma, revoluciona a reflexão da Teologia Fundamental. Em todas as obras em que encontramos as analogias significativas para o conceito de revelação, é inevitável não se referir à sua obra como matriz epistemológica.

Palavra – A categoria palavra como relação interpessoal é interpelação. Pela palavra, uma pessoa se dirige à outra e cria relação. A palavra não é somente informação ou instrução, ela se faz expressão, é performativa. Pela palavra, a pessoa expressa o mistério que é. A palavra é, pois, o meio pelo qual as duas interioridades se manifestam uma à outra para viver em reciprocidade (LATOURELLE, 2005, p. 404-407). Deus se serve da palavra humana. Trata-se da convicção de que Deus vem ao encontro da pessoa humana em forma de Palavra. Essa Palavra, para o cristianismo, se fez carne. Também designa o testemunho querigmático da comunidade originária, pois o anúncio da palavra aparece como lugar em que o acontecimento Cristo é reconhecido como palavra (VIDE, 1999, p. 235). A compreensão desse valor semântico da palavra tem possibilitado essa compreensão da palavra que se converte na categoria fundamental da Bíblia para expressar a revelação de Deus. O Concílio Vaticano II, assumindo a linguagem bíblica ao tratar do acontecimento da revelação, elegeu uma expressão que clarifica e sintetiza seu conteúdo: *Dei Verbum*; é dizer Palavra de Deus (PIÉ-NINOT, 2004, p. 252-253).

Encontro – A categoria de encontro pressupõe reciprocidade, compromisso mútuo, comunhão, diálogo autêntico. É alteridade por si mesma, pois provoca uma saída do eu em busca de um tu. É um perder-se para se encontrar, é reciprocidade das consciências como define M. Nédoncelle: "No acontecimento da revelação, Deus se dirige ao homem, interpelando-o e comunicando-lhe a Boa-nova da salvação". Pois somente na fé se realiza verdadeira e plenamente o encontro de Deus com o homem. Quando o homem se abre a Deus que fala, participa em seu pensamento e é invadido e dirigido por Ele, Deus e o homem se encontram e tal encontro se desdobra em comunhão de vida. A fé é o encontro com o Deus pessoal em sua palavra. Ela inicia no diálogo um encontro que culminará na visão. Latourelle destaca três características entendidas no horizonte da fé:

1) Deus tem sempre a iniciativa. Sua infinita transcendência é também infinita condescendência.

2) A Palavra de Deus põe em jogo todo o sentido da existencial pessoal e humana.

3) Há uma profundidade na comunhão estabelecida entre o homem e Deus.

A fé é adesão livre a Deus, é reconhecimento a seu desígnio de amor, é abertura à amizade divina oferecida a participar da vida divina (LATOURELLE, 2005, p. 415).

Experiência – primeiro vem a experiência, depois a teologia. A categoria de experiência tem sido evidenciada nos estudos da Teologia Fundamental como categoria necessária para se interpretar o acontecimento da revelação. E. Schillebeecks foi um dos expoentes dessa corrente teológica e proporcionou uma estrutura epistemológica a essa categoria. Para ele, não há revelação sem experiência, pois a revelação se relaciona com a experiência. Segundo Rino Fisichella, "para aplicar a revelação à categoria de experiência, necessita-se do passo que permita criar continuidade entre a experiência histórica primordial e a pessoal, além da importância do valor da tradição normativa da experiência de revelação da comunidade" (FISICHELLA, 1993, p. 59). Eis alguns princípios hermenêuticos propostos por Schillebeecks:

a) O Novo Testamento constitui uma experiência fundamental que permite acolher a experiência da salvação e da revelação.

b) O encontro e o convívio com Jesus de Nazaré transformam a vida dos seus seguidores, que passa a ter um sentido e significado diferente. Essa mudança de postura vital é efeito de um autêntico encontro com Jesus.

c) A primeira experiência que os discípulos tiveram com Jesus se tornou autoexpressão narrada, progressivamente narrada nas cristologias neotestamentárias.

d) A cristologia é a história desse encontro particular, dessa experiência identificada que se identificam como conteúdo.

As três categorias apresentadas apontam para uma reflexão teológica decisiva quando se pergunta pelo rigor dessas analogias para se pensar e falar de Deus em sua revelação. A Teologia Fundamental considera que toda realidade para ser em si mesma só pode ser compreensível pelas mediações significativas que ela mesma cria por meio de signos. São as mediações simbólicas da nossa existência que nos dão acesso à nossa experiência de mundo.

Considerar a palavra como ação comunicativa manifesta que a vida já está posta em relação com o signo performativo da própria existência. A palavra, enquanto signo linguístico, não é primeiramente representação, senão ação, compromisso vital, com aquele que se diz. Quando partimos para uma análise no horizonte da fé, os atos linguísticos ali pronunciados "supõem assim uma vontade de autoimplicação em relação ao projeto de Jesus, objeto intencional que está na base de cada um dos atos ilocucionários" (VIDE, 1999, p. 234). Ricoeur nos fala de uma teologia da palavra e nos apresenta cinco pontos decisivos para pensá-la:

> 1) Deus se encontra com o homem como palavra.
>
> 2) O cristianismo é a compreensão da Palavra que se faz carne.
>
> 3) O testemunho da primeira comunidade cristã constitui uma forma da palavra, a palavra da predicação, como lugar onde o acontecimento Cristo é reconhecido ele mesmo como palavra.
>
> 4) A predicação atual é atualização dessa palavra primeira, dentro de uma nova palavra inteligível para os nossos dias.
>
> 5) O trabalho de exegetas e teólogos, enquanto discurso sobre os pontos anteriores, tem a finalidade de reconquistar e reafirmar a significação da palavra original que coloca em movimento aquela série de palavras (RICOEUR, 1970, p. 51).

A palavra está no coração da experiência da fé. A escuta da palavra e a interpretação dos textos bíblicos são elementos essenciais da experiência cristã. "A iniciativa de Deus é fortemente acentuada como fonte da fé, mesmo que ela se efetue pela mediação de sua presença no seio de uma linguagem comum dos humanos" (THOMASSET, 1996, p. 327).

A categoria de encontro tem sido cada vez mais contemplada no panorama Teologia Fundamental. Pensadores como M. Scheler, M. Buber, M. Heidegger, G. Marcel, K. Jaspers, M. Merleau--Ponty, F. Ebner, P. Ricoeur e E. Lévinas, com suas filosofias do encontro, têm oferecido elementos relevantes para a reflexão teológica. O princípio de alteridade, os conceitos de reciprocidade e solicitude têm sido referências no exercício da fé e do pensar a Deus. As narrativas bíblicas e a espiritualidade da fenomenologia da fé apostólica aparecem como uma chave necessária. O teólogo Jorge Zazo Rodríguez, em significativo trabalho sobre o encontro enquanto proposta para uma Teologia Fundamental, conclui:

> 1) A categoria de encontro permite entender a revelação como o que de fato é: não uma simples transmissão de verdades por parte de Deus, senão um dizer-se pessoal e pleno; não uma mera entrega de dons, senão a autodoação absoluta de si que espera nossa resposta.
>
> 2) A categoria de encontro apresenta a fé como a livre acolhida humana da autodoação divina em um ato existencial que implica todas as potências de seu ser. Dado que seu fim é a correspondência ao amor absoluto que se entrega por parte de Deus, a fé conduz a caridade e se detém na esperança de levar um dia à sua plenitude a vinculação iniciada nesta vida; nada dela seria possível sem o auxílio do Espírito Santo que, por um lado, media atualmente a manifestação do Tu criador e, por outro, eleva a natureza humana à conaturalidade imprescindível para a percepção.
>
> 3) O recurso à categoria de encontro permite mostrar estreita vinculação interna da Teologia Fundamental com outras disciplinas teológicas.
>
> 4) Principalmente com a que estuda o mistério de Deus Uno e Trino, com a Cristologia, a Pneumatologia, a Eclesiologia e a Antropologia; pois também com a Sacramentologia, a Espiritualidade, a Moral e, inclusive, a Pastoral.
>
> 5) O encontro manifesta a importância decisiva do mistério da encarnação para a cristologia fundamental.

6) Uma Teologia Fundamental estruturada no encontro recupera a centralidade principal da Santíssima Trindade em seu desenvolvimento interno. 7) O verdadeiro próximo do homem é Cristo. Somente na medida em que participamos pela graça em sua proximidade, tornamo-nos próximos em plenitude de nossos irmãos (RODRÍGUES, 2010).

O Papa Francisco tem sido um expoente no que se tem chamado cultura do encontro. Sua reflexão é um contraponto à cultura da exclusão, do descarte, da globalização da indiferença. Frente à referencialidade ou ao hermetismo da consciência é preciso sair, ir ao encontro do outro e estar disposto a hospedar o outro. A cultura do encontro atesta a necessidade ao que se tem chamado de construção de um novo humanismo, no qual a ousadia de se colocar a pessoa no centro é proeminente. Para que o encontro seja real, tem de haver alteridade. Francisco reitera a necessidade, para uma comunicação realmente humana, de reconhecer a existência do outro e afirmar nossa condição ontológica de comunhão. Numa cultura do encontro, é possível crescer no conhecimento recíproco; o exercício da escuta é essencial (*EG* 253), a atenção é um alerta para não cair nas redes do sincretismo conciliador (*EG* 251, 253).

Por outro lado, quando se trata de examinar o conteúdo da linguagem teológica como linguagem de experiência, faz-se necessário que o discurso teológico se articule mediante proposições de experiências. Nesse sentido, a categoria da experiência tem ocupado páginas nos estudos da Teologia Fundamental, especificamente no que diz respeito à implicação do sujeito cognoscente na experiência da realidade. Eis por que a pergunta pela credibilidade da revelação e sua razoabilidade perpassa o horizonte da fé e a tradição viva que dão à revelação uma fisionomia corporal.

A relação entre a experiência e o sujeito cognoscente expõe a necessidade da inteligibilidade da experiência, o que implica dizer que, tratando-se da experiência histórica da revelação, a tradição cristã e a interpretação da comunidade de fé conferem sentido aos atos transmitidos. São os atos históricos, "nos quais podem contar os critérios razoavelmente seguros de demarcação cognoscitiva, que governam o acesso à história de Jesus e o anúncio apostólico, que deram origem ao cristianismo" (MONTES, 1994, p. 365). A Constituição *Dei Verbum* situa a experiência de Israel nos caminhos contingentes assumidos por Deus (*DV* 4).

Ela assume a linguagem da experiência para tratar da autocomunicação de Deus (*DV* 6) na história da salvação (*DV* 3, 4, 14, 15, 17).

E, afirmando a dimensão cristológica da revelação, reconhece que "a Igreja no percurso dos séculos, caminha continuamente para a plenitude da verdade divina, até que nela se realizem as palavras de Deus" (*DV* 8).

PARTE II

PART II

1
A Teologia Fundamental e a linguística cognitiva

Com seus ecos e articulações, a relação entre teologia e linguística tem ocupado ultimamente um espaço significativo nos estudos da Teologia Fundamental (FISICHELLA, 2000, p. 331-358). Se da linguística cognitiva – das suas proposições: ideia da metáfora, da memória – extrai-se uma nova semiótica que se apresenta como teoria global de todos os sistemas de significações e de comunicação humana, é aqui que a categoria de signos alcança a sua inteligibilidade como linguagem expressiva (GONZÁLEZ MONTES, 2010, p. 560-577). Tal proposição é assaz importante para a Teologia Fundamental consciente do caráter indireto da revelação, salvaguardando, assim, o risco de não se atribuir à ideia do acontecimento da revelação um caráter meramente subjetivista. Nesse sentido, o caráter indireto da revelação apresenta-se à razão teológica como verdadeira mediação, dada a consciência da impossibilidade de se imaginar a revelação sem as mediações dos signos que Deus imprime na história (DULLES, 1992, p. 315-353). Sendo assim, é preciso reafirmar que o acontecimento da revelação de Deus é historicamente mediado, pois é na história e por meio dos signos da cultura humana que ela acontece.

Posto isso, a Teologia Fundamental, quando expõe seu interesse por uma teoria da linguagem, não pode prescindir de sua articulação e de seu diálogo com uma autêntica filosofia da linguagem que possa atuar como o seu *organon* e, assim, extrair dela uma adequada forma de dizer o homem, o mundo e simultaneamente dizer o Mistério inefável. Por outro lado, na busca de uma nova razão teológica a partir dos signos da revelação, compreende-se que a Teologia Fundamental não pode deixar de propor uma fecunda articulação entre o seu objeto, Deus em sua revelação e em seu mistério, e a epistemologia do signo oriunda da nova semiótica talhada pela filosofia da linguagem. Como acena A.T. Queiruga, é preciso redescobrir no horizonte da linguagem novos aspectos do mistério que nela eclodem (QUEIRUGA, 1995, p. 185). Vale a pena reiterar que a linguagem religiosa é, em si mesma, superabundante e extravagante. O que torna mais inteligível compreender a referência da linguagem religiosa se insere no horizonte de significação em que a referência metafórica, enquanto produtora de sentido, une em um acontecimento a dimensão histórico-narrativa e a dimensão querigmático-confessante. Num discurso que fala humanamente sobre Deus, como se realiza nos textos bíblicos que nomeiam a Deus, é fundamental perceber a união entre a dimensão narrativa e a dimensão querigmática, uma vez que não somente pela questão de que esses textos vinculam-se simetricamente a uma profissão de fé, mas também pelo fato de apresentarem sua profunda densidade teológica. Na base dessa consideração está a convicção epistemológica de que as múltiplas formas de discursos textuais que nomeiam a Deus constroem-se sob a convicção de um referente único, cuja manifestação dentro de um texto se apresenta como o seu sentido e sua significação.

1.1 A assimetria do jogo de linguagem entre Deus e o homem

A assimetria "do jogo de linguagens é o ponto de partida pelo qual se atinge a outra margem" (ÁLVAREZ, 2010, p. 184). Isso significa dizer que, do ponto de vista de Deus, permanece o caráter gratuito do seu querer benevolente em dar-se a conhecer por meio de uma comunicação sempre inventiva. Do ponto de vista do homem, permanece sua livre-condição de sujeito receptor, uma vez que pode acolher ou não o que Deus lhe fala por meio da linguagem humana. No primeiro caso, poder-se-ia dizer que "é necessário que Deus encontre um caminho para chegar até os seres humanos" (CARDEDAL, 2008, p. 425). No segundo caso, pelo fato de a linguagem se tornar *gratia locutionis* (MOUROUX, 2012, p. 198), o ser humano pode encontrar Deus e interagir com Ele, uma vez que está chamado ontologicamente a essa comunicação. Persiste nesse jogo de linguagens, sem nenhuma arbitrariedade da parte de Deus em relação ao homem, a tenacidade da individualidade humana de encontrar ou ignorar, de responder ou resistir a Deus, na perigosa precariedade do campo histórico onde está inserido. Sendo assim, o que garante a condição assimétrica desse jogo de linguagens é o caráter gratuito da autocomunicação de Deus, que livremente escolhe correr o risco da interlocução no coração da história humana.

1.2 A relevância da metáfora para a Teologia Fundamental

A teologia nunca negou a presença das metáforas em sua elaboração epistemológica enquanto discurso sobre Deus (CARDEDAL, 2008, p. 435). Partindo-se da ideia de que o discurso sobre Deus seja metafórico, ele exige por sua própria razão de ser que se defina a relação entre significado e linguagem, uma vez que, no horizonte da fé, o que se procura não é a linguagem pela linguagem, mas o sentido que essa linguagem pode significar.

Por certo, é na busca do sentido que habita a linguagem que a teologia encontra na filosofia da linguagem não somente uma confluência de intenção, mas também a possibilidade de extrair maior inteligibilidade do mistério que a análise da linguagem oferece. Essa busca de significação passa necessariamente pelo terreno semântico da metáfora, de sua função inovadora e seu poder criativo de dizer a realidade e finalmente dizer Deus em seu mistério de amor e de misericórdia, uma vez que o que caracteriza a linguagem religiosa é o fato de aperceber-se da irrupção do extraordinário no ordinário. Nesse sentido, é preciso considerar que a linguagem religiosa não é incomum, mas uma linguagem rica em seu significado e em sua referência veritativa. Então é preciso extrair do confronto com o discurso religioso não somente a sua significação, mas também novas dimensões da realidade e da verdade. Por essa razão de fundo, é interessante averiguar a questão da posição e da função poética no interior da linguagem bíblico-teológica.

Nessas nuanças sobre a metáfora são colocadas em evidência para compreender melhor a especificidade do discurso bíblico-teológico. Como afirma Olegário Cardedal, a metáfora não tem por função adornar a linguagem, ela não se reduz a um mero estado figurativo e estético da linguagem, a metáfora em um discurso religioso tem por função:

1) testemunhar em favor da virtude criativa do discurso;

2) conter também uma denotação de referência, o que permite falar de verdade metafórica;

3) descortinar uma nova possibilidade da existência;

4) contrapor-se a uma mera função retórica (CARDEDAL, 2008, p. 435).

Com esses quatro pontos explicativos de Olegário Cardedal, compreende-se que a função de uma linguagem metafórica seja realmente uma nova descrição da realidade em favor de uma nova existência. Isso aplicado ao terreno da linguagem religiosa exige que se amplie a ideia da redescrição do real, uma vez que, do ponto de vista da fé, um texto que descortina a ideia de revelação será sempre um texto que diz a realidade e algo mais. Nesse ponto, vale a pena reiterar aquilo que E. Eberhard Jürgen tem afirmado em relação ao mistério revelado de Deus, a partir da compreensão da possibilidade de um discurso metafórico sobre Deus.

Para o teólogo E. Eberhard Jürgen:

1) O discurso metafórico não é uma linguagem imprópria ou equívoca para a teologia.

2) A metáfora pertence à dimensão da alocução.

3) A metáfora tem uma função comparativa à definição pelo fato de exprimir qualquer coisa.

4) O discurso metafórico precisa da dialética entre familiaridade e estrangeiridade.

5) A metáfora amplia o horizonte da compreensão.

6) As metáforas são eventos de uma aprendizagem imediata.

7) A metáfora não é palavra usada de maneira diversa do habitual, mas a predicação com o auxílio de uma palavra usada de maneira diversa do habitual.

8) Uma palavra que foge do predicado perde sua relação habitual com um estado de coisas designadas.

9) Mediante a mudança do significado, produz-se uma tensão da qual se beneficia o sujeito gramatical: este é precisado no seu ser.

10) As metáforas ampliam e precisam o mundo narrado.

11) As parábolas são rememoração da estrutura geralmente metafórica da linguagem humana.

12) A estrutura geralmente metafórica da linguagem é devedora da verdade com o evento, no qual um mundo é transferido para uma linguagem e, portanto, torna possível a descoberta de um existente.

13) A estrutura metafórica da linguagem é devedora da verdade qual evento da transferência do existente na linguagem implica a liberdade da escolha da palavra como liberdade do falante.

14) A liberdade da linguagem metafórica não exclui absolutamente a aspiração de uma linguagem concei-

tual controlante dessa liberdade e na qual torna manifesto o acordo da descoberta com o descoberto.

15) A linguagem da fé cristã, como toda linguagem religiosa, é inteiramente metafórica.

16) A linguagem da fé cristã divide a característica do discurso religioso de exprimir o real de modo que seja manifestado um suplemento do ser.

17) Essa aquisição do ser deve deixar-se documentar na experiência da realidade.

18) A aquisição do ser afirmado pela fé cristã deve se exprimir em uma linguagem que deixa que tal aquisição torne-se evento para os destinatários.

19) A linguagem da fé, enquanto discurso assertivo, é alocutória. O que une o caráter assertivo e alocutório da linguagem da fé é a sua dimensão narrativa.

20) A linguagem religiosa é metafórica. Nesse sentido, sendo discurso sobre Deus, coloca em evidência sua inaudita vinda ao mundo. Daí a importância de acenar que, no acontecimento Jesus Cristo, a linguagem da fé cristã é metafórica em modo particular.

21) Na linguagem da fé cristã, a metáfora teológica tem a sua particular função no aplicar-se ao homem, de tal modo que ele possa acordar a possibilidade do não ser, não só enquanto superada da parte de Deus, mas já superada uma vez por todas na vida, morte e ressurreição de Jesus Cristo.

22) A particular dificuldade do discurso cristão sobre Deus surge desse evento de aquisição do ser enquanto se trata de falar de um Deus que não pertence a este mundo.

23) Enquanto Deus conquista para si um espaço no mundo mediante os instrumentos do mundo pelo fato de acender à linguagem, o horizonte do mundo se dilata em um modo tal que a realidade desse último é percebida mais agudamente.

24) A aquisição do ser de um discurso metafórico sobre Deus torna tal ampliação de horizonte do mundo que merece ser mencionada renovação do mundo, é um dos efeitos da metáfora teológica, possível somente em virtude da força renovadora do Espírito Divino.

25) A elaboração de uma metaforologia teológica é uma exigência urgente para a teologia (JÜRGEN, 2005, p. 175-180).

Considerando a importância da ideia da metáfora para o campo da teologia, como a apresenta E. Jürgen, poder-se-ia dizer que a teoria da metáfora tem total relevância no estudo da linguagem religiosa. Na tradição narrativa dos acontecimentos históricos onde Deus atua como personagem principal e que são fundadores da nossa fé, há sempre uma conexão semântica entre metáfora, memória e parábola, uma vez que esta última se apresenta como uma forma de discurso narrativo que se realiza como um processo metafórico, em que se possam descobrir os signos da metaforicidade da parábola, ou ainda o sentido "escondido no labirinto da aparência" (RICOEUR, 2005, p. 87). Na tradição narrativa, os diversos modos de discurso da Sagrada Escritura apresentam-se como memórias e narrativas. Há que se recordar que, para essa tradição, os atos de Deus se apresentam como memorial. É da compreensão dos atos de Deus como memorial que deriva a particularidade da fé de Israel e da fé cristã (BELLOSO, 1988, p. 213).

1.3 A relevância da memória para a Teologia Fundamental

A categoria de memória sempre foi para a teologia um fator decisivo da narrativa da história da salvação em sua sistematização. Recorda-se que os atos históricos da ação de Deus são atualizados pelo exercício da memória. Judeus e cristãos são apaixonados pela memória. Para ambos os grupos, o exercício da memória está para além do mero fato de recordar. Fazer memória significa atualizar um acontecimento. Tornar-se contemporâneo de um acontecimento do passado. Trazer o passado ao presente e sentir-se situado efetivamente no acontecimento. Para o povo hebreu, a ideia de memorial estava ligada diretamente à celebração pascal. Basta recordar que para esse povo, ainda hoje para os judeus, é na celebração do *Pessach* que se faz memória daquela noite em que o Todo-poderoso passou pelas casas dos seus antepassados no Egito, como está escrito: "quando vossos filhos vos perguntarem: 'que rito é este?' Respondereis: 'É o sacrifício da Páscoa para Iahweh que passou adiante das casas dos filhos de Israel no Egito, quando feriu os egípcios, mas livrou as 'nossas casas'" (Ex 12,28).

Na leitura do *hagadá*, a narrativa da história da libertação do Egito, Israel expressa sua fé em Deus, referindo-se a esse fato histórico. É um dos seus credos históricos, o que caracteriza a importância da memória, pois, se a fé bíblica é histórica, a memória encontra aqui o seu apogeu. De fato, as narrativas dos acontecimentos fundadores da fé hebraica são levadas a atos de culto divino com o caráter de profissão de fé (BELLOSO, 188, p. 213). Evocar os fatos históricos passados pelo exercício da memória significa trazer presente a ação libertadora de Iahweh no presente. Nesse sentido, quando o filho mais jovem pergunta ao pai: "Por que esta noite é diferente das outras? Nas outras noites tanto comemos o pão ázimo como o comum. Por que nesta noite comemos somente o ázimo? Em todas as outras noites comemos qualquer espécie de erva. Por que nesta noite comemos ervas amargas? Em todas as noites do ano comemos as ervas sem condimento algum. Por que nesta noite as comemos com condimento? Todas as noites comemos sem comemorações especiais. Por que nesta noite celebramos a Páscoa?" O pai responde: "Comemos pão ázimo para recordar que antes que a massa do pão preparado por nossos antepassados fermentasse, o Rei dos reis – bendito seja – revelou-se, pois está escrito 'Assaram pães sem fermento com farinha que haviam levado do Egito, pois a massa não estava levedada: é que expulsos do Egito, não puderam parar, nem preparar provisões para o caminho' (Ex 12,39). Comemos ervas amargas para recordar que os egípcios amarguram a vida dos nossos antepassados no Egito, pois está escrito: 'e lhes amargavam a vida com dura escravidão: preparação de argila, fabricação de tijolos, vários trabalhos nos campos; enfim, com dureza os obrigavam a todos esses trabalhos' (Ex 1,14). Molhamos a verdura em água salgada para recordar as lágrimas que derramavam nossos antepassados durante sua longa e dura escravidão. 'Comemos cordeiro assado ao fogo, segundo mandou Iahweh, nosso Deus' (Ex 12,8), para recordar que o Santo – bendito seja – passou junto às casas dos nossos antepassados no Egito, pois está escrito: 'É o sacrifício da Páscoa de Iahweh. Ele passou no Egito junto às casas dos filhos de Israel, ferindo os egípcios e protegendo nossas casas' (Ex 2,27)".

Por outro lado, a fé bíblica é também liberdade, abertura para o futuro. A evolução do gesto libertador de Iahweh não representa nostalgia de tempos passados. A fé de Israel move-se na dialética de memória e liberdade. É isso que se celebra no culto. O culto é o contexto dos "credos históricos". Essa vocação torna o passado presente, em função do futuro. Reconhecer novas intervenções de Deus na história – fazer justiça aos pobres é a condição de um culto autêntico, segundo os profetas.

Testemunha-se a história como o lugar de Deus. Sendo assim, quando a fé se encontra com a história, quando a autoapresentação de Deus se vincula efetivamente à decisão livre do ser humano em respondê-lo e segui-lo, nasce a teologia da história (FISICHELLA, 2017, p. 322-323).

1.4 Teologia da história e a tradição narrativa como memorial

As intervenções de Deus na história atestam que Iahweh é o Senhor do tempo (Ex 3,14) e se tornam "memória" na consciência do povo, constituindo-se "narrativas históricas, verdadeiro memorial"; mantidas vivas por meio da celebração (FISICHELLA, 2017, p. 323). Por outro lado, fica claro que se tratando da revelação de

Deus dois elementos mediadores são indispensáveis: Deus mesmo em seu querer benevolente e a consciência do homem religioso que crer e responde a essa revelação. Nas palavras de Fisichella:

> Pensar na história como aquele espaço que tem início no agir criativo de Deus e que se abre ao acolhimento de sua revelação; nesse espaço, o homem é chamado a fazer opções definitivas em relação a Iahweh para permitir a realização de sua plenitude e finalidade natural, a da união final com Deus. Deus é a origem do tempo, mas simultaneamente entra nele fazendo-se, Ele mesmo, história. As várias mediações de revelação são, em todo caso, caracterizadas pela perspectiva histórica. A história aparece como o cenário natural sobre o qual se coloca o evento da revelação. Por esse motivo, a história se torna manifestação e lugar da autoapresentação de Deus, justamente com a decisão do homem de querer segui-lo. Quando um desses componentes vem a faltar, não estamos mais diante de um evento histórico; o tempo se torna, então, apenas "dias que passam". Somente as intervenções de Deus, que se tornam "memória" na consciência do povo, constituem "história"; esta é mantida viva por meio da celebração (FISICHELLA, 2017, p. 323).

A teologia da história em sua relação com a tradição narrativa como memorial pode nos ajudar a compreender melhor e falar de Deus com maior propriedade de acordo com o drama histórico instaurado pelos acontecimentos fundadores da nossa fé. A tradição narrativa se refere ao Deus da promessa, uma vez que anuncia Iahweh como o grande atuante de uma história de libertação[17].

---

17. O teólogo J.M.R. Belloso fala sobre a interpretação de fé dos atos libertadores de Deus. Para ele, o fundamento da interpretação teológica dos atos do Êxodo – experiência religiosa central em Israel – tem que supor a existência do seguinte esquema: a) *Uma palavra que é promessa* – diante do contexto de miséria coletiva, o profeta anuncia uma promessa de libertação pela qual Iahweh se compromete com a salvação do povo dessa situação de miséria. O profeta vive intensamente essa promessa como Palavra de Deus. b) *Cumprimento* – o cumprimento real da promessa é a base para a interpretação de fé dos atos libertadores que o Livro do Êxodo oferece. "Isto é o

Prescindir desses acontecimentos fundadores da fé judaico-cristã, essencial na estrutura do Êxodo, seria como converter a realidade da libertação-salvação em mera doutrina sobre Deus (BELLOSO, 1998, p. 223). A tradição narrativa expressa o núcleo central da revelação de Deus que culmina na pessoa de Jesus de Nazaré. Nesse sentido, a categoria da narração é a linguagem do acontecimento, capaz de expressar os atos e as palavras da revelação. De fato, a estrutura da revelação supõe uma situação transparente de um desígnio benevolente e uma presença ativa. O memorial bíblico se ocupa desse exercício, por isso não pode ser compreendido com mera recordação de um acontecimento passado, pois é um movimento do presente para o passado. Em outras palavras, como afirma Belloso,

> a tradição judaico-cristã não é uma simples doutrina ou gnose sobre Deus [...] Aqui "o indescritível se faz perceptível" aos olhos dos crentes; nesse sentido, essa história de Israel e revelação de Deus, assim como a história de Jesus, é a mediação adequada da revelação do Pai (BELLOSO, 1998, p. 222).

Como a revelação é um acontecimento histórico, o exercício da memória atualiza a ação divina junto ao seu povo. A teologia da história e a tradição narrativa como memorial mani-

---

que deve ensinar o teólogo da revelação". c) *Reconhecimento* – O reconhecimento de fé que de fato tem ocorrido uma intervenção de Deus. Esse reconhecimento é a experiência de uma Presença a partir de uma história vivida. Para M. Buber, G. Von Rad e outros, sem essa presença a história apareceria como privada de sentido (BELLOSO, 1998). Confira ainda o que diz Pierre-Marie Beaude em seu verbete "Testamento Antigo e Novo" (2017, p. 816-818), ao se referir à questão da promessa e do cumprimento: "A promessa e o cumprimento constituem, em nossos dias, tanto para os exegetas quanto para os teólogos e os hermeneutas, uma questão decisiva para a compreensão dos textos neotestamentários e de toda a economia cristã. Os progressos registrados nesse campo, graças à exegese e à hermenêutica, são importantes. Permitem entender que as noções de promessa e de cumprimento superam em muito o argumento da realização das profecias, que constituía um dos capítulos-chave dos tratados de Teologia Fundamental ou de Apologética".

festam o caráter narrativo da revelação judaico-cristã. Nas palavras de Carlo Rochetta:

> Os novos avanços da exegese, ao contrário do que se havia pensado num primeiro momento, não acabaram com a riqueza originária do narrar bíblico-evangélico; pelo contrário, tornaram-no utilizável de um modo mais verdadeiro e correto. Naturalmente isso exige que se passe de uma inocência narrativa mais ou menos "ingênua" para uma "segunda inocência", capaz de levar em conta as instâncias de uma exegese atenta, mas sem nunca esquecer que a palavra revelada é uma palavra viva, uma pergunta que interpela o homem de cada época e lugar, uma memória que nunca é um acontecimento neutro, mas sempre uma memória subversiva capaz de quebrar o círculo de toda falsa consciência e de empenhar todo ouvinte da palavra na opção decisiva da fé (ROCHETTA, 2017, p. 802).

Uma das originalidades da revelação judaico-cristã é conceber a intervenção de Deus como palavra e ação. Palavra que é promessa e ação; voz e presença viva de Deus. Presença ativa, pois a ação amplia a palavra, e a força da Palavra de Deus cria o acontecimento da salvação.

O "lembra-te, Israel" se torna imperativo constante para que o transcorrer do tempo não faça cair no esquecimento os fatos do passado (Dt 4,9; 11,1-21). Por conseguinte, a história bíblica pode ser considerada como aquele tempo que decorre entre o início de uma promessa e a expectativa de seu cumprimento.

1.5 A significação da linguagem como mediação da revelação

A teologia enquanto ciência da fé considera os acontecimentos de cada tempo, contemporizando-se permanentemente e extraindo valores que esses mesmos acontecimentos podem oferecer para que a fé seja mais inteligível e credível. De fato, a linguagem ocupa um espaço significativo na reflexão teológica, uma vez que a revelação de Deus se manifesta por meio da linguagem. Segundo esse reconhecimento, a linguagem é merecedora de uma atenção específica pela Teologia Fundamental e, ao mesmo tempo, digna de uma análise sempre mais inteligível e de uma dinâmica receptiva de sua capacidade expressiva. É a linguagem um elemento constitutivo aos estudos da Teologia Fundamental, uma vez que ela se ocupa em evidenciar que a Palavra de Deus se revela em sua relação com a atitude de escuta, de interpretação e de transmissão do ser humano. Revelar, escutar, interpretar e transmitir constituem a lógica da expressão do mistério divino revelado no horizonte da linguagem humana.

Por conseguinte, recorda-se aqui que o termo "expressividade" é uma categoria fenomenológica que se vincula à ideia de manifestação. Por outro lado, para a fenomenologia, manifestar-se é se mostrar, é se dar a conhecer. A ideia de manifestação é central nos estudos da fenomenologia, logo, na sua relação com a Teologia Fundamental; nesse sentido, é suscetível a um autêntico desdobramento no que diz respeito à sua compreensão da fenomenologia do símbolo do sagrado e sua relação com a questão da palavra. Pois como afirma Claude Geffré: "A hermenêutica cristã terá por tarefa justamente procurar o sentido das palavras-chave da linguagem da revelação em função da palavra 'Deus', que diz mais do que a palavra 'ser'" (1989, p. 47).

2
A importância da hermenêutica para a Teologia Fundamental

A palavra "hermenêutica" tem ocupado um lugar cada vez mais preeminente nos círculos de debates filosóficos, literários, humanísticos e teológicos. No contexto da Teologia Fundamental, ela assume significativa relevância como disciplina autônoma que toca "os problemas como a arte da compreensão, o valor e a interpretação da tradição humanística, o conhecimento como hermenêutica do ser, a historicidade da verdade, o papel do sujeito na interpretação, as várias funções da linguagem e a relação entre as filosofias e as ideologias" (GRECH, 2017, p. 305-306). Trata-se de reconhecer que, de fato, os problemas gnosiológicos, ontológicos, históricos e linguísticos são colocados no justo horizonte do problema hermenêutico considerado pela Teologia Fundamental.

Atualmente, fala-se da importância de uma nova hermenêutica, o que significa reconhecer que o seu labor não se restringe à mera explicação de textos obscuros ou apenas traduções literais das línguas originárias dos textos tradicionais. O filósofo H.G. Gadamer sintetizou muito bem tudo isso ao dizer:

> Tudo o que nos é ensinado pela história; então falamos da interpretação de um acontecimento histórico, ou, novamente, da interpretação das expressões espirituais; das interpretações de um comportamento etc. Com isso nós sempre queremos dizer que o sentido do

dado oferecido à nossa interpretação, não se revela sem mediação, e que é necessário olhar além do sentido imediato para poder descobrir o verdadeiro significado escondido (GADAMER, 1998, p. 29).

A nova hermenêutica, ou o exercício do "pensar hermenêutico", se move em direção à consciência histórica. Aqui, encontra-se a grande preocupação de Gadamer que se insere na perspectiva heideggerina: como encontrar a verdade histórica? É preciso estudar a história dos efeitos na história. Estudar a consciência da história efetual, que não é a modificação da autoconsciência, mas sua delimitação mediante a história efetual possuidora de explicações para todo ser humano. Continua Gadamer:

> Na realidade, não é a história que nos pertence, mas antes somos nós que pertencemos a ela. Muito antes de nos compreendermos a nós próprios na reflexão, compreendemo-nos de uma maneira autoevidente na família, na sociedade e no Estado em que vivemos. A lente da subjetividade é um espelho que deforma. A autorreflexão do indivíduo não é mais do que uma faísca na corrente fechada da história. Por isso, os preconceitos de um indivíduo são, muito mais do que juízos, a realidade histórica do ser (GADAMER, 2014, p. 334).

O ser humano não é dotado de uma essência imutável, mas é uma realidade plasmada sempre de novo, pelo próprio círculo hermenêutico da história. Como entendia Heidegger, o ser humano não se encontra na história como um objeto que contempla apenas o externo, mas como alguma coisa que faz parte de si mesmo. O ser humano tem, hermeneuticamente, a possibilidade de reconfigurar permanentemente a sua vida, uma vez que a sua fonte histórica lhe oferece indicações de novas possibilidades da existência humana. Interpretar é compreender-se historicamente.

A Teologia Fundamental tem se aproximado cada vez mais desse pensamento. Trata-se, como dizia Gadamer, do momento de "apropriação antropológica [*gerwirkt*] pela história". Isso significa tomar consciência cada vez mais da propriedade do ser humano do seu passado e tornar-lhe presente como possibilidade do próprio ser. O exercício da memória adquire aqui uma significação particular: a sabedoria do povo bíblico testemunha tudo isso. Os textos fundadores da nossa fé são memórias viventes sacramentadas como Palavra de Deus. Se a medida da compreensão de um fato histórico depende da medida da abertura pela própria existência, os acontecimentos históricos levados à categoria de textos inspirados exigem, na atualidade, um deslocamento da hermenêutica que nos ajuda a renovar a teologia da renovação (GEFFRÉ, 1998, p. 57).

2.1 A palavra "hermenêutica"

Hoje, compreende-se que a Hermenêutica enquanto disciplina autônoma tem por função a coordenação interpretativa, não somente dos procedimentos epistemológicos próprios das ciências do espírito, mas também das ciências naturais e das ideologias. Por outro lado, uma exploração do antigo uso do conceito revela que, na sua origem, a palavra "hermenêutica" se associava ao deus Hermes da mitologia grega, uma vez que o verbo grego "*hermeneuein*", usualmente traduzido por "interpretar" e o substantivo "*hermeneia*", "interpretação", mais comum, remetem a esse deus-mensageiro-alado. A palavra grega "*hermeios*" se referia ao sacerdote do oráculo de Delfos. Recorde-se que os gregos atribuíam a Hermes a descoberta da linguagem e da escrita, ferramentas decisivas que a compreensão humana se utiliza para chegar ao significado das coisas e para transmiti-lo aos outros.

A palavra "*hermeneuein*" diz respeito também à ideia de explicação. Explicar é uma forma de interpretação. O verbo grego "*hermeneuein*", traduzido por "interpretar" e o substantivo "*her-*

meneia", como "interpretação" aparecem inúmeras vezes em muitos textos filosóficos que nos vieram da Antiguidade. Filósofos como Xenofonte, Eurípedes, Epicuro, Lucrécio, Longino, e outros atestam tal significação (PALMER, 1969, p. 26). Porém, foi Aristóteles que, em seu célebre *Organon*, considerou que o tema merecia um tratado importante. O Estagirita escreveu *Peri hermeneias* e definiu a questão da interpretação como enunciado, uma vez que para ele *hermeneias* tem como significado principal, declarar, anunciar e explicar.

2.2 A teoria hermenêutica contemporânea e suas aplicações à Escritura

A Pontifícia Comissão Bíblica ao tratar da interpretação da Bíblia na Igreja reflete com profundidade sobre as questões da hermenêutica contemporânea destacando sua importância para o conhecimento bíblico, que não deve fixar-se somente na análise da linguagem, mas no mundo do texto. Recorda o documento: "linguagem da Bíblia é [...] simbólica, que 'faz pensar', uma linguagem da qual não se cessa de descobrir as riquezas de sentido, uma linguagem que visa uma realidade transcendente e, ao mesmo tempo, desperta a pessoa humana à dimensão profunda de seu ser" (n. 73).

Para a Teologia Fundamental, como afirma Claude Geffré, "adotar um modelo hermenêutico em teologia é sempre tomar como ponto de partida um texto: as Escrituras fundantes do cristianismo e as releituras feitas ao longo de toda a tradição eclesial" (GEFFRÉ, 2009, p. 13). Nesse sentido, a atividade da interpretação deve ser repensada, e a Pontifícia Comissão Bíblica passando, ainda que rapidamente pelas questões das hermenêuticas filosóficas, ressalta a importância dos filósofos que problematizaram a palavra "hermenêutica" como palavra-chave da teologia moderna.

A Pontifícia Comissão Bíblica em *A interpretação da Bíblia na Igreja* explica esse modelo.

2.3 O problema hermenêutico

Segundo a Pontifícia Comissão Bíblica,

> a atividade da exegese é chamada a ser repensada levando em consideração a hermenêutica filosófica contemporânea, que colocou em evidência a implicação da subjetividade no conhecimento, especialmente no conhecimento histórico. A reflexão hermenêutica teve nova força com a publicação dos trabalhos de Friedrich Schleiermacher, Wilhelm Dilthey e, sobretudo, Martin Heidegger. Na trilha desses filósofos, mas também se distanciando deles, diversos autores aprofundaram a teoria hermenêutica contemporânea e suas aplicações à Escritura. Entre eles, mencionaremos especialmente Rudolf Bultmann, Hans Georg Gadamer e Paul Ricoeur. Não se pode aqui resumir-lhes o pensamento. Será suficiente indicar algumas ideias centrais da filosofia deles, aquelas que têm uma incidência sobre a interpretação dos textos bíblicos (n. 71).

O problema do conceito e da questão de uma hermenêutica mais universal surge pela primeira vez no século XIX, no contexto da problemática filosófica em Friedrich Schleiermacher (CORETH, 1972, p. 211). Para o filósofo alemão, a hermenêutica é a arte de compreender que pressupõe uma técnica ou prática da interpretação correta de um texto. Schleiermacher propõe uma hermenêutica geral, isto é, uma reflexão sobre o que é o compreender, sobre o lugar do leitor, a historicidade do sentido etc.

Wilhelm Christian Ludwig Dilthey, nas pegadas de Schleiermacher, entendia a Hermenêutica como a disciplina central que serviria de base para todas as disciplinas centradas na compreensão da arte, comportamento e escrita do homem. Com sua "crítica da razão histórica", defendia que a interpretação das expressões essenciais da vida humana, seja ela do domínio das leis, da literatura ou das Sagradas Escrituras, implica um ato de compreensão histórica, uma operação fundamentalmente diferente da quantificação, do domínio científico do mundo natural. Para ele, a história é o grande documento do homem; a máxima manifestação e expressão do seu existir. O homem é intérprete da sua condição histórica.

Martin Heidegger se constrói na passagem da epistemologia das ciências humanas à ontologia da compreensão. Com sua obra *Sein und Zeit*, considera que a hermenêutica não é uma reflexão sobre as ciências do espírito, mas uma explicitação do solo ontológico sobre o qual se podem edificar essas ciências. Para ele, a tradição metafísica tem sido devedora de uma real reflexão sobre o problema do ser. O modo de ser da existência não pode ser considerado de maneira especulativa, mas sim em sua facticidade prática. Não pode ser observado teoricamente, senão a partir de uma realidade prática em que se vive. Sendo assim, compreensão e interpretação são modos fundantes da existência humana.

Hans Georg Gadamer introduz aos problemas epistemológicos o caráter finito da compreensão enquanto tema ontológico. O filósofo se empenha em debater sua filosofia com as ciências humanas, o que origina o título de sua obra *Verdade e método*. Nesta, contrapõe o conceito de verdade oriundo de Heidegger ao conceito de método, oriundo de Dilthey fundando assim uma descrição fenomenológica da compreensão. Para ele, "a verdade é somente uma questão de método e o método se funda na distância do que observa a respeito do observado" (GRODIN, 2008, p. 71). Nesses termos, hermenêutica é mais do que uma história que se desdobra; é um esforço de relacionamento entre a estética e a filosofia do conhecimento histórico. Segundo Gadamer, um ser que pode ser compreendido é linguagem. A intenção do filósofo está no fato de despertar uma inteligência da linguagem capaz de manifestar a vida íntima da linguagem tal como acontece no interior do diálogo e do acontecimento da compreensão.

Paul Ricoeur, em sua hermenêutica, assume o problema do texto como teoria da interpretação como resposta e efetivação da sua preocupação da oposição entre a instância metodológica e a compreensão hermenêutica. Atribui à questão da textualidade um papel essencial em seu trabalho relativo à própria linguagem, capaz de introduzir no plano do *logos* a experiência humana que, no âmbito da compreensão, se torna passível de ser mediada pelos textos. Desde o confronto com as ciências modernas, a interpretação dos textos por meio da simbólica não pode ocorrer sem o aparato crítico e epistemológico que a própria análise da linguagem exige. A hermenêutica ricoeuriana se apresenta com uma tarefa singular: buscar o "sentido mais rico, mais elevado e mais espiritual" que desenvolva igualmente em uma escala textual o conflito de interpretações rivais.

Nesses termos, o filósofo dará ênfase à questão do fenômeno da escrita e à autonomia do texto. Para ele, um texto é todo discurso fixado pela escrita. A fixação pela escrita é constituída do próprio texto. Encontra-se aqui o problema da analogia do discurso, do poder falar, que analogicamente poder-se-ia escrever. É nesse ato analógico que a escrita se torna a gênese do texto. É o fenômeno da escrita que torna o texto autônomo, garantindo a diferença entre a significação textual e a significação psicológica original do autor. Há outra ordem, uma dinâmica, a primazia do texto sobre a intenção do autor, torna-se critério do desdobramento de uma exegese que procura uma significação textual, capaz de romper com a significação psicológica do seu autor. Ricoeur discute a questão do sentido doado pelo texto em confronto com o aspecto receptivo dos seus interlocutores. A dimensão receptiva dos interlocutores significa que o sentido que habita no texto é suscetível de ser identificado. É nessa perspectiva que o filósofo confere ao texto seu caráter de autonomia e, simultaneamente, a possibilidade da compreensão por parte do sujeito interpretante.

Para Ricoeur, a questão nodal versa sobre a necessidade de arquitetar um trabalho investigativo que se objetiva na relação entre o ser-texto do discurso e a arte de interpretar, o que confere à hermenêutica ricoeuriana uma autocaracterização como interpretação do texto. O que o filósofo propõe não é propriamente falando uma hermenêutica do texto, mas uma hermenêutica a partir da problemática do texto.

No contexto da hermenêutica textual a questão de compreender-se a si mesmo é colocada em termos analíticos ou metodológicos. Ricoeur elabora uma nova teoria da subjetividade com gênese na relação leitor e texto e, consequentemente, inferindo a relação entre o leitor e o mundo do texto a partir da aplicabilidade do fenômeno da apropriação. A apropriação não é mais compreender na linha dos filósofos da suspeita. Compreender não é um projetar dentro do texto: é receber um si mais vasto da apreensão das proposições do mundo que são objeto verdadeiro da interpretação. Com essa reflexão, percebe-se que não é a relação intersubjetivista da compreensão que está em jogo, mas a relação de apreensão aplicada ao mundo contido no texto.

Por apropriação, o filósofo entende a interpretação de um texto que se completa na interpretação de si de um sujeito que doravante se compreende melhor, se compreende de outro modo, ou que começa mesmo a se compreender. Aqui, Ricoeur aproxima a filosofia hermenêutica e a filosofia reflexiva a partir da ideia de uma interferência entre a compreensão do texto e a autocompreensão. Para ele a filosofia hermenêutica se localiza no prolongamento da filosofia reflexiva. Ao lado dessas considerações filosóficas, observa-se que as estruturas epistemológicas viabilizam a interpretação de um discurso religioso. Nesse ponto, o filósofo se ocupa em refletir sobre o tema da especificidade da linguagem religiosa.

Para Ricoeur a teologia começa no seio do texto bíblico, por isso a hermenêutica coloca-se a ela desde seus primórdios. "A Escritura é ela mesma testemunha de várias experiências hermeuticas e de vários hermeneutas que releem na história o fenômeno da fé" (CARVALHO, 2004, p. 36). Os textos bíblicos são narrativas de uma experiência radical entre Deus e o homem, envolvidos numa relação existencial de amizade e amor. O homem narra sua experiência não somente como discurso oral, mas efetivamente como discurso escrito, cuja narração se constitui historicamente como fenômeno, como texto, então, como livro reconhecido pela sua inspiração e canonicidade, como textos bíblicos da revelação.

2.4 Inspiração e canonicidade

O tema da inspiração e o da canonicidade ocupa parte dos estudos da Teologia Fundamental, que os aprofunda e esclarece. A inspiração bíblica, segundo a interpretação cristã do Novo Testamento, ressalta que a Sagrada Escritura está fundamentada na ação do Espírito Santo na economia da salvação. Como afirma Aparicio Valls em seu livro *Inspiração*: "A inspiração na tradição hebraico--cristã é intensa, antes de tudo, como um dom de Deus que oferece sua Palavra por meio de um texto escrito" (VALLS, 2014, p. 16). Mas a inspiração afeta também os autores dos escritos bíblicos, os hagiógrafos. Isso permite dizer que eles estão inseridos na ação própria do Espírito. Os hagiógrafos, sob uma especial inspiração divina, pronunciam palavras que compõem a Escritura.

Para a concepção cristã da Sagrada Escritura e do tema da Inspiração divina, Deus mesmo exerce um influxo especial. Tudo está sob a ação do seu Espírito. Então, por meio dos autores humanos, Deus fala propriamente na Escritura que contém a Palavra de Deus. Se Deus é autor por excelência, logo essa inspiração pode ser chamada de ativa – inspiração ativa –, porém o próprio Deus intervém nos autores humanos – inspiração passiva. Na tradição da Igreja essa máxima tem sido confessada nos seguintes termos:

"A Igreja confessa um só e o mesmo Deus como autor do Antigo e do Novo Testamento, isto é, da Lei, e dos Profetas e também do Evangelho, porque os santos de um e de outro Testamento falaram sob inspiração do mesmo Espírito Santo" (*DZ* 1.334).

O tema da inspiração aparece quando o Concílio Vaticano I de 1870 (princípio de inspiração[18]) afirma que os livros sagrados têm Deus por autor, uma vez que foram escritos pelo influxo do Espírito Santo (*DZ* 3.006)[19]. Já em 1893, a Encíclica *Providentissimus Deus* de Leão XIII (sobre o problema da inerrância) afirma que todos os livros da Escritura foram inspirados em todas as suas partes, de tal forma que neles não há erro algum (*DZ* 3.280-3.294). Os hagiógrafos expressam somente o que o Espírito Santo deseja. A encíclica de Leão XIII recorre a uma imagem dos Padres da Igreja para falar do tema da inspiração: "Deus é o autor da Escritura"[20]. Em 1943, a Encíclica *Divino Afflante Spiritu* de Pio XII (trazendo um sentido literal e espiritual da Escritura) expressa

---

18. Cabe aqui elucidar que o Vaticano I introduz a ideia do princípio de inspiração, como resposta aos problemas de sua época sobre a Escritura. O Concílio, no legado da imagem de Deus autor, indica de modo positivo que, na Escritura, a Palavra de Deus se expressa em palavra humana (*DZ* 3.006).

19. "Essa revelação sobrenatural, pois, segundo a doutrina da Igreja universal, definida pelo Sínodo de Trento, está contida nos livros e nas tradições não escritas que, recebidas pelos apóstolos da boca do próprio Cristo ou transmitidas como que de mão em mão pelos próprios apóstolos sob o ditado de Espírito Santo, chegaram até nós" (*DZ* 3.006). Observa-se aqui, como indica Aparicio Valls, que a teologia do Vaticano I, teologia escolástica, assume a imagem do instrumento reelaborando segundo o sistema aristotético de causa e efeito. Nesse sentido, o autor sagrado é um instrumento de Deus, conceito bíblico que indica cooperação, assim como um músico que toca seu instrumento em uma orquestra. Tomás de Aquino é o grande expoente dessa questão ao atribuir importância à ideia bíblica do carisma da profecia (S. Th., II-II, q. 171-178). Segundo a interpretação do Doutor Angélico, na profecia há uma dupla causa agente, o autor principal e o autor instrumental, sendo que o segundo age em virtude da força recebida da causa instrumental. O Espírito Santo, causa principal, age sob o profeta e eleva a sua faculdade natural, orienta o seu juízo e orienta a sua vontade e o leva a escrever (cf. VALLS, 2014, p. 29-31).

20. Deus autor da Escritura – imagem que entra nos textos do magistério. Chamada de modelo leonino, essa imagem procurou tratar o problema dos autores literários e seus personagens. Os hagiógrafos eram movidos pelo Espírito Santo (APARICIO, 2014, p. 34).

que na hora de interpretar a Bíblia é preciso reconhecer o estilo pessoal de cada hagiógrafo, porque este não é um instrumento passivo, mas sim ativo do Espírito Santo.

Na encíclica se repropõe a analogia da condescendência divina utilizada por São João Crisóstomo em sua explicação sobre a natureza da inspiração. Crisóstomo utiliza a analogia do mistério da encarnação para explicar a condescendência da Sabedoria divina. Por fim, o Concílio Vaticano II reafirma que Deus é o autor dos livros inteiros que a Igreja tem por canônicos. Os hagiógrafos se servem de todas as faculdades e meios na hora de ensinar o que Deus quer. O Vaticano II expõe a questão unitiva entre verdade e vontade salvífica de Deus (*DV* 8). A inspiração é compreendida como realidade objetiva (inspirada por Deus) em uma realidade subjetiva (inspira o sujeito no ato da leitura). O Concílio Vaticano II assume a ideia da analogia cristológica dos Padres da Igreja e afirma que a Bíblia é Sagrada Escritura, porque nela, Deus mesmo testemunha a inalterável e finalmente e completamente sem erro a verdade que os homens necessitam para sua salvação.

No terceiro capítulo da *Dei Verbum* (n. 11-13), encontra-se uma breve exposição da doutrina eclesiástica sobre a inspiração e sobre os princípios da interpretação católica da Escritura. Há de fato um peso pneumático nas proposições do Concílio que também desemboca na forma exegética e na valorização desse capítulo. A operação do Espírito Santo é a chave do entendimento da doutrina desenvolvida. Por causa do Espírito, nenhuma das partes pode ser considerada somente resultado de intenções humanas, tudo está sob o influxo do Espírito, o que garante que os textos são verdadeiros e inerentes ao processo da autorrevelação divina na palavra humana. Há, no entendimento do Concílio, uma perspectiva fundamental soteriológica do acontecimento da revelação. A inspiração está integrada no conjunto da ação salvífica de Deus anunciada nas Escrituras. Nesses termos, o Concílio assume uma formulação trinitário-teológica, uma vez que, para ele, a composição da Sagrada Escritura está vinculada à vontade salvífica de Deus. Jesus Cristo é a plenitude de toda a revelação de Deus (*DV* 4); sob seu mandato, os apóstolos sob a inspiração do mesmo Espírito que atuou em Jesus, escrevem a mensagem da salvação. Por fim, a questão da canonicidade respeita uma ordem progressiva de três critérios:

1) critério da ordem interna: inspiração;

2) critérios da ordem externa: referência a Cristo, apostolicidade, ortodoxia doutrinal, função edificante e caráter útil ou instrumento;

3) critérios eclesiais: regra da fé e aspecto litúrgico.

Na *Verbum Domini* dois conceitos chaves definem a hermenêutica eclesial da Sagrada Escritura: *inspiração* e *verdade*.

Um conceito-chave para receber o texto sagrado como Palavra de Deus em palavras humanas é, sem dúvida, o de *inspiração*. Também aqui se pode sugerir uma analogia: assim como o Verbo de Deus se fez carne por obra do Espírito Santo no seio da Virgem Maria, também a Sagrada Escritura nasce do seio da Igreja por obra do mesmo Espírito. A Sagrada Escritura é "Palavra de Deus porque foi escrita por inspiração do Espírito de Deus". Desse modo se reconhece toda a importância do autor humano que escreveu os textos inspirados e, ao mesmo tempo, do próprio Deus como verdadeiro autor. Daqui se vê com toda a clareza – lembraram os Padres Sinodais – como o tema da inspiração é decisivo para uma adequada abordagem das Escrituras e para a sua correta hermenêutica, que deve, por sua vez, ser feita no mesmo Espírito em que foi escrita. Quando esmorece em nós a consciência da inspiração, corre-se o risco de ler a Escritura como objeto de curiosidade histórica e não como obra do Espírito Santo, na qual podemos ouvir a própria voz do Senhor e conhecer a sua presença na história. Além disso, os Padres Sinodais puseram em evidência como o tema da *verdade das Escrituras* estaria ligado ao tema da inspiração. Por isso, um aprofundamento da dinâmica da inspiração levará, sem dúvida, também a uma maior compreensão da verdade contida nos livros sagrados. Como indica a doutrina conciliar sobre o tema, os livros inspirados ensinam a verdade: "E assim como tudo quanto afirmam os autores inspirados ou hagiógrafos deve ser tido como afirmado pelo Espírito Santo, por isso mesmo se deve acreditar que os livros da Escritura ensinam com certeza, fielmente e sem erro a verdade que Deus, para nossa salvação, quis que fosse consignada nas sagradas letras. Por isso, 'toda a Escritura é divinamente inspirada e útil para ensinar, para corrigir, para instruir na justiça: para que o homem de Deus seja perfeito, experimentado em todas as boas obras' (2Tm 3,16-17 grego)". Não há dúvida de que a reflexão teológica sempre considerou inspiração e verdade como dois conceitos-chave para uma hermenêutica eclesial das Sagradas Escrituras. No entanto, deve-se reconhecer a necessidade atual de um condigno aprofundamento dessas realidades, para se responder melhor às exigências relativas à interpretação dos textos sagrados segundo a sua natureza. Nessa perspectiva, desejo vivamente que a investigação possa avançar nesse campo e dê fruto para a ciência bíblica e para a vida espiritual dos fiéis.

O texto, ao se referir à questão da inspiração se utiliza da analogia do Verbo que se faz carne pela ação do Espírito Santo no seio da Virgem Maria, assim a Sagrada Escritura nasce do seio da Igreja por obra do Espírito. Ao afirmar que a Escritura nasce do seio da Igreja, a *Dei Verbum* "recorda a teoria eclesiológica de K. Rahner, e, enfim, o reconhecimento da importância do autor que encontra eco na teoria literária de L. Alonso Schökel" (PIÉ-NINOT, 2011, p. 62).

O n. 19 da *Verbum Domini* está em continuidade o n. 11 da *Dei Verbum*, de tal forma que se pode dizer que é o aspecto pneumatológico que está em evidência. "As coisas reveladas se encontram e manifestam na Sagrada Escritura, foram escritas por inspiração divina [...] havemos de crer que os livros da Escritura ensinam com certeza, fielmente e sem erro a verdade relativa à nossa salvação, que Deus quis fosse consignada nas Sagradas Letras" (*DV* 11). "Para nossa salvação" – essa é a afirmação ou virtude do serviço das Escrituras, pois ela constitui o objeto formal que lhe permeia.

Pode-se falar de uma leitura contínua que se constrói da *Dei Verbum* à *Verbum Domini*, não podemos deixar de ressaltar que nesses documentos estão contemplados os três aspectos que sintetizam a novidade do Concílio Vaticano II em relação ao tema da Inspiração divina. Rino Fisichella os explica:

> 1) A identidade do autor – Tira-se o autor sagrado do horizonte de um simples executor passivo ou de um instrumento nas mãos de Deus, como o havia identificado a teologia anterior. Em vez do "*Spiritu Sancto dictante*" do Tridentino, usa-se uma linguagem mais positiva e bíblica, segundo a qual o hagiógrafo é o "escolhido", "eleito" por Deus, e escreve como um "verdadeiro autor" o seu texto. A definição do hagiógrafo é plenamente positiva: é quem estuda, reflete pesquisa e comunica, com seu escrito, aquela experiência salvífica que viveu como protagonista. Com plena liberdade diante da ação gratuita de Deus, é quem tem a responsabilidade de uma missão, em vista da construção da Igreja. É Deus quem está na origem do texto sagrado, pois é Ele quem cria a história da salvação. Ele, portanto, está na origem do texto sagrado, seja como livro individual seja em sua globalidade, com efeito, é Ele a ação que o hagiógrafo tenta exprimir, mas na lógica da própria revelação.
> 2) Pré-compreensão de "verdade" – enquanto os textos pré-conciliares centravam-se na inerrância, como

consequência de a revelação ser dada por inspiração, o concílio inaugura um uso mais bíblico de verdade, entendida antes de tudo como um comunicar fiel e misericordioso de Deus, que visa a salvação da humanidade. A expressão da *DV* 11: "Os livros da Escritura ensinam com certeza, fielmente e sem erro a verdade que *Deus nostrae salutis causa* [em função da nossa salvação] quis fosse consignada nos Livros Sagrados", sem dúvida marca um progresso teológico.

3) Inspiração e revelação – recuperação da união da inspiração com o tema da revelação. O Vaticano II recoloca a inspiração em seu leito natural, portanto, no interior da realidade mais onicompreensiva, que é constituída pelo evento da revelação (LATOURELLE, 2017, p. 409).

Após apresentar essa síntese da novidade do Vaticano II, Latourelle destaca que, quando se trata do tema da inspiração, se segue as linhas diretrizes que marcam o novo percurso da teologia nos estudos da teologia da revelação: a centralidade de Cristo; a gratuidade do carisma; a historicidade do evento (LATOURELLE, 2017, p. 409). Nesse sentido, toda reflexão da Teologia Fundamental que preceda o acontecimento da revelação e sua interpretação seria como saltar uma página necessária na constituição do seu estatuto epistemológico.

3
O conceito de revelação em Paul Ricoeur

A tessitura deste capítulo se delineia na temática que Paul Ricoeur apresenta sobre o conceito de revelação. Sua abordagem não se inscreve como mera ilustração de um conceito filosófico; mas, ao contrário, procura, em oposição a um conceito meramente opaco e autoritário da revelação, construir uma ideia de uma revelação polifônica de Deus. A matriz de análise que se delineia está inscrita na passagem pelos textos bíblicos, cuja nominação de Deus se registra no entrecruzamento dos múltiplos discursos literários que constituem a unidade da mensagem, enquanto demonstra que o Deus da revelação é um Deus sinfônico. Nesse sentido, é com a passagem pelos diversos estilos literários que "o discurso da fé se reveste de uma multidão de formas" (RICOEUR, 2008, p. 193). Daí a importância que confere aos gêneros literários, a linguagem originária, ou seja, a polifonia que constitui a expressividade do mistério revelado de Deus no horizonte da linguagem.

A ideia de uma revelação polifônica de Deus é uma marca de Ricoeur, cuja incidência transborda o domínio estreitamente fechado do conceito de revelação. A diversidade de discurso desenha-se como uma rica e fecunda "intertextualidade que resulta da contaminação de um gênero pelo outro" (RICOEUR, 2008, p. 193). Dessa forma, a profecia, a narração, a prescrição, a sabedoria e os hinos, todos esses discursos enquanto formas originárias de linguagem expressam de alguma forma a condescendência de Deus, o que significa dizer que Deus entra na história dos homens assumindo-a como sua e transformando-a em história de salvação. Por outro lado, porque essa história é textualizada e narrada, o texto se torna o lugar onde Deus atua como seu personagem.

Em decorrência dessa reflexão, a análise que se perfila neste capítulo sobre a ideia de revelação em Ricoeur segue rigorosamente a estrutura do seu ensaio *Hermenêutica da ideia de revelação* (1977), uma vez que se intenta trazer à reflexão deste capítulo a abordagem ricoeuriana da revelação. Ricoeur, sugestivamente introduz, em sua reflexão sobre a revelação, a categoria de testemunho, o que significa dizer que, na hermenêutica da ideia da revelação do filósofo, simetricamente se articula a hermenêutica do testemunho como questão fulcral. Inspirando-se em Jean Nabert, em sua ideia de uma hermenêutica do absoluto e do testemunho, Ricoeur procura abordar o tema do testemunho desde as preocupações semânticas, epistemológicas e exegéticas de caráter mais pessoal. Dessa feita, destaca que as experiências-limite e os testemunhos se tornam chave central para o desdobramento da ideia da revelação. Isso implica dizer que sua hermenêutica do testemunho põe em evidência os sinais contingentes que o absoluto em sua generosidade deixa aparecer de si. O testemunho é, para Ricoeur, uma aposta na fé que revela a absoluta dependência a uma Palavra e concomitantemente uma incondicional liberdade que se apresenta fidedigna.

É essa aposta na fé que marca o itinerário de Ricoeur, ou seja, sua ideia de revelação e de testemunho, que autorizará concluir este capítulo abordando o tema da Palavra e da *potentia oboedientialis* do homem. Aqui, Ricoeur fala da Palavra precedente, o que significa dizer que nela é dito qualquer coisa em que o homem não é a sua origem. Assim, a Palavra que precede ao homem invoca-o à atitude de escuta e de obediência. O tema da Palavra é arcaico em Ricoeur. Como filósofo, sabe reconhecer o *logos* lógico dos gregos, porém ressalta a importância do *logos* enquanto acontecimento da Palavra.

Por fim, é possível afirmar que, a partir da análise que se perfaz neste capítulo, torna-se um convite a encontrar um Ricoeur que aposta na interpretação da linguagem da fé e no testemunho autêntico da presença de Deus na história. Um filósofo que encontra, nos textos bíblicos que lê, o amor gratuito de Deus que resulta em uma economia do dom e da superabundância. Um cristão que se coloca diante de um Deus experimentado como oniamante e se coloca em atitude de um obediente-amante.

3.1 O conceito de revelação

Para Ricoeur a categoria de revelação se insere num quadro de emergência da busca da verdade que lhe envolve. Com a categoria de revelação oriunda dos textos bíblicos, o conceito de verdade é identificado com a ideia de manifestação, isto é, o manifestar-se é deixar ser aquilo que se mostra, característica própria de Deus em sua revelação na história humana. É nessa história que Deus se deixa nomear, uma vez que a sua nomeação se vincula à sua revelação. De fato, a questão da nominação de Deus presente nos textos que dizem a fé determina o caráter confessante da Bíblia em sua relação com outros textos literários. Por ser constituída por múltiplas formas de textos, com suas particularidades de discursos e linguagens; a Bíblia se apresenta como uma grande obra pelo seu desenho e arquitetura de intertextualidade.

Ricoeur procura encontrar um conceito de revelação a partir de uma dialética com a razão, apostando na iminente relação entre fé e razão. Sendo assim, ao retificar o conceito de revelação propõe considerar imediatamente dentro da linguagem religiosa três níveis de discursos que regem, segundo ele, o conceito opaco de revelação: O nível da confissão de fé não separa a *lex credendi* da *lex orandi*. O nível da dogmática eclesial no qual uma comunidade histórica interpreta para si mesma e para os outros a inteligência da fé que especifica a tradição; finalmente, o corpo das doutrinas impostas pelo magistério como regra de ortodoxia (RICOEUR, 1984, p. 16). Com isso, propõe como questão fundante que considerar esses três níveis, do ponto de vista hermenêutico, é livrar-se de expor-se ao risco de aproximar-se apenas de um arquivo confuso de enunciados (VICENT, 1980, p. 90). Para ele é o nível da confissão de fé que suscita um debate frutuoso permitindo que se aprenda sempre mais. Por outro lado, quando se fixa somente no terceiro nível, o meramente doutrinal, incorre em submeter os outros dois níveis a inevitáveis perdas de suas originalidades, o que implica dizer que é o nível doutrinal, quando não se consideram os outros dois níveis da linguagem religiosa, não somente transmite um conceito opaco da revelação, mas efetivamente um conceito demasiadamente autoritário.

3.2 O conceito polifônico da revelação e sua significação analógica

Considerando o caráter fecundo da mediação da linguagem no exercício da interpretação, compreende-se por que Ricoeur não se exaure em evidenciar a existência de uma ontologia do discurso, no qual a linguagem, por sua condição criativa, apresenta-se como um modo de ser (RICOEUR, 1970, p. 51). É no interior desse contexto de sentido que uma ontologia do discurso implica redesenhar o caráter polifônico e polissêmico da revelação. Recorda-se que a questão polissêmica da linguagem diz respeito ao horizonte das palavras e suas múltiplas significações que não se pode ignorar. Então, por que o texto como universo da revelação? E mais, por que falar de um conceito polifônico dessa revelação? E por que essa atenção perceptível às múltiplas formas de discursos? Nas

158

palavras de Ricoeur, quando se fala de revelação bíblica, "a noção de revelação não pode mais se formular de maneira uniforme e propriamente monótona" (RICOEUR, 1984, p. 31). Sim, isso porque "a designação de Deus é diferente a cada vez: conforme o recitante o menciona na terceira pessoa, como o atuante de um grande gesto como a saída do Egito ou conforme o profeta o anuncia como aquele em nome de quem Ele fala na própria pessoa ou conforme o fiel se dirige a Deus na segunda pessoa na prece litúrgica do culto ou na prece solitária" (RICOEUR, 1969, p. 471-472).

Essa afirmação se desenha como um preâmbulo do caminho que percorre ao tratar efetivamente a questão das expressões originais da revelação (RICOEUR, 1984, p. 15-34). Por outro lado, a pergunta que se coloca é sobre a forma, a maneira como Deus advém nos discursos que estruturam a Sagrada Escritura. Nessa perspectiva, vale a pena examinar os diversos discursos que se configuram como obra, pois algo se diz neles que escapa a outras modalidades de discursos.

3.3 A linguagem polifônica do discurso bíblico

Servindo-se ainda da análise de Ricoeur sobre o conceito de revelação, o filósofo aposta no direito de falar de um pensamento bíblico, na origem do trabalho teológico como questão de linguagem polifônica do discurso bíblico que remete a um autêntico labor teológico. Trata-se de reconhecer que, na origem do trabalho teológico, o polifônico, encontra-se inserido no fenômeno da intertextualidade e nas múltiplas maneiras discursivas da Escritura, lugar por excelência onde o homem nomeia a Deus. O que precede o tecer teológico não é a linguagem especulativa, mas sim a experiência que o homem faz do seu Deus e o leva ao horizonte da sua linguagem religiosa.

Tradicionalmente a teologia acentua o caráter semântico da linguagem teológica que se configura nos sumários confessionais, nas proposições reguladoras, bem como nas doxologias. Esse caráter se apresenta frente à feição polissêmica dos textos bíblicos como um discurso de segunda ordem. Dessa feita, poder-se-ia dizer que, ao interessar-se pelos fenômenos da intertextualidade, depara-se com as formas originais da linguagem enquanto expressividade da fé, porém essas mesmas formas originais de linguagem, pelo fato de se inserirem no campo da existência humana, dizem a história que o primado ontológico da revelação é Deus mesmo, que livremente quis se dar a conhecer ao ser humano. A inaudita irrupção da presença de Deus na aventura humana significa compreender que Deus se deixa conhecer pelas mediações que são humanas, cuja audição dos discursos dos quais ele aparece em posição de referência, interpela uma interpretação infinita. O texto cresce com o leitor. A Bíblia cresce com seus leitores.

3.4 O conceito polifônico de revelação

Conferir aos textos bíblicos feições múltiplas é o que caracteriza a ideia de revelação polifônica de Deus. Ora, considerar tal proposição significa que em cada forma de discurso a nomeação de Deus é distinta, uma vez que obedece a particularidade e da construção original de cada discurso, porém a nomeação de Deus se dá conjuntamente (RICOEUR, 1994, p. 291). Isso significa considerar a pluralidade das formas da nominação de Deus como um tecido simbólico unitário e unificado (THOMASSET, 1996, p. 333).

Mas como pensar a polifonia bíblica na estruturação do conceito revelação quando se busca uma inteligência da fé no precário caminho da finitude humana, marcado pelas experiências-limite; pelo inevitável e inquietante; pelo problema do mal; mas também pela inerente condição da potência obediencial; pela capacidade ontológica de transcendência e, por fim, pela pregação da esperança desde a perspectiva de um jorrar inaudito de sentido para além dos próprios limites e desespero humano. O caráter polifônico dos textos, pelo fato de nomearem a Deus, ultrapassa qualquer reivindicação de uma linguagem especulativa para que se possa dizer Deus e sua revelação; ao contrário, ao se inserir em um nível de discurso originário, dizer a palavra Deus impõe por si a atitude de escuta da pregação cristã e consequentemente a necessidade de desfazer-se de todo saber ontoteológico. A nominação de Deus é narrativa; isso permite compreender que, como a exegese e a teologia das tradições tradicionalmente acentuaram, a nomeação de Deus está em concordância com um drama histórico que se conta como uma narração de uma libertação (RICOEUR, 1994, p. 289).

Paralelamente a essa determinação de fundo na qual está presente a revelação de Deus, é importante considerar que a linguagem religiosa da Bíblia é uma linguagem simbólica, ou melhor, chama-se de simbólico o nível dos discursos religiosos presentes nela (RICOEUR, 1982, p. 38). Assim, nos textos bíblicos, graças à capacidade de sua linguagem simbólica e ao excesso de sentido provocado pela interfecundação dos discursos polissêmicos, o conceito de revelação ganha maior inteligibilidade enquanto realidade polifônica. O Deus que se revela é o Deus que se dá a conhecer sinfonicamente. Ora, tal proposição permite compreender que as formas originais de linguagem, pelas quais as comunidades exprimem sua confissão de fé, tocam a ideia do mistério inefável de Deus revelado aos homens. Sendo assim, uma hermenêutica da revelação deve dirigir-se prioritariamente às modalidades mais originais da língua de uma comunidade de fé e às expressões pelas quais os membros dessa comunidade interpretam originalmente sua experiência para si e para os outros (RICOEUR, 1984, p. 30).

Com essa afirmação de Ricoeur compreende-se que cada um desses discursos, em sua diversidade traz consigo uma autêntica dizibilidade de princípio que semeia e cultiva um conceito polifônico da revelação, cuja dinâmica manifesta o mistério de Deus como mistério pessoal e comunitário de cada ser humano (THEOBALD, 2007, p. 78). Sim, quando se fala de revelação nos diferentes gêneros que se cruzam, há que considerar que "a noção de revelação não pode mais se formular de maneira uniforme e propriamente monótona" (RICOEUR, 1984, p. 31), mas dinâmica e polifônica. Tal é a orquestração sinfônica de Deus que se deixa dizer nas múltiplas vozes dos discursos religiosos que se contaminam solidariamente.

3.5 Uma poética generativa

Ricoeur, procurando corrigir qualquer tipo de preconceito que possa atribuir aos gêneros literários da Bíblia uma ideia de fachada retórica ou coisa parecida, desenvolve e propõe uma poética generativa da linguagem da Escritura. Mas o que será uma poética generativa? Qual sua função no desdobramento dos gêneros literários? Por poética generativa "se entende o conjunto das regras de 'competência' que governam a *performance* de textos específicos" (RICOEUR, 2010, p. 185). É quando se compreende que os modos distintos de discursos estão a serviço das mensagens individuais e singulares que eles ajudam a produzir (RICOEUR, 2010, p. 185). Trata-se de relacionar inteligência estrutural e inteligência hermenêutica e aplicar a todos os discursos uma espécie de fuga para trás para sublinhar o lugar sapiencial nas escrituras bíblicas.

Ora, para o hermeneuta, referir-se à teologia do Antigo Testamento não significa simplesmente uma busca meramente cronológica dos vestígios da revelação, mas exclusivamente a busca do seu fundamento. É uma busca ilimitada de um sentido da história dentro da história, uma fuga para trás, o que permite chegar a sua originalidade. Nessa esfera, Ricoeur vincula à matriz dos múltiplos discursos que dizem Deus um conteúdo querigmático, ou ainda, um autêntico querigma textual, cujo coração é o anúncio do gesto de Iahweh tecido por uma rede de acontecimentos significantes. Nesse sentido, poder-se-ia dizer que a ideia de revelação se insere como sentido da história dentro da história. O semântico, então o poético, tem sua primazia sobre a estrutura meramente gramatical. Sendo assim, a função de uma poética generativa é garantir a individualidade e singularidade das mensagens produzidas pelos gêneros literários (RICOEUR, 2010, p. 222-225).

3.6 A Teologia Fundamental e a poética generativa

Para Ricoeur, os textos bíblicos nos conduzem ao interior de uma reflexão teológica rica em sua linguagem, o que permite pensar não somente em uma humanidade do texto, mas também em seu caráter inspirador que o mundo do texto descortina (THEOBALD, 2007, p. 67-72).

Se de fato a função de uma poética generativa é garantir a individualidade e singularidade das mensagens produzidas pelos gêneros literários, é preciso também se perguntar pela pertinência do discurso da fé no horizonte dessa poética generativa. É compreender a dialética entre a poética da existência e a argumentação do intelecto (RICOEUR, 2008, p. 193-194). O que significa aperceber-se da nominação de Deus que os textos especificam, pois o discurso da fé como uma espécie de discurso poético é a nominação de Deus. Para Ricoeur, "nomear Deus é, na melhor das hipóteses, uma atividade poética sem incidências sobre a descrição, isto é, sobre o conhecimento verdadeiro do mundo" (RICOEUR, 1984, p. 287). A função poética tem uma função referencial na reflexão textual quando Deus é o seu referente-último.

É pela via da poética que se chega ao nível profundo da linguagem religiosa devido à sua particularidade e na transgressão necessária da linguagem, na suspensão da função descritiva de uma linguagem meramente ordinária, vulgar e de primeira ordem, para chegar a uma linguagem dotada de sentido. Como afirma Thomasset: "A transgressão da linguagem ordinária é também sintoma de uma mudança lógica, de uma entrada no mundo poético próprio da Bíblia". Nesse sentido, o poema bíblico suscitado pela nominação de Deus e inserido no interior do discurso poético reivindica uma inteligência da fé. Para Ricoeur, "essa inteligência é suscitada pela nominação de Deus, que distingue o poema bíblico no interior do que se poderia chamar em sentido amplo de discurso poético" (RICOEUR, 2008, p. 193).

3.7 A polifonia da revelação e a pluralidade das nominações de Deus na perspectiva poética bíblica

3.7.1 O discurso profético

Ao tratar sobre o discurso profético, Ricoeur evidencia que ele ocupa posição central entre os discursos sobre a revelação, uma vez que "o profeta anuncia que ele não fala em seu nome, senão em nome de outro" (RICOEUR, 1984, p. 17). Logo, é discurso pronunciado, constituído pela relação Deus e o profeta sem que haja a necessidade de mediações. Nesse modelo a ideia da revelação se identifica com a questão de um duplo autor, pois se apresenta como a palavra do outro que está atrás da palavra do profeta. Consequentemente, a profecia vincula-se ao gênero literário do oráculo, a aproximação do conceito de revelação ao tema da inspiração torna-se iminente, uma vez que esta é concebida como uma voz que está detrás da voz.

Mas, para Ricoeur, esse modelo é muito estreito, pois, se, por um lado, a questão da equação entre revelação e inspiração coloca-se em termos de uma Escritura ditada, por outro, a ideia da revelação não pode reduzir-se à ideia do duplo autor dos textos bíblicos. Sua crítica está em atribuir certo reducionismo interpretativo ao discurso profético em relação ao conceito de revelação, sem considerar a interfecundação dos outros modelos de discursos em que se inserem a ação de Deus interpretadas no Espírito, agente fecundador dos textos que dizem a revelação. A passagem pelos múltiplos discursos garante não somente a polissemia dos textos, mas também a sua condição polifônica. Considerar os discursos e suas formas de linguagens significa reconhecer que o acontecimento revelante de Deus se exprime no interior de uma tradição de escrita e de linguagem que permite o desdobramento da revelação polifônica de Deus e o reconhecimento de sua sinfonia. O Deus que se revela é o Deus sinfônico.

3.7.2 O discurso narrativo

Ricoeur dá ênfase ao modelo de discurso narrativo, uma vez que a narração se apresenta como memória dos acontecimentos fundadores da fé do Israel e da comunidade originária de Jesus de Nazaré. Nesse modelo, diferente do discurso profético, o autor desaparece, pois o acento está na narrativa dos acontecimentos passados em que Iahweh é o atuante último. Como afirma o filósofo: "É no interior do relato que Iahweh é designado em terceira pessoa como o último atuante" (RICOEUR, 1984, p. 19). Tal é a semântica do discurso narrativo configurado nos livros do Pentateuco, nos evangelhos e nos Atos dos Apóstolos. Em tais livros, a constituição da narração, o atuante, seja de Israel ou da Igreja primitiva, é sempre Deus presente nos acontecimentos fundadores. A eleição de Abraão, a saída do Egito, a unção de Davi e a ressurreição de Cristo, caracterizam a dimensão dinâmica, noética e pessoal da revelação, a sua sacramentalidade.

De fato, esses acontecimentos geram história, ou melhor, são mediações históricas portadoras de sentido, apontam para uma história universal e se apresentam como acontecimentos nucleares e instauradores de comunidade que testemunham a presença de Deus no húmus da sua história. Isso significa compreender que história e revelação se implicam. Nas palavras de Ricoeur: "falar aqui de revelação é qualificar esses acontecimentos em sua transcendência a respeito do curso ordinário da história" (RICOEUR, 1984, p. 19).

De fato, para uma gama de teólogos, quando se considera os acontecimentos fundadores da nossa fé como vestígios de Deus na história, a narração ganha uma conotação importante; isso porque a confissão de fé configura-se como narração, pois, ao se apresentar como tal, assume necessariamente o seu caráter narrativo.

Por outro lado, é possível falar de uma equação entre discurso profético e discurso narrativo, uma vez que o acontecimento da narração exige por si mesmo um narrador, ou ainda, uma comunidade narrante. Um narrador fala a alguém em nome de alguém. É a descoberta do elemento narrante que permite a Ricoeur, contra o risco de se anular os traços específicos da confissão narrativa, falar de uma identidade narrativa. Compreende-se por identidade narrativa uma espécie de identidade que o sujeito humano adquire da própria função narrativa. O reconhecimento da especificidade da confissão narrativa garante o realismo do acontecimento histórico frente ao idealismo do acontecimento da palavra.

Em última análise, Ricoeur afirma: "a revelação está primeiramente implicada nessa inteligência da história alternativamente narrativa e profética" (RICOEUR, 1984, p. 22). Compreende-se aqui a dialética quebrada entre ambos os discursos que não esgota a polifonia da revelação. Nesse sentido, nos textos bíblicos, a revelação de Deus, parte integrante do mundo novo, exige maior inteligência quando se diz sobre a relação entre inspiração e fé, cuja comunidade confessante alicerça os seus pés.

3.7.3 O discurso prescritivo

No discurso prescritivo encontra-se a dimensão prática da revelação, em outras palavras, o caráter instrutivo dos textos, a dimensão noética da revelação.

Para Ricoeur, a dimensão prática da revelação se vincula à importância noção da vontade de Deus presente e simbolizada pela Torá. Isso porque o homem se depara com o desígnio de Deus em sua história, vê-se implicado por uma prescrição divina que o remete a uma prática efetiva do que se denomina vontade de Deus. Porém, há que se cuidar para não ir apressadamente à ideia prescritiva da revelação sem considerar o aspecto da aliança, pois, ao percorrer os caminhos pelos atalhos, podemos nos deparar com certas armadilhas. A primeira é atribuir a vontade de Deus a um imperativo arbitrário vindo do alto. Uma visão apressada sobre o discurso prescritivo alude muito mais à sua amplitude enquanto consequência do que à sua natureza específica.

Ricoeur chama a atenção para a questão central do discurso prescritivo: a ideia de uma dependência originária na ordem da palavra, do ser como condição necessária para a ideia da revelação. Nesse sentido, propõe analisar hermeneuticamente a questão narrativa do dom da aliança, seguido da análise mais ampla da aliança num horizonte mais universal e, por fim, a questão do dinamismo histórico da Torá. No que diz respeito ao narrativo do dom da aliança, Ricoeur parte do pressuposto de que "todos os textos legislativos estão postos na boca de Moisés e no quadro narrativo da instância no Sinai" (RICOEUR, 1984, p. 23). O que significa considerar em primeira instância a condição orgânica da instrução que se insere na perspectiva dos acontecimentos fundadores simbolizados pelo gesto de Israel e sua libertação do Egito.

Paralelamente a essa proposição de fundo memorial e instrutivo, vincula-se à significação universal que afeta o homem na totalidade do mistério da sua existência que se desenha pela sua inerente condição de potência obediencial. Trata-se do semântico tema da Aliança entre Deus e o homem que não pode ser reduzido a mero quadro normativo que impõe a ideia de um comportamento moralista. A ideia de Aliança designa-se como um autêntico espaço simbólico que metaforiza o seu sentido. Nas palavras de Ricoeur: "Designa um conjunto relacional que vai da obediência mais temerosa e meticulosa à interpretação casuística, à meditação inteligente, ao ruminar do coração e à veneração de uma alma que canta" (RICOEUR, 1984, p. 23). Trata-se da metaforização do acontecimento fundador da libertação do Egito onde o legislativo é narrativizado e o narrativo é convertido em princípio ético. É nesse fino processo dialético entre legislativo e narrativo que a Torá se torna "a carta da libertação e que integra perfeitamente o narrativo no legislativo", como afirma Ricoeur (2010, p. 246). Caracteriza-se aqui uma teologia histórica do nome de Deus. O tipo de história que é coerente com uma teologia do nome de Deus não é, por sua vez, uma história dada, centrada em um presente dado: é uma história dirigida para um cumprimento. Nesse sentido, a própria história é a esperança da história (RICOEUR, 2010, p. 113).

A questão da dimensão ética da revelação, fruto da dimensão noética do discurso prescritivo, se insere no campo da prática da história e a engendra a dinâmica das instituições. O ganho teórico da análise do discurso prescritivo está na renúncia de conceber a imagem de Deus desde uma ideia triunfante, como um ideal, como ideologia ou mesmo como uma figura espacial do cosmos. O discurso prescritivo revela um Deus da promessa e da vida errante, o Deus que age historicamente e que caminha com seu povo. Por outro lado, essa dinâmica histórica de Deus e do homem permite dizer que a teologia da história, constituída na fecunda tensão entre promessa e cumprimento, descortina a dimensão escatológica da história.

3.7.4 O discurso sapiencial

No centro do discurso sapiencial encontra-se a reflexão da Sabedoria como uma dimensão de sentido da revelação, diante do sem-sentido da existência. A universalidade em que se envolve o discurso sapiencial se estende a toda a história humana, abrindo a possibilidade de se pensar efetivamente a dimensão ética da revelação. Constam nesse discurso as situações radicais e dramáticas experimentadas pelo ser humano, tais como a miserabilidade, a fome, a solidão, o sofrimento e a morte. Todos esses temas se confrontam com o tema do silêncio inativo de Deus e sua ausência. Uma ideia de revelação que envolve o silêncio inativo de Deus exige alguma coisa de diferente e mais profunda do que somente o ato da fé pode descortinar e testemunhar. Diz Ricoeur: "A fé suscita a valorização mais extrema da experiência humana, a consciência mais intensa de todas as direções do vivido e da reflexão" (RICOEUR, 1967, p. 55).

Dessa feita, poder-se-ia dizer que o *pathos* humano, compreendido como sofrimento passivo, é algo inevitável e inegável da própria condição frágil da realidade humana; porém, quando levado até o interior da narrativa e da linguagem sapiencial, algo novo e diferente afeta o âmago da experiência humana. A noção sapiencial da revelação de Deus implica a radicalidade da fé que finca suas raízes num terreno fecundo de esperança. É no interior desse contexto de silêncio e esperança, que se concatenam no discurso sapiencial, revelação, fé e esperança escatológica.

A revelação de Deus, no modelo sapiencial, toca o limite da experiência humana e se apresenta como seu sentido e referente-último. Nesse sentido, se compreende que a fé no Deus que se revela não pode ser real à margem do escândalo do sofrimento dos inocentes, sem que haja a suspensão do não sentido por um sentido insuspeitável. De fato, trata-se da dimensão noética da sabedoria, considerando que o seu núcleo semântico diz mais sobre a maneira de como suportar o sofrimento do que e como equacioná-lo. Para Ricoeur, a tarefa da Sabedoria, "se dirige diretamente para o sentido e ao sem-sentido da existência. Ela é uma luta pelo sentido a despeito do sem-sentido" (RICOEUR, 1984, p. 294). A sabedoria escapa ao universo dos textos sapienciais, pois possui um caráter de universalidade e tem por objeto a condição existencial de todos os homens frente às situações-limite que os afetam. Nesse sentido, a ela não ensina como evitar o sofrimento, nem como negá-lo magicamente, nem como dissimulá-lo sob a ilusão. Ensina, sim, como suportá-lo. A sabedoria coloca o sofrimento em um contexto significante que tão somente enquanto produz a qualidade ativa de sofrer (RICOEUR, 1984, p. 26-27).

Mas como compreender essa qualidade ativa de sofrer? O relato do Livro de Jó, metáfora do sofrimento humano, testemunha a sabedoria. O sofrimento de Jó configura-se como gênese de um *pathos* que une uma visão de mundo e uma visão ética no sistema simbólico de que a revelação se apodera. O texto paradigmático do *pathos* do sofrimento ativamente assumido por Jó revela-se nestes termos:

> Então Jó respondeu ao Senhor: "Sei que podes fazer todas as coisas; nenhum dos teus planos pode ser frustrado. Tu perguntaste: 'Quem é esse que obscurece o meu conselho sem conhecimento?' Certo é que falei de coisas que eu não entendia, coisas tão maravilhosas que eu não poderia saber. Tu disseste: 'Agora escute, e eu falarei; vou fazer-te perguntas, e tu me responderás'. Meus ouvidos já tinham ouvido a teu respeito, mas agora os meus olhos te viram. Por isso menosprezo a mim mesmo e me arrependo no pó e na cinza" (Jo 42,1-6).

O *pathos* do sofrimento ativamente assumido por Jó, paradigma de uma história continuada evoca diante das situações-limite que a linguagem teológica pode deslocar o conceito de Deus de construções preestabelecidas e inatingíveis para situar o tema revelação no horizonte dramático do homem. A questão de como falar de Deus diante do sofrimento humano exige uma transgressão de linguagem.

A análise realizada por Ricoeur oferece instrumentos linguísticos à teologia. Quando desdobra a ideia do Deus das possibilidades desconhecidas, da apresentação indireta do incondicionado, do sentimento inesperado do homem frente ao drama experimentado, pode-se dizer que todas essas proposições tocam os limites da linguagem humana. Nesse sentido, pensar o limite impõe categoricamente que a tensão entre a reivindicação objetiva do saber e a apresentação do incondicionado seja preservada numa linguagem, que, por sua vez, saiba acentuar a lembrança de uma esperança não realizada da humanidade, mas que se apresenta como advento e antecipação dessa mesma esperança. "Essa linguagem é ao mesmo tempo a dos conceitos-limite e das apresentações figurativas do incondicionado" (RICOEUR, 2010, p. 250).

Por fim, vale a pena considerar o aspecto narrativo do discurso sapiencial. Considerar o sapiencial narrativizado, significa compreender que os textos sapienciais funcionam no narrativo, à medida que se conta uma história. Recorda-se aqui sua significativa expressão: "é na coisa contada que Deus é nomeado" (RICOEUR, 1984, p. 29). O que é próprio do discurso sapiencial é saber que a ideia de desígnio se apresenta como segredo de Deus. Dessa feita, o axioma que designa a possibilidade de esperar, pois "é possível esperar apesar de...", que se exprime em termos de desígnio, porém "um desígnio indeterminável, de um desígnio que é o segredo de Deus" (RICOEUR, 1994, p. 28).

3.7.5 O discurso hínico

O último discurso analisado por Ricoeur é o gênero lírico constituído pelos salmos, hinos, súplicas e ações de graças, no qual a palavra humana se faz invocação e se endereça a Deus como segunda pessoa. Nesse quadro se compreende a ideia de revelação no interior da experiência cultual. Esses discursos literários são expressões de uma confissão de fé levadas até o limiar da experiência orante. Essas expressões de fé são o que faz pensar a expressão interpelante em que se encontra o homem diante do mistério da revelação de Deus que lhe afeta.

Ricoeur atribui aos hinos de louvores uma relação estrita aos reconhecimentos dos acontecimentos fundadores que Deus realiza na história. De tal forma que nessa perspectiva celebrar é relatar. Celebrando, o homem está relatando a ação histórica de Iahweh. O relato tem um sentido semântico, significa a declaração ou a confissão de alguém que está interpelado pela palavra de outro Alguém (RICOEUR, 1966, p. 26-27). Isso permite compreender que, para Ricoeur, os louvores, as súplicas e as ações de graças são formas de dirigir-se a Alguém, de tal forma que a palavra humana se faz invocação e se dirige a Deus, numa relação "eu-tu", que se dá como diálogo, presença e encontro.

A relação "eu-tu" no discurso hínico se fundamenta no exemplo da relação substancial do eu-tu presente no personalismo de Martin Buber e Gabriel Marcel. Por fim, partir dessa ideia fulcral de relação "eu-tu" significa dizer que Deus revela-se como o Tu do homem e consequentemente o homem pode dirigir-se a Deus num contexto de intimidade e aproximação; por outro lado, a partir dessa forma revelante de Deus, "não é mais apenas o homem que é um 'tu' para Deus, como envio profético ou no mandamento ético, é Deus que se torna um Tu para o tu humano" (RICOEUR, 1994, p. 294).

Paralelamente a essa determinação de fundo, "no limite, o discurso da sabedoria encontra um Deus oculto que utiliza como máscara o curso anônimo e inumano das coisas" (RICOEUR, 1994, p. 294). O ocultamento de Deus ocupa um lugar relevante na construção de uma hermenêutica da ideia de revelação que exige uma linguagem que escape aos limites do meramente descritivo e seja capaz de se exprimir em um grau mais elevado de conceitualidade.

A ideia de revelação é uma ideia com duas caras e que o Deus que se mostra é um Deus oculto a quem pertencem as coisas ocultas (RICOEUR, 1984, p. 30), implica dizer que, para ele, o conceito de revelação, cujos significativos discursos análogos descortinam, não se enclausura a nenhum desses tipos, garantindo o caráter polifônico da revelação, cuja sinfonia orquestrada por Deus e as formas literárias levam até o limiar da narração. O tecido do discurso religioso de hinos, salmos e súplicas se constitui como narrativa; isso permite compreender que é pela mediação da narração que a inteligência histórica procura demonstrar as possibilidades contidas na rede de acontecimentos fundadores (RICOEUR, 1968, p. 19).

Nessa enunciação semântica, nota-se que Ricoeur traz ao coração da compreensão do conceito de revelação a ideia da dialética entre ocultamento e manifestação, evidenciando que ela "se dissipa no saber do ser e da providência" (RICOEUR, 1980, p. 30). As confissões de que Deus está infinitamente acima dos pensamentos e palavras do homem, de que Ele se dirige a nós sem compreendermos seus caminhos e de que o enigma do homem obscurece por si mesmo as claridades que Deus lhe comunica pertencem à ideia de revelação. Esta traz o paradoxo que lhe é próprio: aquele que se revela é também aquele que se reserva.

O discurso que fala humanamente sobre Deus ocupar-se-á cada vez mais da preeminência da presença escondida de Deus nas situações-limite que constituem a história humana. O aforismo ricoeuriano, "aquele que se revela é também aquele que se reserva", abre uma noética significativa contra os que negam a possibilidade de pensar Deus em seu poder e em sua bondade depois de Auschwitz. Crer em Deus depois das grandes tragédias humanas é crer em Deus presente nos acontecimentos históricos, cujos textos da pregação cristã e a vida radicada em Cristo testemunham.

3.8 A categoria de testemunho no centro da atual Teologia Fundamental

Hoje somos cada vez mais conscientes de que a palavra "testemunho" ganha total significação no horizonte da teologia. O próprio Concílio Vaticano II retoma essa palavra, configurando-a como uma via de acesso ao profundo mistério do homem diante do próprio mistério de Deus. A categoria de testemunho "constitui algo essencial no contexto de uma fenomenologia da fé, dado que não existe sem referência a um testemunho específico" (DUQUE, 2002, p. 223). Nesse sentido, observa-se que uma teologia do testemunho só é possível quando há uma narração que se vincula à confissão de fé de uma comunidade.

A narrativa, assumindo um papel singular, rege a constelação das significações de uma única história que se configura como história da salvação, o que permitiu compreender que a teologia da história nasce como teologia narrativa. Iahweh entra na história como o seu grande atuante; é pelo seu movimento condescendente que Deus se deixa nomear. Deus mesmo, a partir de seu amor incriado, endereça-se ao homem como um Tu que é fonte da lei, num processo dinâmico e paradoxal de sua revelação, revela-se ao se esconder e se esconde ao se revelar. Esse movimento inaudito de Deus irrompe a história dos homens numa atitude de diálogo onde alteridade e reciprocidade corporificam a sacramentalidade da própria revelação. As especificidades das narrativas bíblicas e a forma como cada uma diz Deus, numa contaminação solidária, constituem a condição polifônica da revelação de Deus. Nesse sentido, não é sem consistência assumir a ideia de que o Deus que se revela é o Deus sinfônico.

Partindo desse horizonte de significações textuais, a Teologia Fundamental tem-se aproximado cada vez mais da categoria de testemunho como categoria reveladora, quer seja do mistério próprio de Deus manifestado na pessoa de Jesus Cristo, quer seja do mistério da pessoa humana. Como afirma René Latourelle: "a categoria de testemunho está no centro da atual Teologia Fundamental" (LATOURELLE, 2017, p. 824). Autores como Rino Fisichella (2017, p. 829-835), René Latourelle (2017, p. 824-828), Paolo Martinelli[21] e outros têm refletido, nos estudos da Teologia Fundamental, a questão do testemunho na relação entre a verdade de Deus e a liberdade do homem. O pano de fundo dessa reflexão é o ato antropológico fundamental que se coloca a serviço da verdade na inteligência da revelação e, concomitantemente, numa busca da verdade para responder à pergunta guardada no coração dos seres humanos.

---

21. Paolo Martinelli afirma que, em uma época marcada pela crise das grandes ideologias, o testemunho se configura como uma forma de consciência e de comunicação interpessoal em que a verdade e a liberdade se implicam e se exigem mutuamente. Hoje, no âmbito teológico emerge a urgência de mostrar a credibilidade da revelação via a redescoberta do testemunho originário de Jesus Cristo, crucificado e ressuscitado, no qual a verdade de Deus se oferece definitivamente a liberdade do homem. O irromper de Cristo na história, como o testemunho fiel e veraz, constitui o modo gratuito e indedutível a resposta àquela instância da verdade absoluta e do sentido que alberga no coração de cada homem (MARTINELLI, 2002).

4
O resgate da importância do conceito de testemunho

A importância do uso do termo testemunho tem alcançado nas últimas décadas uma significação decisiva. De fato, a categoria de testemunho, depois de um longo período de esquecimento, emerge no âmbito eclesial no Concílio Vaticano II como um instrumento de possibilidade de redescoberta da positividade da relação entre a verdade comunicada e a liberdade de si mesmo (MARTINELLI, 2002, p. 62). O testemunho pertence à ordem do mistério da liberdade. A liberdade é uma das mais misteriosas dimensões do ser humano. Como mistério que constitui a realidade ontológica de cada pessoa, a liberdade se relaciona essencialmente com a moral e a religião. É por via da liberdade que o ser humano realiza o seu encontro religioso com Deus e com os outros homens. Nessa perspectiva o testemunho aparece como aquela peculiar comunicação na qual inseparavelmente verdade e liberdade caminham juntas.

A liberdade interior é a base da resposta moral e religiosa do encontro pessoal de cada pessoa humana na experiência que faz da sua própria verdade. O que chamamos de fenômeno da liberdade criatural, uma vez que, ela constitui o próprio ser humano como testemunha da verdade. Une-se aqui, liberdade e consciência de si, nesse sentido, nas palavras de Martinelli, somente o ser humano, "enquanto sujeito capaz é de consciência racional, de reflexão completa, de autoconsciência" (MARTINELLI, 2002, p. 67). Só o ser humano é livre e está habilitado ao testemunho da verdade. Sendo assim, no evento testemunhal, toma consciência de si mesmo e da sua dignidade inalienável de ser livre.

4.1 O homem como testemunha da verdade doada

Na análise da questão testemunhal, a fenomenologia em sua relação com a Teologia Fundamental tem se tornado um movimento de importância nestes últimos tempos. Graças à fenomenologia, a Teologia Fundamental, como outras ciências humanas, tem despertado para novos aspectos decisivos no que diz respeito à ideia de "fenômeno". Na esteira de Husserl e Heidegger, que deram ao campo da reflexão uma fenomenologia estrutural concernente às estruturas da existência, e sem se prender a ela, a escola francesa assume um caminho da construção de uma fenomenologia hermenêutica concernente à interpretação das expressões que dizem a existência humana. No cenário atual da reflexão sobre a relação entre Teologia Fundamental e fenomenologia, a escola francesa tem oferecido pertinentes contribuições no que diz respeito à credibilidade da revelação e a questão da gratuidade do testemunho.

4.2 O homem como testemunha da verdade – A fenomenologia da doação de Jean Luc Marion

A fenomenologia francesa coloca sua atenção na via da interioridade como horizonte da imanência e na via da alteridade como horizonte da transcendência e nos ajuda a assumir tópicos fenomenológicos como chave de leitura da qualidade específica da manifestação de Deus na história dos homens (NERI, 2010, p. 96).

A Teologia Fundamental tem se ocupado em olhar com profundidade a questão do homem como testemunha da verdade que lhe é doada. Trata-se aqui de aproximar a Teologia Fundamental da fenomenologia e, especificamente, a que objetiva a ideia de doação e de fenômeno saturado. Encontra-se aqui o pensamento do filósofo e pensador francês, o católico prático Jean Luc Marion, que apresenta o conceito de doação possibilitando uma via para se repensar a questão da ontoteologia. Para ele, a fenomenologia é um método importante para o desenvolvimento da teologia. Por outro lado, para esse fenomenólogo, é o conceito de fenômeno saturado que trará a reflexão teológica que, "se o eu se entrega ao fenômeno, se dará a graduação na saturação até chegar à possibilidade da revelação em uma saturação da saturação" (WALTON, 2019, p. 18).

Recorda-se que por ontoteologia entende-se a crítica de Heidegger à metafísica. Para o filósofo de Freiburg, a metafísica é por definição *ontoteologia*; redução do ser às categorias limitantes do ente supremo (*Theon*) e do ser mais geral (*On*). Como afirma Richard Kearney, "o questionamento autêntico do ser, aquilo que Heidegger chama de ontologia fundamental em *Ser e tempo*, apenas pode resultar de uma destruição (Überwindung) da ontologia. Um dos resultados mais importantes dessa destruição é a inversão da propriedade metafísica do atual relativamente ao possível" (KEARNEY, 1984, p. 190).

Assim como Heidegger compreendera que a teologia fora influenciada pela ontoteologia no decorrer da história, também Marion propõe repensá-la a partir da fenomenologia. Esse tem se tornado um caminho necessário no empenho em não confundir o teológico que vem da tradição ontoteológica ocidental com o teológico que vem da tradição judaico-cristã (GEFFRÉ, 1989, p. 45). De fato, trata-se de compreender que a teologia, com a crise da ontoteologia, pode encontrar na fenomenologia um substituto à altura da crise em questão.

A escola fenomenológica de Marion tem se ocupado da questão da existência e de sua razão de ser como realidade pertencente à ordem fenomênica. Sim, ao mesmo tempo em que a existência é um fenômeno, está determinada pelo aparecer suscetível entre o subjetivo e o que aparece por si mesmo. Esse dar-se por si mesmo ou ainda o aparecer por si mesmo cacteriza a questão do fenômeno e é, simultaneamente, a estrela-guia de uma nova reflexão filosófica sobre a relação Deus e o homem com implicações no âmbito do pensamento teológico. Para Marion, pensador seminal da fenomenologia da doação, entre todos os fenômenos que o ser humano experimenta, é possível pensar teologicamente os grandes temas da condição humana na ótica de uma heurística da doação. De fato, sua pretensão é devolver a fenomenidade do fenômeno.

Trata-se de não limitar a fenomenidade, como a preverá o "princípio de todos dos princípios" de Husserl com sua colocação em primeiro plano da intuição (WALTON, 2019, p. 17). Com o conceito de fenômeno saturado, Marion quer abrir os limites da fenomenologia; limites que se opõem ao aparecer do fenômeno. Nesse sentido, a fenomenidade do próprio fenômeno, isto é, o fenômeno saturado, como o denominou, é um reconhecimento de que todo fenômeno é potencialmente um fenômeno saturado (WALTON, 2019, p. 18). Diante disso, fica-nos claro que, para Marion, o fenômeno saturado é um novo conceito fenomenológico que ultrapassa a própria intencionalidade do fenômeno, isso porque "a condição de possibilidade da saturação de segundo grau não consiste em delimitar *a priori* excluindo impossibilidades, senão em liberar a possibilidade excluindo toda condição prévia mediante a eliminação das pretendidas impossibilidades" (WALTON, 2019, p. 18). No fenômeno há um dar-se que lhe é próprio, a sua fenomenidade, o dar-se do fenômeno à doação. Então, antes dos graus de doação, de objetivação, de acontecialidade e de saturação, segundo Marion, "todo fenômeno é potencialmente um fenômeno saturado. A fenomenidade é gradual, porém não a doação. E isso depende da subjetividade receptora" (WALTON, 2019, p. 18).

4.3 A fenomenologia da doação

Para o filósofo Jean Luc Marion, a experiência que o homem faz de sua realidade existencial está marcada por uma dimensão de gratuidade que a caracteriza-se como doação. Trata-se da realidade fenomenológica da sua existência, isso porque, no entendimento marionita, a doação do fenômeno permite compreender um caminho metodológico que vai desde a doação das coisas mesmas à doação de Deus (MARION, 2010, p. 20). O fenômeno saturado, assim denominado por ele, capaz de exceder a própria intencionalidade do fenômeno, abre em si rumos para uma reflexão teológica mais próxima dos fenômenos da revelação e da revelação, essa última compreendida enquanto acontecimento histórico de Deus experimentado pelo homem. E distinguindo as propriedades da filosofia e da teologia nos fala da distinção entre possibilidade e efetividade. Em suas palavras:

> A fenomenologia descreve possibilidades e nunca considera o fenômeno da revelação mais do que como uma possibilidade da fenomenidade, que formularia assim: se Deus se manifesta (ou manifestara), Ele se valerá de um paradoxo de segundo grau; se tem lugar a revelação (de Deus por ele mesmo, *teo-logia*), tomará a figura fenomênica do fenômeno da revelação, do paradoxo dos paradoxos, da saturação de segundo grau. Certamente, a revelação (como efetividade) não se confunde jamais com a revelação (como fenômeno possível), respeitaremos escrupulosamente essa diferença conceitual mediante sua tradução gráfica. Pois a fenomenologia, que deve à fenomenicidade o chegar até esse ponto, não vai mais além e não deve nunca pretender decidir o ato da revelação, nem de sua historicidade, nem de

sua efetividade, nem do seu sentido. Não deve fazê-lo, pois, não somente para distinguir os valores e delimitar as regiões respectivas, senão em primeiro lugar porque não tem os meios: o ato (se o há) da revelação excede o domínio de toda a ciência, incluindo a fenomenologia; só uma teologia, e a condição de deixar-se construir a partir desse ato (K. Barth ou H.U. Von Balthasar, sem dúvida em maior medida do que R. Bultmann ou K. Rahner) poderia eventualmente acender a ela. Inclusive se o desejara (e, por suposto, jamais foi o caso), a fenomenologia não teria o poder de efetuar um giro para a teologia. E há que ignorar tudo sobre teologia, sobre seus procedimentos e suas problemáticas, para considerar sequer essa inverossimilhança (MARION, 2008, p. 328).

De fato, quando diz respeito à questão dos fenômenos religiosos, Marion fala efetivamente do fenômeno saturado, o que significa, na sua compreensão que, fenômenos religiosos específicos não podem ser descritos objetivamente (MARION, 2010, p. 20). De acordo com sua citação acima, a revelação de Deus não pode ser confundida com a revelação enquanto fenômeno possível. A revelação excede o domínio de toda ciência, de tal forma que somente a teologia ascende a ela. Nesse sentido, a distinção entre possibilidade e efetividade é decisiva para não confundir o sentido o que já está definido pela tradução gráfica. Sendo assim, quando submete o fenômeno à jurisdição da possibilidade, Marion afirma que há sempre uma intuição doadora que justifica a condição de um fenômeno religioso. Se um fenômeno religioso não pode ser objetivado, ele é um fenômeno impossível cuja visibilidade da sua invisibilidade só é possível na compreensão de sua fenomenidade. Nas palavras de Marion:

> Submetendo o fenômeno à jurisdição da possibilidade, a filosofia expõe, com efeito, à plena luz uma própria definição da possibilidade nua. A questão sobre a possibilidade do fenômeno implica a questão sobre o

fenômeno da possibilidade. Melhor, se se mede a dimensão racional de uma filosofia pela amplidão daquilo que ela torna possível, ela se medirá, também, pela amplidão daquilo que ela torna visível – pela possibilidade em si da fenomenidade. O fenômeno religioso tornar-se-ia assim, conforme se encontre admitido ou rejeitado, um indício privilegiado da possibilidade da fenomenalidade (MARION, 2010, p. 38).

Nesse horizonte semântico, Marion considera que uma pessoa pode conhecer qualquer coisa de inobjetável previamente por um ato de doação. A doação do fenômeno determinante do que é dado, isto é, do que é doado, garante a visibilidade do que é invisível. Tudo está submetido à jurisdição da possiblidade. É aqui, que a descoberta da dimensão esquecida do possível pode levar a experiência religiosa a partir de projetos de fé que lhe são próprios e irredutíveis à ordem ontológica (KEARNEY, 1984, p. 198).

Nessa perspectiva, como compreender o conceito de testemunho enquanto fenômeno religioso não inobjetável? O teólogo Paolo Martinelli ao tratar a questão do testemunho recorda a inserção de sua dimensão existencial na jurisdição da possibilidade, uma vez que o homem consente que os signos doados pelo absoluto na história sejam pertinentes à sua consciência e à sua autocompreensão como sujeito livre (MARTINELLI, 2002, p. 89-96). Por outro lado, para Martinelli, o real, no qual está inserido o ser humano, é também mais do que um objeto sujeito à investigação, assim como o ser humano é muito mais do que a subjetividade repousante em si mesmo.

A realidade, quando se reconhece o seu caráter irredutível de dados, de um fundamento que se dá de si e por si também se reveste do caráter irredutível do dom. Consequentemente, se partimos da noção da submissão do fenômeno à jurisdição das possibilidades, o ser humano não aparece mais em primeiro lugar como um sujeito de uma consciência, mas como o termo de uma doação gratuita. No horizonte das possibilidades, o ser humano se apresenta de tal modo como constituído de uma fenomenidade, que se reconhece destinatário de uma doação que lhe é própria. Para Martinelli, segundo um neologismo utilizado por Marion, o ser humano é compreendido enquanto um eu adonado (*adonné*), que traduzido seria "aquele que se recebe a si mesmo".

Receber a si mesmo, como propõe a compreensão do fenômeno da doação, não significa um ato de egoísmo ou de niilismo, mas a possibilidade de adentrar no horizonte dos fenômenos saturados, como pensara Marion, e aperceber o excesso de intuição de objetivação e impossibilidade deles. Se os fenômenos saturados não se condicionam a quaisquer estruturas *a priori*, esses por si mesmo possuem um caráter de revelação, uma função reveladora que irrompe nos múltiplos condicionamentos que determinam os fenômenos de direito comum (MARION, 2010, p. 72).

De fato, vista a partir do fenômeno da doação e especificamente como fenômeno saturado, a concepção da subjetividade é metamorfoseada. Como afirma Martina Korelc, "o fenômeno da doação e do dado como fenômeno saturado é capaz de evidenciar e superar os limites da associação entre a objetividade e o fenômeno e mudar a concepção do ser, sobretudo do ser da subjetividade e o seu papel de aparecer" (KORELC, 2016, p. 36). Sendo assim, para Marion a subjetividade, para além de defini-la como ente, é aquela que recebe a doação, nesse sentido, o adonado, ou ainda a convocada ou a testemunha.

Segundo Martinelli, é no ato da compreensão de uma subjetividade transformada, modificada, que a categoria de testemunho pode ser pensada como fenômeno saturado, justamente pelo seu excesso de intuição e pela impossibilidade de objetivação que exige um fenômeno. Para o teólogo italiano, quando se observa a condição primeva e originadora do fenômeno da doação, é possível retomar amplamente o caráter de gratuidade da verdade que se doa ao ser humano. Quando se trata da análise do fenômeno, a realidade como afirma Martinelli, "não é aqui constituída ou medida antes de tudo pela atividade intencional do sujeito, mas o sujeito aparece constituído da gratuidade do dom, de tal modo aparece um pouco mais sugestiva a estrada que se abre sobre a possibilidade originária do ser humano de conceber-se como testemunha da doação" (MARTINELLI, 2002, p. 81).

Tomado em toda a sua radicalidade e amplitude, o testemunho da doação constitui de algum modo a fenomenologia da experiência da fé. O tema do testemunho brota das fontes da autoconsciência que o sujeito testemunhante tem de si mesmo. De fato, ter consciência de si pressupõe a consciência de uma gratuidade que o habita. A consciência é um fenômeno, pois constitui um lugar privilegiado no anúncio do divino para o homem (QUEIRUGA, 2008, p. 215). Nesse sentido, falar de uma fenomenologia da experiência da fé em que o ato de testemunhar se define em um horizonte de gratuidade pressupõe identificar outro horizonte, o das possibilidades ainda que elas sejam desconhecidas.

Desde a fenomenologia husserliana, podemos dizer que, no relacionar-se intencionalmente com alguma coisa, a nossa consciência assume o perfil que lhe consente conhecer o objeto que está à sua frente; assim não conhecemos mais simplesmente um objeto, mas um objeto que vem intencionado a nós no momento de sua manifestação. Um passo adiante, Marion nos falará do fenômeno saturado, pois, na sua fenomenalidade, o caráter revelador irrompe nos múltiplos condicionamentos que determinam os fenômenos de direito comum. Em termos teológicos, isso significa que o testemunho da doação é compreendido desde a função relevante da fé, porque a fé pressupõe o amor como sua condição primeva e originadora.

Não é sem consistência que Martinelli apela para o valor da consciência de uma gratuidade que põe em si a razão de Ser. Nas pegadas de Heidegger, a consciência é possibilidade de abertura ao movimento originário da autotranscendência humana, lugar de abertura e desvelamento da existência, consequentemente do Ser (QUEIRUGA, 2004, p. 215). Nessa perspectiva, para o teólogo italiano, o ser humano coincide com o Ser testemunha de uma verdade doada. Constitui-se testemunho o sujeito que permanece a serviço da verdade, porém esse sujeito não pode pretender ser ele mesmo o produtor. De fato, como compreendera Lévinas, "quem testemunha diz algo, pelo simples fato de testemunhar, que não é dono e nem origem daquilo que testemunha, mas que é dom e originado por aquele de quem dá testemunho" (DUQUE, 2004, p. 120). No testemunho tudo é gratuidade, tudo é doação. O Ser da subjetividade e seu papel de aparecer constitui o testemunho como aquele que recebe a doação: o adonado, o convocado, a testemunha.

4.4 A categoria de testemunho no contexto de uma fenomenologia da fé

Tendo em conta toda a discussão atual em torno à questão da categoria de testemunho no contexto da Teologia Fundamental, "a categoria de testemunho surge como uma nova via empírica, a partir das indicações conciliares, bíblicas e filosófico-teológicas que fazem possível articulá-lo em uma tríplice dimensão: o testemunho apostólico fundante o testemunho de vida, por mediação do testemunho do Espírito Santo" (PIÉ-NINOT, 2006, p. 447). Nesse contexto é possível falar de uma fenomenologia da tradição apostólica do evento fundador, uma vez que a fé apostólica confessa a história de Jesus como revelação de Deus. De fato, a fé apostólica nasce do encontro com o Senhor ressuscitado. A história de Jesus de Nazaré que a fé reconhece como revelação do Filho de Deus é o que torna possível a fé dos primeiros apóstolos e como essa fé é possível na atualidade.

A fenomenologia da fé leva em conta as análises dos textos que testemunham o encontro com o Ressuscitado. Em todas as narrativas em que a comunidade dos discípulos faz a experiência do encontro, a fé dos testemunhos se apresenta como um reconhecimento do Ressuscitado. Porém, esses encontros são marcados por um primeiro momento em vê-lo sem o reconhecer. Há um intervalo entre o ver e reconhecer. Intervalo que somente é superado em um reconhecimento que decorre da iniciativa do próprio Ressuscitado que olha e reacende com aqueles que tornaram as suas testemunhas, as testemunhas da memória da sua paixão, morte e ressurreição.

Desse modo, a categoria de testemunho no contexto de uma fenomenologia da fé se ancora no "exercício da memória" que interpela a comunidade dos discípulos a refletir a paixão de Jesus e encontrar sua significação. De fato, o testemunho apostólico fundante se insere numa estratégia de uma memória narrativa. É por meio do exercício da memória que a comunidade dos discípulos compreende o significado da morte de Jesus. Compreender a sua morte é compreender o sentido da sua vida. Sendo assim, as duas questões centrais da cristologia no que tange à morte de Jesus se fazem latentes: ao perguntar pelas razões por que matam a Jesus, os motivos históricos, políticos e religiosos estão colocados sob o horizonte da profecia. A morte de Jesus, segundo as Escrituras[22],

---

22. A expressão "segundo as Escrituras" quer indicar uma coincidência com o plano e a vontade salvadora de Deus, cujo testemunho é precisamente as Escrituras. Essa coincidência faz possível a expressão e permite que logo a pregação primeira se dedique a buscar coincidências materiais e textos de aplicação duvidosa que hoje nos desconcertam como exegeta moderno. Porém tal proceder não é todo arbitrário. Pois, "segundo as Escrituras" significa "segundo a razão de ser e o sentido último destas"; pois significa também "negando as Escrituras, rompendo a letra destas. E a segunda frase não contradiz a primeira, senão que se inclui ela: o futuro está anunciado, pois

está associada a morte dos profetas (Lc 11,49; 13,33; Mt 23,34-35; 23,37; Mt 26,53), a morte do Justo (Mc 9,31) e a morte do Servo sofredor (Mc 10,45; Lc 24,26; Jo 1,29). Porém, surge a segunda pergunta: por que Jesus morre? A impostação está colocada no sentido que Jesus dá a sua morte. O significado da morte de Jesus e de toda a sua vida aparece para sua comunidade como revelação.

A gênese da fé apostólica, do testemunho apostólico fundante, está na iniciativa gratuita do Ressuscitado. A iniciativa é dele que se dá a conhecer livremente, o que garante o caráter objetivo da ressurreição. É o Ressuscitado que vem ao encontro dos seus; se dá a conhecer; chama-os pelo nome ou lhes recorda as Escrituras. Essa objetividade da ressurreição e determinante para a comunidade, porque tudo depende da iniciativa dele na sua total objetividade. O teólogo Bruno Forte chama-nos a atenção para a complexidade semântica desse acontecimento apresentada nas narrativas das aparições. Nas palavras do teólogo napolitano:

> Os cinco grupos de narrativas que se referem ao encontro com o Ressuscitado (a tradição paulina: 1Cor 15,5-8; a de Marcos: 16,9-20; a de Mateus: 28,9-10.16-20; a de Lucas: 24,13-53; e a de João: 20,14-29; 21) não oferecem uma harmonia entre si no que diz respeito aos dados cronológicos e geográficos. Mas todas foram construídas em base a uma mesma estrutura que deixa transparecer as características fundamentais da experiência da qual falam. Nas narrativas sempre está presente a iniciativa do Ressuscitado, o processo de reconhecimento por parte dos discípulos e a missão que faz deles as testemunhas daquilo que "ouviram e viram com os próprios olhos e contemplaram e tocaram com as próprias mãos" (1Jo 1,1). A iniciativa é do Ressuscitado; é Ele que se mostra vivo (cf. At 1,3), que "aparece". A forma verbal "ófte" (usada em 1Cor 15,3-8 e Lc 24,4) tanto pode ter um sentido médio ("se fez

nunca está previsto; e isso vale tanto para a Bíblia como para a vida" (GONZÁLEZ FAUS, 2016, p. 168).

ver, apareceu") quanto um sentido passivo ("foi visto"). Porém, na tradução grega do Antigo Testamento, ou seja, nos Setenta, essa forma é usada sempre e somente para descrever as teofanias, no sentido de "apareceu" (cf. Gn 12,7; 17,1; 18,1; 26,2). Essa diz, portanto, que a experiência dos homens das origens cristãs não foi somente fruto de seus corações, mas teve um caráter de "objetividade", algo que "aconteceu" a eles, não algo "produzido" por eles. Enfim, não foi a comoção da fé do amor a criar seu objeto, mas foi o Senhor vivo que suscitou de forma nova o amor e a fé nele, transformando o coração dos discípulos (FORTE, 2005, p. 90-91).

Vemos nessa afirmação de Forte que a dimensão subjetiva da experiência fontal da fé cristã pressupõe um espaço de gratuidade e liberdade no acesso ao encontro com o Senhor ressuscitado. Porém, para ele, é preciso também identificar nesse encontro com o Ressuscitado o caráter subjetivo dessa experiência singular. Como afirma: "a experiência pascal – se apresenta, enfim, como uma experiência transformadora: dela nasce a missão que se dilatará até os extremos confins da terra" (FORTE, 2018, p. 91). Em outras palavras, Forte analisa a experiência pascal dos discípulos como uma experiência tripartida, ou ainda, marcada por três dimensões que constituem a corporeidade dessa experiência. O contexto existencial das narrativas que testemunham esse acontecimento tangencial determina fortemente uma nova dimensão que toca o tempo e o espaço. Como afirma Duquoc, "para quem é chamado a crer e não viu, só existe acesso à ressurreição por uma hermenêutica. E, como a teologia da ressurreição não trata de nada que ela seja autorizada a descrever, ela está fadada a deixar-se organizar as significações de um evento filtrado a partir dos índices que lhe são dados" (DUQUOC, 2004, p. 1.527).

Nesse contexto teológico, o testemunho da comunidade originária é de fato um signo eclesial de credibilidade. A origem da fé dos apóstolos está na iniciativa gratuita do Ressuscitado que eles aprenderam a reconhecer no exercício memorial mediado pela Escritura. Sem o exercício da memória e a ação do Espírito, o testemunho da escritura não se apresentaria a nós como atualização de uma presença que também aprendemos a reconhecer. O testemunho, como signo eclesial de credibilidade que tange o coração da Teologia Fundamental, articula o testemunho apostólico fundante e o testemunho da vida por meio do testemunho do Espírito. Nas palavras de Pié-Ninot:

> O acesso ao testemunho apostólico fundante se apresenta estudando sua transmissão ou tradição por meio da "Escritura na Igreja", em que se articula a inspiração e a canonicidade dos livros sagrados, a tradição e as tradições e o magistério. Finalmente, o acesso ao testemunho de vida como signo constante se apresenta como caminho de credibilidade – nova "via empírica" – da Igreja aportando elementos teológicos, filosóficos, institucionais e fenomenológicos de discernimento que façam possível descobrir com a metodologia do paradoxo e do mistério da Igreja. Dessa forma o "testemunho apostólico/vivido no Espírito" se converte em um tríplice convite à fé e se converte no melhor "dar razão à esperança" (1Pd 3,15) (PIÉ-NINOT, 2006, p. 477).

Diante desse quadro apresentado por Pié-Ninot, damo-nos conta de que a nossa fé é, portanto, a mesma fé dos apóstolos; embora a memória que media esse encontro é a memória guardada pela Igreja como Palavra de Deus. Trata-se de uma fé "homóloga", o que significa a nossa fé se identifica com a estrutura caracterizada pela memória e pelo Espírito. O evento fundador da fé é a história de Jesus Cristo na qual o mistério de Deus se manifesta como mistério da Trindade. A fé cristã é a fé do discípulo que testemunha Jesus morto e ressuscitado como o Filho de Deus que nos introduz na comunhão com o Pai. A gênese mesma dessa fé se configura como testemunho a favor da possibilidade que também outros encontrem o Senhor. Essa idêntica estrutura só pode ser caracterizada pelas presenças da memória e do Espírito (D'ALESSIO, 2011, p. 172). Se a memória realiza a mediação do encontro experimentado pela comunidade apostólica, o Espírito atualiza o encontro da comunidade em cada tempo e lugar, dando à comunidade histórica de Jesus a graça de um encontro real com o Ressuscitado que renova todas as coisas.

A literatura joanina nos ajuda a compreender essa ação pneumática do testemunho. É o Espírito quem marca o ponto extremo da interiorização do testemunho (RICOEUR, 1994, p. 114). Se hoje a comunidade histórica de Jesus dá testemunho do encontro com o Senhor ressuscitado, isso é possível porque tudo está submetido a atmosfera do Espírito, dom por excelência de Deus que tudo recorda, ensina e atualiza em cada tempo (Jo 15,14). "Eu vos disse estas coisas, enquanto estou convosco. Mas o Consolador, o Espírito Santo, que o Pai enviará em meu nome, ensinar-vos-á todas as coisas e recordar-vos-á tudo o que vos tenho dito" (Jo 14,25-26). Ensinar e lembrar são tarefas específicas do Espírito, demonstrou Jesus. O Espírito "nos ensina o mistério da fé, a entrar no mistério, a compreender um pouco mais o mistério [...]. Ele nos ensinará tudo o que Jesus nos ensinou, desenvolverá em nós a compreensão do que Jesus nos ensinou, fará com que a doutrina do Senhor cresça em nós até a maturidade" (FRANCISCO, 2020).

A outra tarefa de Jesus é recordar: "Recordará tudo o que vos tenho dito" (Jo 14,26). "O Espírito Santo é como a memória, Ele nos desperta: "Lembra-te disto, lembra-te daquilo"; mantém-nos acordados, sempre atentos sobre as coisas do Senhor e nos faz recordar também a nossa vida" (FRANCISCO, 2020). Esse exercício da memória é identificado como memória do Espírito, pois, é memória da vida, do desígnio salvífico e Cristo que nos guia para o discernimento. "Pensa neste momento, pensa em quando encontraste o Senhor, pensa em quando deixaste o Senhor. Essa é a memória do Espírito Santo na vida da pessoa. Leva-te à memória da salvação, à memória do que Jesus te ensinou, mas também à memória da tua vida" (FRANCISCO, 2020).

Por outro lado, a confissão do senhorio de Jesus (1Cor 12,3), marca específica da comunidade cristã constituída, não só expressa, como afirma González Fauss, "o poder do Filho do Homem futuro, senão a presença desde agora" (2016, p. 332). Se procurássemos compreender essa confissão no sentido fenomenológico da fé, se não fosse o Espírito, a memória dada pelo testemunho se constituiria como fundamento de uma fé que não seria, no quadro de uma tradição viva, propriamente cristã. O que caracteriza a especificidade da fé cristã é que a fé dos discípulos é testemunho propriamente dito a serviço da fé dos outros enquanto memória de um encontro com o Senhor. Já a memória do Espírito, de quem reconhece o senhorio de Cristo é o fundamento de todas as exigências de quem vive no "serviço do Senhor" (cf. Rm 12,11). Tal diferença é categórica na compreensão da fé testemunhal do discípulo na sua representação da mediação memorial cuja ressonância se insere na ação própria do Espírito que consente ao homem de hoje a mesma fé como encontro atual com o Senhor. Estamos sempre diante de um testemunho inscrito na fenomenologia da tradição apostólica (D'ALESSIO, 2011, p. 172).

No entendimento de João Duque, esse dinamismo do caráter testemunhal da fé é uma atestação de que a fé nasce sempre do testemunho dos outros e se orienta, sempre, para o testemunho a outros[23]. Nas palavras de Pierre Gisel, "o crer não conhece senão

---

23. Explica o teólogo português: "A temática da *Lumen Fidei*, que acentua a iluminação interior do Espírito, como ponto de partida da fé, não pode ser considerada isoladamente da referência ao testemunho, já que a fé não se constitui verdadeiramente, senão a partir de uma proposta exterior – ainda que a resposta seja movida por uma força interior. O próprio Espírito, que nos move interiormente, age por meio desse testemunho, mesmo que nem sempre disso tenhamos consciência". Por outro lado, se a fé se orienta para o testemunho a outros, para Duque, "também nesse sentido se poderá afirmar que a fé sem obras – mesmo que sejam atos de linguagem, que a

testemunhos, que reenviam a uma verdade que nunca se poderia tematizar a não ser indiretamente, via meditação e, portanto, via caminhada pessoal e retomada singular [...] o crente não pode escapar ao registro das representações, ao ensinamento dos símbolos e das culturas" (GISEL, 1999, p. 10). Diante dessa questão se compreende que a característica essencial da concepção de testemunho está na exterioridade radical daquilo (ou aquele) que é testemunhado, quer em relação à testemunha, quer em relação a quem recebe o testemunho (DUQUE, 2004, p. 119).

Encontra-se aqui o interesse da Teologia Fundamental pela categoria de testemunho. Como afirma Latourelle, "a categoria de testemunho está no centro da atual Teologia Fundamental" (LATOURELLE, 2017, p. 824). Nesse sentido, é preciso concebê-la em todas as suas dimensões semânticas e hermenêuticas, uma vez que a própria categoria "não se limita a designar a narração de uma testemunha que relata aquilo que viu, mas se aplica a palavras, obras, ações, vidas que, enquanto tais, atestam, no coração da experiência e da história, uma intenção, uma inspiração, uma ideia que ultrapassa a experiência e a história" (RICOEUR, 1094, p. 107). Tal perspectiva do testemunho toca de fato a identidade da Teologia Fundamental, uma vez que a própria história é percebida como testemunho, ou ainda como lugar da verdade[24]. Para Pié-Ninot, "o testemunho se transforma em categoria ontológica fundamental para a realidade historicamente mediada e, por isso, é um significativo ato hermenêutico" (PIÉ-NINOT, 2004, p. 335). Compreender a história como testemunho significa compreendê-

---

testemunham a outros – é morta" (cf. Tg 2,26). Porque creio, tenho que falar (cf. 2Cor 4,13; Sl 115,10).

24. No âmbito do pensamento contemporâneo diversos pensadores têm-se ocupado da temática do testemunho reconhecendo-o como "lugar da existência". Destacam-se, sobretudo, os existencialistas e personalistas e aqueles que colocaram acento em suas reflexões à pessoa humana: Paul Ricoeur, Søren Kierkegaard, Gabriel Marcel, Emmanuel Lévinas e Jean-Luc Marion (O'CALLAGHAN, 2008, p. 345).

-la como informação e como finalidade. No primeiro caso, diz respeito ao seu sentido de referência, ou melhor, à razão de sua origem. O segundo, diz respeito ao seu direcionamento, ou ainda, para onde se dirige. De fato, trata-se da razão da sua finalidade.

Assim, um caminho é necessário: saber que "da história-informação à história-testemunho vem dado por sua capacidade de autoimplicação em uma narração que é percebida com sentido, já que dá razão de sua origem e de sua finalidade" (PIÉ-NINOT, 2004, p. 335). Por isso o ato de testemunhar suscita nos destinatários a decisão de confiar-se no que originou o testemunho. Tal é economia teológica do testemunho caracteriza um estatuto ético-antropológico que possibilita um novo discurso teológico (PIÉ-NINOT, 2004, p. 578). Se o testemunho se insere no âmbito da análise epistemológica da transmissão dos conteúdos da fé, insere-se também, como forma de saber, no contexto da filosofia analítica[25]. Considerar o testemunho como forma de saber permite dialogar com os novos avanços reflexivos propostos pela filosofia fenomenológica e reflexiva[26], uma vez que a categoria de testemunho tem experimentado importantes transformações em seus elementos de reflexões atuais[27].

---

25. Os estudos do Prof. C.A.J. Coady da Universidade de Oxford, o testemunho é fundamentalmente um ato da fala. Nesse sentido, a forma de evidência ou prova está na linha da fala, uma vez que aquele que testemunha está em uma posição de quem fala com autoridade.

26. Sobre a filosofia fenomenológica e filosofia reflexiva, cf. Xavier (2019, p. 119-121).

27. Nas palavras de Pié-Ninot, "a categoria de testemunho está experimentando uma importante transformação em seus elementos de reflexões atuais. Seu caminho mais contemporâneo se inicia de forma especial por meio do pensamento personalista que sobressai ao passo de uma concepção jurídica e de memórias históricas ao testemunho visto como ideal professado e vivido, a partir da consciência de sujeito (N. Nédoncelle, G. Marcel, H. Bergson, M. Buber...). Com efeito, trata-se de conceber o testemunho como aquele toma a sua própria existência em sua profundidade e lhe dá significação perfeita e nesse sentido, é profético porque é uma palavra para o futuro que surge da comunidade e que gera seguidores" (PIÉ-NINOT, 2004, p. 577).

Para melhor compreender as dimensões mais vastas da categoria de testemunho hoje inserida na nova filosofia fenomenológica e reflexiva nos propomos seguir a reflexão sistemática de Ricoeur no que denominou hermenêutica do testemunho. De fato, encontramos em Ricoeur um caminho fenomenológico, pois, nas pegadas da fenomenologia estrutural de Husserl, ele se propõe a construir uma fenomenologia hermenêutica, que busca compreender a existência humana no universo de suas expressões. A qualificação testemunhal é digna de admiração pelo seu caráter simbólico e significativo.

O caráter simbólico e significativo do testemunho o insere na dinâmica vital da revelação em sua referência ao sujeito que a recebe. Tal caráter se torna testemunha dialética entre a ideia de revelação e a categoria de testemunho e o fio condutor que encadeia a rica reflexão que se desdobra.

> A hermenêutica do testemunho se produz na confluência de duas exegeses: a exegese do testemunho histórico – em nosso caso, a revelação e seus signos – e a exegese de si mesmo – em nosso caso, a abertura radical do homem e de suas aspirações. Dessa forma no testemunho se dá a "síntese" viva de um sujeito em seu duplo movimento de compreensão da história e seus "signos", e de autocompreensão como abertura ao absoluto (PIÉ-NINOT, 2004, p. 581).

O testemunho se insere na lógica da liberdade em decifrar na vida cotidiana a economia superabundante de Deus diante das aparências contrárias. Para Ricoeur, é na abertura do homem ao absoluto que a temática da noção de testemunho em sua estreita relação com a ideia de revelação ganha plena significação, o faz em decorrência da obra *Désir de Dieu*, do filósofo Jean Nabert, como fonte inspiradora. Fiel à sua percepção filosófica, e seguindo os passos do seu mestre Jean Nabert, Ricoeur procura construir uma hermenêutica do testemunho na convergência do despojamento de si e do despojamento dos sinais exteriores que o absoluto dá de si nos acontecimentos da história. Por outro lado, para ele, "o acesso às fontes da revelação histórica implica o recurso sistemático dos testemunhos" (GAUTHIER, 2004, p. 100), o que implica dizer que a noção de testemunho está impregnada por uma dinâmica expressiva em que a relação entre Deus e o homem provoca inquietantes reflexões.

Mas por que partir da ideia de despojamento? Por que falar de um despojamento de si e dos sinais exteriores que o absoluto doa de si? É preciso considerar primeiramente que Ricoeur, fiel a sua percepção da filosofia reflexiva e a seus pressupostos, insiste no caminho do descentramento do *ego*. O caminho do perder-se para se encontrar, lógica do paradoxo, é um fio condutor que encadeia a constelação de todas as renúncias que colocam o homem diante do seu próprio mistério. Porém, ao falar do testemunho, Ricoeur se refere ao despojamento da reflexão e da especulação para poder encontrar os signos do absoluto na imanência da história.

Pelo despojamento a reflexão vai ao encontro dos signos contingentes que o absoluto, em sua generosidade, deixa aparecer de si mesmo.

> Digo despojamento não só ético senão também especulativo, quando o pensamento do incondicionado perde todo o apoio nos objetos transcendentes da metafísica, quando renuncia todas as objeções impostas pelo entendimento; então as exigências do absoluto, reduzidas ao aprofundamento de um ato imanente a cada uma das nossas operações, estão dispostas para algo assim como uma experiência do absoluto no testemunho (RICOEUR, 1994, p. 106).

Despojar-se, lógica da renúncia que desencadeia algo profundamente extraordinário: o injustificável interpela um despojar-se para tornar-se capaz de perceber o sentido escondido das coisas. Falar do sentido escondido das coisas pressupõe compreender a própria dinâmica do absoluto nos sinais contingentes da história.

Destarte, a generosidade do absoluto configura a história dos homens como história de presença e de amor. Paralelamente a essa determinação sobre a ideia do despojamento, inscreve-se o problema filosófico do testemunho que interroga sobre a sua validade. *A fortiori*, Ricoeur atribui à filosofia uma tarefa com dupla exigência, como uma questão sensata de unir em efeito a ideia de absoluto a uma experiência do absoluto. Ricoeur problematiza a questão da experiência do absoluto a partir da paradoxalidade das situações-limite que o homem experimenta. A questão parece ser ainda mais profunda, a da experiência da caducidade da existência, ou, ainda numa situação mais radical, aquela que se envolve no paradoxo da experiência-limite, o encontro do homem com o mal abrindo-lhe sobre os seus pés o abismo do injustificável (RICOEUR, 1994, p. 106).

Diante do injustificável, despojar-se é condição do abrir-se à afirmação originária. Isso significa que, para o filósofo, "são os acontecimentos, atos e pessoas que atestaram que o injustificável é superado aqui e agora, podendo abrir o novo caminho para a afirmação originária" (RICOEUR, 1984, p. 49). De fato, toda essa realidade que afeta o limite entre contingência e esperança não é mais do que o acesso ao interior do mistério do homem, cujo testemunho é a atestação de um chamado e de uma liberdade extravagante que revela o mistério de Deus (MARTINELLI, 2002, p. 89-96). "A liberdade é a capacidade de viver segundo a lei paradoxal da superabundância, da negação da morte e da afirmação do excesso de sentido sobre o não sentido em todas as situações desesperadas" (RICOEUR, 2010, p. 111-128).

Sendo assim, pode-se afirmar que a experiência do absoluto nas situações-limite, cuja esperança e a liberdade com que a testemunha se coloca diante do injustificável, dá realmente o que pensar. De fato, o testemunho "é um serviço à verdade na inteligência da revelação, uma procura da verdade para responder as perguntas que se albergam no coração dos homens" (MARTINELLI, 2002). Nesse sentido, a filosofia não pode eximir-se do problema da categoria de testemunho, cujo rigor impõe que se traga ao interior de sua reflexão a dinâmica da verdade revelada (O'CALLAGHAN, 2008, p. 334). Não há como negar que o testemunho em sua dimensão existencial possui qualquer coisa de inaudito, qualquer coisa como uma sabedoria que desperta interesse e credibilidade. Há "algo a mais" que se torna a base testemunhal.

A Teologia Fundamental lança um olhar para esse "algo a mais" como elemento para a credibilidade do testemunho. De fato, para indagar esse enfoque é preciso buscar confirmação nos textos bíblicos, mais precisamente nas narrativas da realidade histórica da ressurreição de Jesus. Esse é um problema de Teologia Fundamental, como afirma Christian Duquoc, uma vez que para ele, "para quem é chamado a crer e não viu, só existe acesso à ressurreição por uma hermenêutica do testemunho" (DUQUOC, 2004, p. 1.527)[28]. Esse é o propósito de Ricoeur, apresentar a ideia de

---

28. "Os desafios dogmáticos não podem mascarar uma dificuldade maior mal percebida nas abordagens apologéticas. O querigma pascal, com efeito, não fala de um evento que pertenceria sem mais nem menos à história comum, e o valor de verdade desse discurso não pode ser estabelecido só nas bases da verossimilhança e do crédito merecido pelas testemunhas (X. León-Dufour). A morte de Jesus se inscreve incontestavelmente na ordem do provável e do verificável: sua constatação não tem a ver somente com o testemunho de amigos, mas ultrapassa o círculo daqueles que o seguiam, e não transgride o caráter verossível de toda interpretação razoável. Já é diferente (apesar de Pannenberg) com a ressurreição: Jesus, que os testemunhos dizem ter vencido a morte, esquiva-se dela no mundo que foi o seu. Desde então, ele não se inscreve mais na credibilidade comum; ele se mantém à margem de toda a transmissão pública de informações, já que se manifesta vivo apenas a alguns amigos e discípulos (At 10,40s.). E ainda que o 'boato' (Moingt) de sua ressurreição o não demore a se difundir, isso não modifica em nada a forma inicial do testemunho, que é a de uma tomada de palavra engajada, autoimplicativa (Em razão de sua ambiguidade original – ressurreição ou roubo de um cadáver? –, o relato do túmulo vazio não a modifica muito). Para quem é chamado a crer e não viu. Só existe acesso à ressurreição por uma hermenêutica do testemunho. E como a teologia da ressurreição não trata de nada que ela seja autorizada descrever, ela está fadada a deixar organizar as significações de um evento filtrado a partir dos índices que lhe são dados" (DUQUOC, 2004, p. 1.527).

uma hermenêutica que dê conta da economia teológica do testemunho. Para ele a categoria de testemunho constitui-se na dialética entre acontecimento e sentido (*algo a mais*), como questão fulcral no que diz respeito à revelação Deus no coração da história. "É na carne da história que o acontecimento desdobra suas consequências; o sentido do acontecimento é agora a soma de suas consequências" (RICOEUR, 1971, p. 28). Se assim se compreende a questão do testemunho, verificar-se-á que a dialética acontecimento-sentido lhe é transversal, consequentemente o testemunho *per se* requer interpretação (RICOEUR, 1971, p. 15-34).

Para Pié-Ninot, é esse algo a mais, enquanto núcleo histórico da fé pascal que a desencadeia. "Esse 'algo' deve conceber-se, ao menos, como um novo estímulo tão forte, fascinante, comprometedor e, por sua vez, tão evidente, que seja capaz de explicar a coragem inicial e o dinamismo sem trégua da proclamação do testemunho pascal por parte dos discípulos" (PIÉ-NINOT, 2009, p. 447). Se o discernimento da realidade histórica da ressurreição se tornou um problema de Teologia Fundamental na busca da base testemunhal da experiência dos discípulos, esse "algo a mais" não pode ser percebido simplesmente nas abordagens apologéticas, há novas exigências que somente uma visão mais ampla poderá abordar.

De fato, com os novos enfoques da Teologia Fundamental, incluindo as novas investigações hermenêuticas, como vimos anteriormente, se experimenta uma mudança de tais atos, dando primazia às aparições entendidas como revelações e, portanto, como origem da primeira fé pascal. Por outro lado, a Teologia Fundamental procura qualificar esses acontecimentos com a categoria de signos e assim mostrar que, mais do que probatórios, são indicativos, sobressaindo por sua vez sua dupla dimensão (PIÉ-NINOT, 2009, p. 447).

Por fim, com a questão da hermenêutica enquanto exigência da categoria de testemunho, atinge-se outro nível da noção de testemunho que merece ser investigado: a questão do testemunho em plena simetria com a questão da revelação que se desdobra no coração do fenômeno da intertextualidade. Como afirma Latourelle, "o testemunho pertence ao grupo de analogias empregadas pela Escritura para introduzir o homem nas riquezas do mistério divino" (LATOURELLE, 1992, p. 1.523). Sendo assim, por um lado, como se tem afirmado até agora, o testemunho "coloca a reflexão ante ao paradoxo convertido em escândalo pela pretensão da consciência, a saber, que um momento da história está revestido de um caráter absoluto" (RICOEUR, 1994, p. 49). Com os textos bíblicos se fundem imediatamente numa realidade paradoxal e significante, acontecimento e sentido. A hermenêutica do testemunho desencadeia outro gênero de linguagem, aquele que se inscreve sob a expressão querigmática e que atesta a credibilidade da revelação; uma linguagem cujo acontecimento do testemunho, configurado ao evento Jesus Cristo, se apresenta como sabedoria paradoxal no jogo dialético entre escândalo e sabedoria, entre loucura e *kénosis* (SALVIOLLI, 2006, p. 161).

4.5 O valor semântico do testemunho

Em sua hermenêutica da ideia de revelação, Ricoeur confere à categoria de testemunho um lugar central, pois na história que se desdobra existe uma temporalidade do tipo querigmática representada pelo Israel bíblico e pela comunidade primitiva que constituem a regra da contínua retomada de sentido em uma tradição interpretante e testemunhal (SALVIOLLI, 2006, p. 161).

O testemunho segundo a proposta de Ricoeur compreende três sentidos principais que não se excluem. Sendo assim, procura ressaltar o tríplice valor do termo:

1) sentido empírico-histórico;

2) sentido jurídico;

3) sentido ético-antropológico.

4.6 A significação histórica do testemunho e da narração

Na vertente histórica, ou como Ricoeur denomina o sentido quase empírico do testemunho, chama a atenção para tal característica do testemunho, uma vez que ele designa antes de tudo a ação de testemunhar, que, por sua vez, está determinada pela narrativa do acontecimento. O testemunho na perspectiva empírico-histórica é narração do visto e ouvido por uma testemunha e, concomitantemente, provoca o ato de crer ou não crer na realidade dos acontecimentos contados pela testemunha. "O testemunho não é o ato mesmo, senão sua mediação narrativa e, portanto, já interpretativa – hermenêutica – do ato uma vez que, o ato testemunhado é captado e relatado segundo a perspectiva própria da crônica e do relato da testemunha" (PIÉ-NINOT, 2009, p. 579).

De fato, o testemunho possui um caráter ocular, mas ele não é suficiente na constituição do sentido do testemunho. Ricoeur enfatiza que nessa constituição de sentido é basilar a presença do relato que se realiza em múltiplas formas; mas que, historicamente, delimitam e constituem a verificabilidade do que é testemunhado.

Numa linha epistemológica da história, Ricoeur afirma que "o testemunho nos conduz a um salto das condições formais ao conteúdo das coisas do passado, das condições de possibilidade ao procedimento efetivo das operações historiográficas" (RICOEUR, 2000, p. 201). Nessa dinâmica testemunhal, aloca-se a história de Israel que, segundo o filósofo francês, reflete-se nos textos canônicos que recebe e nos quais se reconhece, mas é também contando o conteúdo desses textos que Israel constituiu-se comunidade. "Foi contando narrativas consideradas testemunhos dos acontecimentos fundadores de sua própria história que o Israel bíblico se tornou comunidade histórica digna desse nome" (RICOEUR, 1985, p. 445). As narrativas de Israel evidenciam a condição primeira desse povo que apaixonadamente testemunha sua história, pois nenhum povo foi tão exclusivamente apaixonado pelas narrativas que contou sobre si mesmo (RICOEUR, 1985, p. 445).

4.7 A significação jurídica do testemunho

Pensar o sentido jurídico do testemunho impõe primeiramente defini-lo como uma realidade desprovida de simples valor de informação. Isso porque, uma vez que o termo se vincula categoricamente a um contexto judicial, significa compreender que não se trata simplesmente de narrar ou de descrever algo, senão de comprometer-se a si mesmo com plena liberdade e emitir um juízo de valor (LATOURELLE, 2010, p. 1.524). A significação que daqui emerge se marca pela semântica dos vocábulos "comprometer-se" e "liberdade", cujas incidências atingem um horizonte profundo da existência humana, saber dar um juízo de valor. Isso porque toda pessoa que é testemunha informa de primeira mão declara e afirma ao mesmo tempo em que se compromete com a verdade que afirma (PIÉ-NINOT, 2004, p. 579-580). Tal é a perspectiva jurídica do testemunho.

Numa abordagem do tipo judicial, a questão do testemunho se vincula à instância no marco da justiça considerando que a ação testemunhante de uma pessoa humana está correlacionada diretamente com "uma instituição: a justiça; a um lugar: o tribunal; a uma função social: ao advogado; a uma ação: litígio, ou seja, ser acusado ou se defender em um processo" (RICOEUR, 1994, p. 109-110). A noção da decisão da justiça é um aspecto fundamental para qualificar o testemunho, o que implica dizer que o conceito emana como prova em prol ou contra as partes de sua declaração. Diante disso, o homem se vê implicado por uma convocação que se esboça como testemunho, obviamente, colocando em evidência o valor jurídico do testemunho. Paralelamente ao aspecto judicial do testemunho, vincula o aspecto historiográfico de tal forma que, dessa congruência do jurídico e histórico, emerge a condição narrante do testemunho (RICOEUR, 1994, p. 111).

Finalmente, esse corolário não é menos importante para a significação jurídica do testemunho. Ricoeur assume uma perspectiva de tipo aristotélica trazendo ao centro de sua abordagem jurídica a questão da credibilidade do testemunho, o que implica pensar a qualidade do depoimento que se dá. Nesse sentido, assim como Aristóteles aproxima o máximo possível a lógica do testemunho à lógica da argumentação, Ricoeur compreende que a significação jurídica do testemunho, inscrita entre o diferendo e a decisão de justiça, "o testemunho é um elemento da argumentação" (RICOEUR, 1994, p. 112).

4.8 Significação ético-antropológica do testemunho

Por fim, no âmbito da articulação semântica sobre a noção de testemunho, desenhado por Ricoeur, emerge a terceira significação, que ele designa como significação ético-antropológica do testemunho, que implica compreender que do testemunho--palavra chega-se ao testemunho-ação (LATOURELLE, 2010, p. 1.524). Nesses moldes, testemunhar é testemunhar em favor de..., dar testemunho de..., testemunhar para... Isso significa que nem o sentido empírico nem o sentido jurídico esgotam o uso ordinário da palavra "testemunho". Trata-se de evidenciar dimensão de interioridade do testemunho. "Quem testemunha não só enuncia o testemunho, senão se compromete com aquilo que testemunha a partir de uma força interior que o move a declarar" (PIÉ-NINOT, 2004, p. 580).

Para Ricoeur, quando a "testemunha é capaz de sofrer e morrer por aquilo que crê, quando a própria convicção se paga com a vida, a testemunha muda de nome: se chama mártir" (RICOEUR, 1994, p. 114). Um homem se converte em mártir quando se torna testemunha até as últimas consequências da exposição de sua liberdade. Poder-se-ia dizer que de uma liberdade de palavra chega-se à liberdade de ação. Nesse sentido, como afirma o filósofo: "o martírio não é um argumento, nem ao menos uma prova, é um pôr à prova uma situação limite. Um homem se converte em mártir porque antes é testemunha" (RICOEUR, 1994, p. 114). Essa afirmação ricoeuriana permite pensar que o valor semântico mais profundo do testemunho permite compreender a seriedade que se implica nessa ação de ir até o fim. É aquele "algo a mais" que desencadeou a fé pascal e continuar a desencadear um "credível disponível", como dizia Ricoeur. O que é credível e digno de fé? Tudo aquilo que se possa converter em elemento portador da revelação. E, nesse sentido, "só o amor é digno de fé", como afirmara Von Balthasar[29]. Essa é a peculiaridade do testemunho que se pergunta pela sua origem (de onde surge) e sua finalidade

---

29. O teólogo suíço Hans Urs von Balthasar explica, em seu livro Só o amor é digno de fé (1963), a sua posição teológica no contexto da história da teologia cristã. A teologia da idade patrística, medieval e renascentista superou o caminho cosmológico, apresentando o cristianismo como o cumprimento da interpretação do mundo a partir da antiguidade. A teologia da época moderna operou uma mudança e a prática da via antropológica: o cristianismo apresenta-se como a mais profunda interpretação do homem. Mas, para Von Balthasar, tanto a via cosmológica quanto a via antropológica são interpretações redutivas, uma vez que usam o cosmos e a existência humana como critérios para justificativa do cristianismo, que, ao contrário, tem em si mesmo e exibe por si só a sua justificativa. A terceira via, a de Von Balthasar, é a via do amor: "Somente o amor é digno de crédito". Na revelação cristã é o amor absoluto de Deus, que, em Cristo por si só, vem ao encontro do homem, Deus se autoapresenta em Cristo na glória de seu amor absoluto. Essa via recebe o nome de Estética Teológica, não no sentido de uma teologia estética, que mostra como o cristianismo promove seu senso estético e as artes, mas em um sentido mais forte seja subjetivo, seja objetivo. A fé cristã, no seu polo subjetivo, é a percepção e visão da Forma (Gestalt), como polo objetivo, que aparece na figura histórica do Cristo, como Verbo de Deus feito homem, revelação da glória de Deus e da sua vontade universal de salvar (Von BALTHASAR, 2013).

(para onde se orienta). Nesse sentido, "o ato de testemunhar não somente doa algo, senão que, por sua vez, quer suscitar no destinatário a decisão de confiar-se no que tem originado o testemunho, sendo assim, o testemunho se converte em categoria ontológica fundamental para a realidade histórica mediada" (PIÉ-NINOT, 2004, p. 580).

Se, de um lado, a origem do termo "testemunho" é o termo latino "*testis*", que indica aquele que está como terceiro, por outro lado, o termo grego que indica testemunho é "*martyria*", que tem raiz em "memoriável". Um mártir tem sua carne associada à carne do Filho de Deus e atesta a verdade de sua fé cristã. A sua vida torna-se palavra e acontecimento memorial, pois dá testemunho da própria testemunha de Deus que é Cristo. Convicto do mistério que lhe afeta, na forma crística de viver, testemunha com a própria vida todo processo de configuração de sua carne à carne de Jesus de Nazaré.

O martírio aprova a testemunha da verdade de Deus e a liberdade do homem, pois há uma circularidade originária entre martírio e inteligência da fé, entre *intellectus fidei* e *confessio fidei*. A categoria de testemunho se coloca em relação com a tradição da fé, a *martyria*, já presente na *Didaqué*, catequese dos apóstolos. A circularidade entre *martyria* e testemunho é fruto de uma história de fé. Em cada testemunho martirial vincula-se uma profunda questão teológica. A consciência em sua liberdade absoluta é precedida pela verdade originária de Deus. O evento original de Deus é o seu Filho Jesus de Nazaré, encarnado na história.

Na significação ético-antropológica do testemunho está em jogo uma liberdade metaética, como afirmara o Apóstolo Paulo: "livres para a própria liberdade" (Gl 5,1). Essa radical expressão de uma liberdade metaética faz com que o testemunho se torne a ação testemunhada de um homem interior, em que sua convicção e sua fé levam ao interior da reflexão e visibilidade de *algo* exterior (*algo a mais*). Quando livre para a própria liberdade, o testemunho é também o compromisso de um coração puro, um compromisso que vai até a morte (RICOEUR, 1994, p. 115).

A significação ético-antropológica do testemunho se insere desde uma liberdade que se extravasa a uma liberdade que se torna a expressão da verdade contida no testemunho (GAUTHIER, 2004, p. 176). Disso decorre que essa verdade não pode ser relativa, muito menos identificada como qualquer tipo de ideologia. Ela não passa pelos vieses das convicções científicas, das estruturas e modelos políticos, muito menos pelas facções e fanatismos religiosos. A verdade que se impõe no testemunho é uma razão e um sentido que emanam da experiência do Absoluto. *A fortiori*, o martírio em sua extravagância de sentido doa ao compromisso a sua referência, um sentido último que se traduz como esperança.

A categoria de compromisso, pelo fato de se vincular simetricamente à noção de testemunho, flui como um sentido de linguagem, ou seja, por meio dela o testemunho se torna comunicação e expressão. Daí que o testemunho se apresente como "um dos traços constitutivos da linguagem humana, já que possui em grau de performidade o que seria incapaz de expressar a palavra falada por si mesma" (FISICHELLA, 2010, p. 863).

Diante de tudo isso que foi dito até agora, podemos afirmar que as categorias do testemunho e a do martírio, em razão de serem levadas ao interior da linguagem, escapam da ordinariedade desse âmbito. Elas despertam uma linguagem de segunda ordem, uma vez que expressam um sentido e um referente último, o que permite compreender que "o compromisso da testemunha no testemunho é o ponto fixo em torno do qual gira o leque de sentido" (RICOEUR, 1994, p. 115). O testemunho é um acontecimento dotado de sentido, tornando-se assim um acontecimento da palavra e da ação.

4.9 O abismo da fé e a alteridade da consciência

Esse "algo mais" é como um mergulho no próprio abismo da fé e garante aquela certeza de que, depois da experiência de sofrimento e abandono, há uma nova realidade que reluz fazendo emergir a nova descoberta que pressupõe um acolhimento de outro "eu" em si mesmo. É o que foi chamado por Ricoeur de "alteridade da consciência" (RICOEUR, 2004, p. 374-388). De fato, esse é o testemunho dos mártires, uma vez que, com o mistério das suas existências, se deixam envolver nos sinais de que o próprio Deus toca a humanidade. Sinais "pertinentes à consciência do homem na sua necessidade de se compreender como sujeito livre" (MARTINELLI, 2002, p. 90).

Quando estamos diante de uma "alteridade da consciência", estamos diante de uma autêntica exposição de fé, de uma explanação de alguém que na experiência "de um não sentido" encontra o sentido de sua vida. Encontrar o sentido no não-sentido é o que permite dizer que uma fé no Deus da vida não pode ser real à margem do escândalo do sofrimento dos inocentes, sem que haja a suspensão do não-sentido por um sentido insuspeitável. Nas palavras de Ricoeur: "a liberdade é a capacidade de viver segundo a lei paradoxal da superabundância da negação da morte e da afirmação do excesso de sentido sobre o não-sentido em todas as situações desesperadas" (1977, p. 111-128).

Encontrar o sentido no não-sentido é o caminho da santidade, que se desdobra como caminho humano na sua configuração ao sentir e agir de Cristo. Nas palavras do Apóstolo Paulo, é o viver cristicamente quando exorta: "Tende em vós os mesmos sentimentos de Cristo" (Fl 2,5-11). Palavras que nos interpelam a uma ética da compaixão, a metaética do amor e ao sentido superabundante de uma vida que se faz doação até as últimas consequências.

4.10 A hermenêutica do testemunho

A hermenêutica do testemunho se produz na confluência do testemunho histórico, da revelação e seus signos e da abertura radical do homem e de suas inspirações. De fato, trata-se de "uma síntese viva de um sujeito em seu duplo movimento de compreensão da história e seus signos" (PIÉ-NINOT, 2004, p. 581). A proposta da hermenêutica do testemunho de Ricoeur se insere na dialética entre acontecimento e sentido. O conceito de testemunho se apresenta como um *theologoumenon*, porque, quando se trata da qualificação testemunhal de uma ação digna de admiração pelo seu caráter simbólico e significativo, a categoria de testemunho se insere na consideração da revelação em sua dimensão referida ao sujeito que a recebe e crê (PIÉ-NINOT, 2004, p. 581).

Dessa feita, pelo fato de se situar no marco geral da revelação de Deus, a análise semântica de Ricoeur sobre a categoria de testemunho exige precisar que, por introduzi-la no horizonte dos textos bíblicos para demonstrar que no arcabouço de uma perspectiva bíblica, mais do que qualquer outra, a noção de testemunho traduz melhor a experiência de confiança e de engajamento vivido pelos que professam sua fé (GAUTHIER, 2004, p. 99). Com esse marco, que se configura sempre mais como credibilidade, obediência e esperança, será mais fácil reconhecer como a hermenêutica do testemunho pode oferecer uma pertinência epistemológica válida num contexto que invoca cada vez mais uma fundamentação da fé que passa pela visibilidade testemunhal[30].

---

30. Vale a pena aprofundar a temática da hermenêutica do testemunho e sua pertinência epistemológica válida num contexto que invoca a fundamentação da fé. Pié-Ninot, em seu manual de Teologia Fundamental, chama a atenção para a questão do testemunho cristão enquanto signo eclesial de credibilidade. Para o teólogo a partir da categoria de testemunho e de sua interpretação teológica, esta categoria pode converter-se em signo eclesial de credibilidade. O testemunho "se situa em uma dinâmica comunitária e histórica que o faz descobrir a vertente de compromisso e de transformação que aponta a uma significação mais plena. Por isso, se pode falar do testemunho como nova via empírica da credibilidade da Igreja, enquanto proposta

A categoria de testemunho "constitui algo essencial no contexto de uma fenomenologia da fé, dado que não existe sem referência a um testemunho específico" (DUQUE, 2002, p. 223). Nesse sentido, observa-se a proposição de Ricoeur de que uma teologia do testemunho só é possível se a narração estiver vinculada à confissão de fé de uma comunidade, o que implica necessariamente reconhecer que a categoria de testemunho surge no âmbito da articulação entre narração e confissão de fé. A fé do Israel bíblico se apresenta sempre mais à dinâmica da teologia como paradigma inventivo de uma confissão de fé narrativa.

Ali onde uma história de libertação pode contar-se, um sentido profético pode não só ser confessado, senão também testemunhado. Seria impossível imaginar que se testemunhe em favor

---

de sentido teológico, histórico e antropológico". O teólogo da Catalunha apresenta a tríplice dimensão em que se insere o testemunho e sua inter-relação: "1) *O testemunho apostólico*: A revelação inicial parte do testemunho fundante, que é a Igreja apostólica, como presença do Senhor ressuscitado até o fim dos tempos (cf. Mt 28,26-30). Essa Igreja apostólica é norma e fundamento da Igreja de todos os tempos, com seu testemunho central: a Escritura, vivida, lida e celebrada no interior da Tradição eclesial, é aqui onde situamos, também seja sumariamente, os chamados 'lugares teológicos', por seu significado hermenêutico eclesiológico e seu caráter fundante. Seguindo os Padres podemos qualificar essa dimensão da Igreja como *mater congregans* (cf. *LG* 26: 'Palavra e sacramentos'). Trata-se de um testemunho exterior enquanto se conecta historicamente com o testemunho apostólico fundante. 2) *O testemunho de vida*: o signo constante e atualizador da Igreja de todos os tempos é o testemunho vivente dos cristãos por meio de sua vida e história (cf. 1Cor 1,2; Rm 1,7; Ef 5,27; 1 Ts 2,13s.). Com efeito, a revelação inicial, que é o testemunho fundante, se aceita na história da humanidade precisamente por mediação desse testemunho de vida. É a Igreja recordada pelos Padres como *Fraternitas congregata* (cf. *LG* 8: 'Comunidade de fé, esperança e amor'; *UR* 6: 'Igreja peregrinante e histórica de santos e pecadores'). Trata-se aqui do testemunho exterior interiorizado na vida concreta das testemunhas. – o "testemunho do Espírito" como *Spiritus in Ecclesia* (*LG* 4): Assim, pois, a mediação e ponte entre o testemunho apostólico e o testemunho de vida é dado pelo Espírito que com o seu testemunho anima e santifica a Igreja e que, por seu caráter interior, possibilita que o testemunho apostólico exterior seja interiorizado no testemunho de vida de forma sempre nova e criadora (Mt 11,15-27; 16,17; At 1,8; 2Cor 4,4-6; Jo 5,6). Realiza-se aqui a formulação tradicional coletada pelo Vaticano II do *Spiritus in Ecclesia* (*LG* 4; *LG* 8: 'a Igreja a serviço do Espírito de Cristo'). Trata-se finalmente de um testemunho que é interior ao ser do Espírito e, por sua vez, interiorizador" (PIÉ-NINOT, 2004, p. 583-584).

de um sentido, sem testemunhar algo que significa esse sentido (RICOEUR, 1994, p. 118).

Com essa perspectiva, compreende-se que a história do Israel bíblico é efetivamente narrativa testemunhal, uma vez que, na qualidade de povo, o Israel bíblico se coloca na linha do apaixonamento pela narração de sua história que se inscreve comumente pela ação econômica de Deus. O Israel bíblico está verdadeiramente afetado pelo conceito fundamental de sua identidade narrativa (SALVIOLI, 2006, p. 161). Sob essa égide, cuja inteligência narrativa confere à categoria de testemunho uma atestação primeira, o fato histórico de estar afetado pela ação libertadora de Deus, é, em termos de linguagem narrativa, a fecundidade heurística de uma história de amor, afetada *a priori* e narrada *a posteriori* (RICOEUR, 1985, p. 392). Nesse sentido, a narração testemunhal do Israel bíblico é textualmente uma poética da libertação, uma vez que nela "a nominação predicativa de Iahweh é prescritiva e narrativa" (RICOEUR, 1994, p. 286-289).

Com essa perspectiva ricoeuriana, a revelação de Deus não se vê implicada meramente na compreensão da autoria de quem fala, mas na questão do que se narra e se dá testemunho. Na história do Êxodo, Deus se deixa narrar constituindo assim o memorial de uma história de revelação (RICOEUR, 1994, p. 362). O memorial bíblico não é um movimento do presente para o passado como mero exercício da mente nem se identifica com recordações ou com meras lembranças. A memória se apresenta no singular tanto como capacidade quanto como efetuação, ao contrário das recordações que se dizem no plural. E como diz Agostinho: "as recordações se precipitam à porta da memória" (RICOEUR, 2000, p. 27).

4.11 O testemunho profético e querigmático

A irrupção profética e querigmática ocupa um lugar de destaque na hermenêutica do testemunho de Ricoeur. Primeiramente, porque o profeta se apresenta como uma testemunha privilegiada diante de um contexto de perseguição e hostilidade. Por outro lado, a questão querigmática, o anúncio de que Jesus de Nazaré é o Cristo da fé constitui o testemunho por excelência. Diante desses dois paradigmas, a hermenêutica do testemunho finca suas raízes onde o acontecimento Cristo determina o ponto focal, onde ambos os testemunhos, o profético e o querigmático convergem. Com essa aferição, compreende-se que as testemunhas dão testemunho da Testemunha.

Em sua análise em relação ao testemunho profético, Ricoeur privilegia os textos do Profeta Isaías (43,8-13; 44,6-8), procurando extrair deles sua significação referencial, ou seja, os aspectos essenciais do testemunho. É a partir da semântica do texto, da sua referência, que se afirma que a gênese do testemunho não está no testemunhante, mas naquele que é testemunhado. Esses dois textos paradigmáticos do Profeta Isaías permitem em termos hermenêuticos afirmar que é Iahweh que se testemunha no testemunho. Tal pressuposto ricoeuriano reafirma o primado ontológico de Iahweh no ato testemunhal unindo a ideia de absoluto a uma experiência do absoluto no total ocultamento no testemunho. Dentro dessa lógica testemunhal, o conteúdo teológico que se extrai desse texto paradigmático é que o testemunho vem de fora, pois está no fato de não pertencer àquele que testemunha. "Ele procede de uma iniciativa absoluta tanto em sua origem como em seu conteúdo" (RICOEUR, 1994, p. 117). No testemunho, não é a estrutura antropológica ou ética do homem que se faz crível, mas, por meio delas, a revelação de Deus se mostra fidedigna (MARTINELLI, 2000, p. 89).

Aqui o testemunho é ontologicamente uma realidade recíproca. Isso significa requerer em sua base um doador e um receptor. Em outras palavras, o testemunho exige alguém que testemunhe e alguém que receba o testemunho. Se o testemunho tem em sua gênese e seu conteúdo na iniciativa absoluta de Deus, essa referência permite que se compreenda que o testemunhante não dá testemunho de si, mas daquele que o enviou. Encontra-se aqui o sentido neotestamentário do testemunho e a significação do ato de testemunhar. Nesse ponto, há que se ressaltar que os atos históricos são verificáveis de credibilidade. Tais atos, antes e depois da Páscoa de Jesus, constituem o tecido do que é credível de fé.

A história testemunhal do Antigo e a do Novo Testamento se articulam hermeneuticamente, uma vez que "o sentido neotestamentário do testemunho e do ato de testemunhar resulta em grande parte disposto no sentido profético" (RICOEUR, 1994, p. 119). Como afirma Ricoeur, o nome Jesus Cristo é um "curto-circuito" de sentido e de acontecimento, logo a *conditio sino qua non* do ato de interpretar é que sincronicamente reclama ser interpretado. Disso decorre que os títulos honoríficos conferidos pela comunidade primitiva ao acontecimento Jesus de Nazaré se inscrevem em uma dinâmica de interpretação que se vincula simetricamente à experiência do testemunho. É interpretando o acontecimento de sua fé que a comunidade dele dá testemunho.

4.12 Textos lucanos e joaninos

4.12.1 Lucas

No centro dos textos de Lucas, encontra-se o acontecimento da ressurreição, evento do qual os discípulos são testemunhas. É no ato confessional da ressurreição de Cristo que se realiza "a dialética entre sentido e ato, entre confissão e narração" (RICOEUR, 1994, p. 119). Isso implica dizer que a ressurreição de Cristo enquanto acontecimento que se realiza na história é concomitantemente um acontecimento da linguagem da fé (RICOEUR, 1972, p. 295). Testemunhar e testemunha são palavras que pertencem antes de tudo à terminologia dos Atos e à teologia de Lucas. "O testemunhar caracteriza a atividade apostólica posterior à ressurreição" (LATOURELLE, 2017, p. 826)[31]. Em outras palavras, poder-se-ia dizer que a ressurreição de Jesus suscita um testemunho que se expressa em linguagem. Pelo fato de o testemunho daqueles que conviveram com Cristo ser levado à linguagem, ou seja, ao discurso sobre o Cristo ressuscitado, a linguagem da ressurreição é simetricamente a linguagem da referência (GEFFRÉ, 1972, p. 304).

4.12.2 João

Já os escritos joaninos apresentam-se como uma "pneumatologia do testemunho" (RICOEUR, 1994, p. 122-127). Partindo das citações emblemáticas, em que Cristo dá testemunho de si mesmo (Jo 8,14) e, concomitantemente, testemunha o Pai que tem dado testemunho dele (Jo 5,36-37), ressalta-se a dupla noção de testemunho que se encontra em João. Dentro dessa perspectiva joanina, se assiste a uma interiorização quase completa do testemunho: "o testemunho que a testemunha tem em si mesmo não é outro, senão o testemunho do Espírito Santo, noção que marca o ponto extremo de interiorização do testemunho" (RICOEUR,

---

31. Conforme explica Latourelle, na teologia de Lucas do título de testemunhas dado aos apóstolos emergem quatro elementos fundamentais: "a) Como os profetas, também eles foram escolhidos por Deus (At 1,26; 10,41). b) Viram e ouviram a Cristo (At 4,20), viveram com Ele na intimidade (At 121-22) e, em consequência, possuem uma experiência viva, direta, de sua pessoa, de seu ensinamento e de suas obras. Comeram e beberam com Ele antes e depois da ressurreição (At 10,41). Numa palavra, foram os amigos íntimos e os comensais de Cristo. Os outros podem pregar; no sentido próprio, somente os apóstolos podem testemunhar. c) Receberam de Cristo a missão de testemunhar (At 10,41) e foram investidos do poder do Espírito para cumprir o mandato (At 1,8). d) Um último aspecto dos apóstolos como testemunhas é o seu envolvimento pessoal: uma atitude que se traduz numa fidelidade absoluta a Cristo e a seu ensinamento, reconhecido como verdade e salvação do homem. Os Atos não cessam de repetir que os apóstolos anunciam a Palavra de Deus com segurança (*parresia*), isto é, com uma coragem sobrenatural, fruto do Espírito, que age neles e que vence as reações por demais humanas diante das dificuldades do apostolado: timidez, respeito humano, medo das perseguições e da morte. Sob o efeito dessa coragem interior, os apóstolos declaram: 'Nós não podemos silenciar o que vimos e ouvimos'" (LATOURELLE, 2017, p. 826).

1994, p. 119). Nesse ponto, abre-se outra reflexão: o Espírito em sua invisibilidade se apresenta pessoalmente na história dos homens, fazendo dessa história o lugar imanente da sua presença. A presença do Espírito é testemunhal, uma vez que Ele age como pessoa.

4.13 Confissão cristológica e anúncio narrativo

Ricoeur problematiza a questão do testemunho procurando demonstrar o inextricável vínculo entre confissão cristológica e anúncio narrativo, já que Jesus Cristo é o acontecimento central da história, o ponto central para onde ambas as intencionalidades convergem. Se o testemunho em Lucas passa pelas mediações humanas, pela confissão de fé e pelas narrativas, o testemunho em João não pode ser lido sem que se complete com a expressão de Jesus quando se refere às obras que realiza em nome do seu Pai dando testemunho dele (Jo 10,25; 37-38). A perspectiva joanina traz ao cenário da história a noção da mediação da narração. "O testemunho-confissão não poderia se separar do testemunho-narração sob pena de virar *agnosis*" (RICOEUR, 1994, p. 119). Diante disso, é possível dizer que uma teologia do testemunho implica necessariamente certa noção narrativa.

4.14 O testemunho no horizonte da linguagem: testemunho, revelação e linguagem

Falar do testemunho no horizonte da linguagem pressupõe que compreendamos aquilo que já foi dito nos capítulos anteriores sobre a linguagem enquanto mediação. A linguagem é mediação do Ser. Nesse sentido, compreender o testemunho como linguagem é considerá-lo como um evento comunicativo que se insere no horizonte da linguagem humana.

Falar do testemunho no horizonte da linguagem pressupõe que compreendamos aquilo que já foi dito nos capítulos anteriores sobre a linguagem enquanto mediação. Se de fato a linguagem é mediação do Ser, nela nos é dada a possibilidade de sair de nós mesmos, de relacionar-nos com os outros, de escutá-los e acolhê--los. A esse respeito afirma Martinelli, "cada linguagem autêntica não é mais fruto de um mecanismo incontrolável, mas é sempre expressão do homem e de sua liberdade. Onde há uma linguagem autêntica, ali existem homens livres que sabem arriscar-se no relacionamento interpessoal" (MARTINELLI, 2002, p. 98). A linguagem evidencia a dimensão de interioridade que o testemunho expressa. Aquele que dá testemunho não só enuncia o testemunho em si, senão que se compromete com aquilo que testemunha a partir de uma força interior que o move a declarar. Nesse entendimento, a linguagem possui em si uma íntima abertura para aquele algo a mais, que também é um mover-se direção ao outro.

Para ressaltarmos a importância do estudo da linguagem para a Teologia Fundamental, vale a pena recordar e sistematizar alguns pontos já referidos nesta obra. Porém, uma reflexão pertinente ao problema da linguagem, encontra-se no Dicionário de Teologia Fundamental elaborada por G. Lafont e R. Fisichella, uma vez que, ambos teólogos evidenciam que o homem não possui tanto a linguagem, mas antes de tudo, pertence a linguagem. Como acenara von Balthasar, a linguagem nos precede e é um dos elementos do nosso mistério (BALTHASAR, 1970, p. 180). Nesse sentido, compreender o testemunho como linguagem é compreendê-lo como um evento comunicativo que se insere no horizonte da linguagem humana.

Mas qual é o interesse da Teologia Fundamental pelo estudo da linguagem? Sabemos como ensina Santo Anselmo de Cantuária que a teologia é *fides quaerens intellectum*, a fé que busca a sua própria inteligência, sua própria razão, sua própria compreensão e seu próprio lógos. Por outro lado, a Igreja é o lugar próprio e o sujeito último da teologia. "Se a teologia é a fé em ato e em pensamento, tem que ser necessariamente eclesial e comunitária. Eclesial tanto desde o ponto de vista do sujeito que crê e faz teologia (*fides qua*), como desde o ponto de vista do objeto sobre o que faz teologia (*fides quae*)" (CORDOVILLA PÉREZ, 2007, p. 29). É aqui, nesse contexto semântico, que os teólogos como pensadores situados em seus tempos e enraizados em suas tradições vivas da fé, procuram esclarecer a *fides quae* e o seu conteúdo, a *fides quae* como exercício próprio da teologia. Como ensina Geffré, a teologia se insere no tempo do homem (GEFFRÉ, 1995).

De fato, uma das questões fundamentais da teologia contemporânea, desde o chamado giro linguístico, é pensar nossa linguagem sobre Deus. "As palavras acompanham o pensamento, nosso falar de Deus é proporcional ao nosso conhecer a Deus e este, por sua vez, é proporcional a nossa participação e assimilação a ele" (CARDEDAL, 2008, p. 425). Nesse sentido, cada vez mais, diante do contexto em que estamos inseridos, a teologia se vê obrigada a se recontextualizar em busca de novas conexões com o pensamento contemporâneo e efetivamente com as ciências humanas, culturais e sociais (BOEVE, 2000, p. 68-86). Recontextualizar, para a Teologia Fundamental, significa perguntar-se pela lógica do acontecimento, da narração, da obediência e da experiência. Por outro lado, perguntar-se pelo valor da linguagem teológica em sua relação com a linguagem da profissão de fé daquele que crê (CARDEDAL, 2008, p. 440). É nessa perspectiva que a Teologia Fundamental se interessa pelo método e pelo campo da linguística, acentuando certo valor semântico a linguística cognitiva. Para a Teologia Fundamental, a reflexão da linguística poderá contribuir para uma recontextualização da epistemologia teológica (BOEVE, 2000, p. 222).

Cabe-nos compreender que pensar essa recontextualização da teologia não significa atribuir a ela esse caminho como uma prerrogativa metodológica, mas uma estrutura da sua natureza, e, portanto, da teologia. As tradições religiosas não são entidades extáticas; são realidades tomadas numa dinâmica de recepção e reconstrução. Como afirma Roger Haight, "toda teologia e toda concepção teológica envolvem em seus próprios fundamentos uma compreensão da natureza da fé, da dinâmica da revelação, do caráter e da função da Escritura, da estrutura da epistemologia e das linguagens religiosas, de um método para a produção de interpretações e de posições teológicas" (HAIGHT, 2004, p. 237). E buscando uma definição recontextualizada da teologia, dirá o teólogo:

> 1) A teologia é interpretação da realidade à luz dos símbolos cristãos.
>
> 2) A teologia é uma disciplina que interpreta o todo da realidade – a existência humana, a sociedade, a história, o mundo e Deus – nos termos dos símbolos da fé cristã.
>
> 3) A interpretação teológica estende-se a toda realidade, a tudo o que existe.
>
> 4) A teologia é aberta ao conjunto da realidade porque toda a realidade constitui seu objeto de estudo.
>
> 5) A teologia é aberta a todos os dados e a todo dado historicamente novo.
>
> 6) A estrutura da teologia é simbólica.
>
> 7) A linguagem teológica é sempre e intrinsecamente dialética (HAIGHT, 2004, p. 237-238).

Se a teologia é chamada a se recontextualizar, significa então, como já abordado anteriormente, que uma ontoteologia não dá conta do discurso sobre Deus. A teologia como discurso que fala humanamente sobre Deus não pode se transformar em um discurso que dependa de presunção de ser fundada sobre um pedestal universalmente metafísico que legitime suas pretensões da verdade. Esta é a intenção da Teologia Fundamental, em matéria de linguagem: "distinguir para unir, para promover uma palavra dirigida, comprometida, fiel tanto à realidade quanto à recordação e à esperança, em suma, ativa para servir ao advento da verdade" (LAFONT, 2017, p. 457). A verdade de Deus não se impõe, mas se expõe a liberdade dos homens.

A ontofania heideggeriana encontra aqui sua justificativa; a linguagem enquanto modalidade do ser, pois, "antes de ser palavra dirigida a alguém, a linguagem é dizer, é palavra como manifestação do ser" (GEFFRÉ, 1989, p. 47). Para Lafont, "a linguagem é o lugar do aparecimento efetivo das liberdades, em sua capacidade de proposta e submissão, de ordem e de obediência; em uma palavra, de aliança" (LAFONT, 2017, p. 456)[32]. Graças à sua recontextualização, a teologia aprendeu a perceber seu discurso sobre Deus como radicalmente contextual, particular e contingente. O conceito de alteridade divina, no compreender a Deus como aquele que deixa espaço para o outro, permite dizer que Deus está afetado em si mesmo por essa relação de alteridade. No ser de Deus, tudo se define como alteridade, nesse sentido, testemunhar a Deus pressupõe respeitar sua alteridade irredutível e implica um discurso que fala humanamente sobre Deus, uma linguagem.

Porém, é de uma perspectiva teológico-epistemológica que surge a questão do alcance cognitivo da linguagem teológica. O que permite dizer, em relação à natureza simbólica da teologia, que sua epistemologia repousa sobre uma simbólica. Como já vimos, a teoria da metáfora tal como é formulada na linguística cogniti-

---

32. O teólogo Ghislain Lafont em seu verbete, "Linguagem" no *Dicionário de Teologia Fundamental* esclarece que: "A linguagem teológica é redentora e fundante; redentora, no sentido de que cura as feridas da memória esquecida de seu passado verdadeiro; fundante na medida em que revela as verdadeiras coordenadas da aliança, não somente passada e presente, mas também futura. Nesse sentido, a linguagem fornece uma chave hermenêutica para uma correta interpretação do presente. Dizer que a teologia é essencialmente narrativa não significa que se limite a 'contar história', mas que toda a sua linguagem repousa, em última análise, num relato fundante, o do mistério pascal de Jesus Cristo, como memória, aliança, perdão e missão, coisa que, naturalmente, não pode acontecer sem evocar muitas histórias'" (LATOURELLE, 2017, p. 456).

va, dá o que pensar e oferece estruturas reflexivas que permitem recontextualizar a epistemologia teológica. É nesse horizonte semântico que nos propomos a pensar o testemunho no horizonte da linguagem e uma possível simbólica latino-americana a partir do contexto em que estamos inseridos, lugar onde a teologia se faz como inteligência do amor.

4.15 A Teologia Fundamental e os mártires

Libanio tem chamado a atenção para a questão dos mártires no coração da Teologia Fundamental. Para ele, o martírio é uma excelente base epistemológica para que a Teologia Fundamental possa avançar. Como já vimos acima, a palavra "mártir" vincula-se à palavra "testemunho", essa por sua vez, vem do termo latino "*testis*", que indica aquele que está como terceiro. O termo grego que indica testemunho é *martyria*, que tem raiz em memoriável. Um mártir tem sua carne associada à carne do Filho de Deus e atesta a verdade de sua fé cristã. A sua vida torna-se palavra e acontecimento memorial, pois dá testemunho da própria testemunha de Deus que é Cristo. Convicto do mistério que lhe afeta, na forma crística de viver, testemunha com a própria vida todo processo de configuração de sua carne à carne de Jesus de Nazaré.

É nesse contexto que queremos situar o martírio de D. Oscar Romero como memória de todo o martírio vivido na América Latina. Como acentua Libanio, no contexto latino-americano, "o martirológio de leigos, leigas, sacerdotes e até bispos impressiona. O maior número ocorre nas comunidades de base. Na sociedade da publicidade, os martírios dos pobres e em lugares afastados terminam no maior silêncio" (LIBANIO, 2016, p. 92).

Assumimos aqui a ideia de que o martírio de Oscar Romero se torna para a reflexão da Teologia Fundamental em seu alargamento uma simbólica para pensar. Não simplesmente como um argumento para a razão, mas encontrar-se com aquele "algo a mais" capaz de dar sentido a uma vida que vai até as últimas consequências. Como expressa João Paulo II na *Tertio Millennio Adveniente* recordando que a experiência dos mártires percorre toda a história da Igreja que testemunha sua configuração à carne de Cristo:

> A experiência dos mártires e das testemunhas da fé não é uma característica exclusivamente da Igreja dos primeiros séculos, mas delineia todas as épocas de sua história. De resto, no século XX, talvez ainda mais do que no primeiro período do cristianismo, muitíssimos foram os que testemunharam a fé com sofrimentos não raro heroicos. Durante o século XX, quantos cristãos em todos os continentes pagaram o seu amor a Cristo também derramando o próprio sangue?! Eles padeceram formas de perseguição, antigas e recentes, experimentando o ódio e a exclusão, a violência e a morte. Muitos países de antiga tradição cristã voltaram a ser terras em que a fidelidade ao Evangelho teve um preço muito elevado. Em nosso século, o testemunho dado por Cristo até ao derramamento do sangue, tornou-se patrimônio comum dos católicos, ortodoxos, anglicanos e protestantes (*TMA* 37).

Se a Teologia Fundamental se ocupa dos fundamentos da fé, em face ao quadro mundial e latino-americano de tantos fiéis que entregam a vida na defesa da fé, então ela não pode esquecer o martírio como ponto importante de partida, de reflexão, de apoio para a fé (LIBANIO, 2016, p. 97). Ela pode adentrar numa reflexão profunda que coloca em evidência o vínculo da responsabilidade testemunhal com o *affectus fidei*. A decisão de dar a vida tem que ser sinceramente fundada nesse "algo a mais", na persuasão de uma verdade que não lhe pertence e, todavia, lhe é dada e confiada. De uma livre afeição se vai a uma livre obediência que resulta numa livre entrega.

4.15.1 Romero, símbolo do affectus fidei

Para entendermos isso, a nosso ver, é necessário falarmos primeiramente da noite agônica do bispo salvadorenho. Essa noite do seu ministério nos permite compreender o seu sofrimento à luz do sofrimento de Cristo e sua livre entrega à morte. Experiência humana que desnuda uma teologia da *kénosis* que continua a gerar traços de ternura na história do mundo. Romero experimenta sua *kénosis*, assim como a *kénosis* de Jesus no sentir a solidão e a angústia daquela noite, naquela realidade experimentada que constitui o próprio combate na noturnidade do Getsêmani.

A fenomenologia tem lido a noite agônica de Cristo como *solus ipse* existencial. Como afirma Emmanuel Falque, é nesse combate que o Filho permanece firme na obediência ao Pai num *solus ipse* existencial (FALQUE, 49). A tradição teológica compreende a encarnação do Filho como realidade kenótica que culmina no ato livre da sua entrega nas mãos dos homens com total abnegação (Mc 9,30; 10,33), abandonando-se nos braços do Pai com confiança total e incondicional (Mc 14,10; 15,1-11; Lc 23,46). O que se lê teologicamente é que, sobre o fundo desse acontecimento humano de Jesus, a sua livre entrega e incondicional confiança, coloca-se o sacrifício que Ele vive antes de tudo em si mesmo (Rm 8,3).

Parece-nos interessante olharmos esse acontecimento à luz da fenomenologia, uma vez que a experiência humana é sempre o seu ponto de partida. Sim, nessa leitura, se evidencia que o caminho daquele que crê começa no drama do sofrimento e essa experiência determina uma mudança de vida radical. Nesse sentido, a partir do sofrimento experimentado por Romero, não é inconsistente afirmar que a sua experiência de angústia é o seu Getsêmani. A analogia entre a noite agônica de Jesus e a noite agônica do santo salvadorenho nos permite dizer que a angústia cristã é um caminho que lhe fez livre e não um obstáculo que o fixou em si mesmo diante dos seus medos e incertezas.

Sentir medo, experimentar a solidão e a incerteza, o "escândalo" de não sentir a presença de Deus parecem-nos as razões mais eloquentes para se dizer que a fé amadurece numa série de experiências de abandonos que se configura como momento catártico. Quando não sobra mais nada, então tudo é vacuidade. Quando não há nenhuma segurança ou certeza, então tudo é abandono. Mas quando se trata da fé, a noturnidade experimentada interpela uma decisão: abandonar-se nos braços daquele que "parece" nos ter abandonado.

4.15.2 Romero, símbolo de uma Igreja próxima aos pobres

Oscar Romero é para nós um símbolo de uma Igreja próxima aos pobres. Símbolo, como nos fala Marcondes: "é o modo humano de articular a realidade ao redor dos fundamentos (*archai*) da realidade (*Kérenyi*), fruto de uma relação tensa de ruptura e união do homem com seu mundo, que lhe abre para uma compreensão numinosa da realidade" (2006, p. 91). Nesse horizonte em que se interpretam as marcas de Deus na contingência da história, torna-se claro que a simbólica é um dos meios necessários para compreender a experiência humana e seu sentido. Então, não estaria o fenômeno Romero situado numa simbólica latino-americana? De fato, o santo mártir latino-americano tornou-se para toda América Latina um símbolo de luta pela justiça social e comprometimento com os pobres. Nas palavras de Libanio, o bispo salvadorenho encarna a simbólica da "luta dos deuses", isto é, luta entre os deuses criados pelo sistema capitalista dominante e encobertos com o nome cristão e o Deus da vida, o Deus maior da fé cristã.

Com base nessas ocorrências simbólicas de Romero, do seu impulso pastoral e do seu testemunho, torna-se evidente que de fato não podemos pensar que a fé em Deus seja real à margem do escândalo e do sofrimento dos pobres e inocentes e de toda vulnerabilidade humana experimentada. Sabemos que, no testemunho dos profetas, os de ontem e os de hoje, o próprio Deus testemunha a si mesmo. Nesse sentido, a máxima teológica de que "Deus sofre quando os seus filhos sofrem" não pode ser estranha quando ousa pensar em Deus e falar dele na história que compartilhamos. Essa forma de compreender Deus não é antropopatia, atribuição de sentimentos humanos a Ele, mas sim teopatia, uma vez que Deus está envolvido no desdobramento do drama humano. Parece-nos claro que Romero está convicto disso, pois toda a sua história testemunha uma consciência que se abre à atitude profética de quem se apercebeu de que toda realidade que afeta a vida humana na sua dignidade afeta de antemão a própria vida de Deus. É o amor de Deus por ele experimentado que o envolveu e modela o seu amor pela pessoa humana.

5
A teologia do martírio e seu lugar na Teologia Fundamental

Situada na fronteira entre a fé e a razão, entre a revelação e o sujeito que a recebe, a Teologia Fundamental tem por papel garantir a credibilidade e a razoabilidade da fé. Nesse sentido, ela se compreende "como a disciplina que quer fundar os princípios do conhecimento teológico e, por sua vez, justificar a credibilidade da revelação cristã para poder dar resposta a tudo o que pede as razões de nossa esperança (1Pd 3,15).

Diante de todos os desafios da atualidade, a Teologia Fundamental assume duas dimensões: uma que é por sua vez intelectual e testemunhal; outra que é uma interpretação da esperança cristã. A primeira responde no palco da existência humana a questão da credibilidade da revelação; a segunda, ao mesmo tempo da primeira, abre perspectiva para se pensar a questão da esperança cristã que se realiza no acontecimento Jesus de Nazaré. Nesse sentido, a Teologia Fundamental tem uma função promotora da práxis cristã. Práxis essa pautada efetivamente no amor libertador de Deus, como atesta Johann Baptist Metz e uma gama de teólogos que buscaram e buscam a dimensão prática dessa teologia.

Por outro lado, a Teologia Fundamental se vê interpelada a se recontextualizar a partir desse *locus theologicus* específico, os mártires. Olhando para o nosso continente, a Teologia Fundamental na América Latina, sob a influência do Concílio Vaticano II, tem-se constituído epistemologicamente com maior empenho a partir dos textos bíblicos e seus aspectos cristológicos, dando especial atenção à história da salvação e demonstrando-se sensível às questões hermenêuticas e do sentido da vida. E, quando dirige seu olhar para o martírio, destaca-se o lado teologal que serve para fundar a fé cristã por meio de testemunhos de vida. Como afirma Libanio; "hoje se sofre a morte por se lutar pelos pobres, pelo povo, pelos direitos humanos. E a ligação com a fé se faz de maneira indireta [...] Aqui entra em jogo a práxis libertadora, motivada e iluminada pela fé" (LIBANIO, 2016, p. 98).

Vejam que nos deparamos com uma teologia do tangível. É Deus mesmo, no mistério da encarnação, que toca todas as realidades intrinsecamente humanas. Nesse sentido, não é cabível que a religião da encarnação, defendida a todo preço pelos Padres da Igreja dos primeiros séculos, atestada pelos mártires da história do cristianismo, se distancie das dores e feridas do mundo. As chagas de Cristo permanecem abertas e estigmatizadas na realidade dos migrantes, dos desalojados, dos refugiados, das vítimas do tráfico humano e de todas as realidades que tocam o drama da realidade humana. Pensar um Deus que afeta e é afetado é categórico para uma Teologia Fundamental que coloca em seu centro a defesa de uma doutrina. A teologia é sabedora que o mistério do mundo é tocante, que a imanência dos fenômenos chamados fome, rejeição e desigualdade social, e todas as realidades que caracterizam a opressão histórica, tocam a fenomenalidade do "corpo", em que Cristo é a cabeça (Cl 1,18).

Hoje somos sabedores de que a reflexão teológico-fundamental tem cada vez mais consciência de que junto com o *auditus fidei* realiza-se também um verdadeiro *auditus temporis* e um *auditus alterius*, essa é a razão clara do vínculo da responsabilidade testemunhal dos mártires. A teologia na América Latina procura entender à luz da revelação de Deus na carne da história, as práticas sociais e históricas dos cristãos no mundo. O martírio abre a teologia ao mundo, dando-lhe um caráter simbólico e universal. Se a teologia em sua definição clássica é *fides quaerens intellectum* – a fé que busca a razão, o amor é um elemento intrínseco dessa mesma fé. Nas palavras de Tomás de Aquino: "No fervor de sua fé, a pessoa ama a verdade que crê, a revolve no seu espírito e a abraça, procurando encontrar razões para o seu amor" (*S.Th.*, II-II, q. 2, a. 10, c.). A teologia do martírio nos faz pensar que no crepúsculo de um contexto de exploração e de injustiça sempre é possível pensar que o cuidado para com o outro, principalmente com as vítimas da história, determina a liberdade como valor humano em sua máxima. Ela também nos faz compreender que a fé no Deus que se revela na carne da história só é real quando não é vista à margem dessas injustiças que acometem os inocentes. Se pensarmos a partir de uma tradição de análise, calcada na ideia de teonomia, o análogo mais acessível é a intimação à obediência amorosa a Deus. Isso porque amor sempre nos obriga a essa obediência amorosa, que gera a responsabilidade pelos interesses dos outros a ponto de tornar-se penhor por meio do gesto de substituição (RICOEUR, 2014, p. 153).

5.1 Os pobres como lugar hermenêutico

Participando de um Congresso Internacional da Vida Religiosa cuja temática era "Paixão de Cristo, paixão pela humanidade", J.B. Libanio foi indagado no início da sua conferência: "Esperamos que o senhor não nos venha falar da teologia da América Latina". Respondeu Libanio: "De fato, eu não vou falar da teologia da América Latina, mas vou falar da teologia desde a América Latina". Falar *desde* [...] significa dizer que o teólogo parte de um lugar concreto, da sua realidade, do seu lugar social para fazer teologia, pois esta é ato segundo. Fazer teologia desde a América Latina significa entender a realidade histórica latino-americana como um ponto relevante para uma teologia hermenêutico-libertadora. No centro da teologia latino-americana está a opção pelos pobres compreendida como pertença ao núcleo da mensagem cristã. A experiência de pobreza não é somente ética, mas lugar de uma fé *quoad exercitium* que quer ser uma resposta viva para enunciados teológicos que emergem da realidade.

A teologia latino-americana em seu exercício nos ensina que não podemos pensar em Deus e nomeá-lo à margem da sua encarnação e sua historicidade, do seu emergir no coração da história. Por outro lado, também se pergunta pelo dado da revelação, procurando evidenciar como Deus se revela aos homens e quais são as mediações da sua revelação.

Então como pensar uma Teologia Fundamental desde a América Latina? Libanio nos deu um caminho: reler na Teologia Fundamental o conceito de revelação, pois para ele esse acontecimento deve ser compreendido de maneira orgânica, ou seja, completa, desde sua condição de acontecimento e revelação da história da salvação (LIBANIO, 1997). Nesse sentido, a realidade que experimentamos será sempre um *locus theologicus*[33], pois é um fato ex-

---

33. Outrora a teologia fundamental compreendia as fontes da teologia e os lugares teológicos segundo a expressão de Tomás de Aquino desenvolvido por Melchior Cano. Na tradição teológica, Felipe Melanchton (1479-1560) foi o primeiro teólogo a falar de *loci theologici*, atribuindo um mero conteúdo material que correspondia ao que hoje chamamos tratados teológicos: o pecado, a justificação, a graça etc. Mas será Melchior Cano que formulará um novo conceito de *loci theologici* enquanto fontes dos conteúdos. Inspirando-se nos Tópicos de Aristóteles, Cano classificou os seus *loci*, os atos primordiais do entendimento: a percepção, o juízo e o raciocínio, como lugares comuns, no sentido de coleções ordenadas de conhecimento, de onde se tiram os argumentos teológicos. E dando forma aos dez tópicos que abarcam, em conjunto, as dez fontes que testemunham a verdade da revelação e podem dispor o teólogo para extrair dela os argumentos válidos para o seu discurso teológico (BELLOSO, 2003, p. 124). As dez fontes ou lugares teológicos para Melchior Cano são: 1) a autoridade da Sagrada Escritura; 2) a autoridade da tradição de Cristo e dos apóstolos; 3) a autoridade da Igreja Católica; 4) a autoridade dos concílios, sobretu-

perimentado que lança uma pergunta ao dado da fé, a revelação. Sabemos que os fatos são múltiplos, díspares em suas realidades, são *loci theologici*, pois definidos pelo dado da fé, não são confundidos com ela. A mudança semântica que se dá na teologia latino-americana não está na substituição do dado da fé pelo lugar teológico, mas sim, em nível epistemológico em passar de uma teologia doutrinal a uma teologia narrativa e histórica. De fato, quando se lê as realidades vividas à luz do dado da fé, a revelação, em cada realidade, compreendida como lugar de Deus, lugar de sua manifestação, supera-se uma visão ontoteológica incapaz de considerar suficientemente o contexto histórico e os lugares onde é realizada.

Hoje, como afirma Jared Wicks, "na teologia moderna, os lugares teológicos são um conjunto de princípios organizativos preestabelecidos que dirigem o trabalho do teólogo" (WICKS, 2017, p. 462). Sendo assim, no sentido moderno do termo, o *locus theologicus* define o objetivo da formação teológica, o que implica dizer que o seu uso correto expõe o múltiplo testemunho bíblico da generosidade divina realizada em Cristo. Nos testemunhos bíblicos, encontra-se um Deus que advém no dinamismo da história dos homens. Um Deus abreviado em uma vida (*Verbum abreviatum*)[34], assumindo um nome e um rosto. Nesse sentido, perguntar-se pelo lugar da teologia é perguntar-se pelo tempo e lugar de Jesus Cristo, lugar e tempo do Verbo encarnado (CAR-

---

do os ecumênicos ou gerais; 5) a autoridade da Igreja romana; 6) a autoridade dos Padres; 7) a autoridade dos teólogos escolásticos; 8) a razão natural; 9) a autoridade dos filósofos; 10) a autoridade da história humana (CANO, 2006, p. 126).

34. Nas palavras de Henri de Lubac: "*verbum abbreviatum, Verbum coadunatum*: Verbo condensado, unificado, perfeito! Verbo vivo e vivificante. Contrariamente às leis da linguagem humana, que se torna clara, explicando-se, ele, de obscuro se torna manifesto, apresentando-se sob a sua forma abreviada: Verbo pronunciado antes *in absconditus* (ocultamento), e agora *manifestum in carne* (manifesto na carne). Verbo abreviado, Verbo sempre inefável em si mesmo, e que, todavia, explica tudo" (DE LUBAC, 1972, p. 349).

DEDAL, 2008, p. 253). Perguntar pelo lugar da teologia é perguntar-se pelo lugar de Deus que se revela.

Cano classificou os seus *loci*, os atos primordiais do entendimento: a percepção, o juízo e o raciocínio, como lugares comuns, no sentido de coleções ordenadas de conhecimento, de onde se tiram os argumentos teológicos. E dando forma aos dez tópicos que abarcam, em conjunto, as dez fontes que testemunham a verdade da revelação e podem dispor o teólogo para extrair dela os argumentos válidos para o seu discurso teológico

Hoje, perguntar-se pelos novos lugares teológicos é perguntar-se pelo lugar da teologia. Lugar onde o teólogo se posiciona, pois é sempre um crente-pensante do seu tempo que se pergunta pelo lugar em que Deus se revela. Embora a apresentação de Cano conserve sua atualidade, uma doutrina contemporânea dos lugares teológicos, insere temas ausentes nessa reflexão. Dessa questão ocupou-se com acuidade a teologia latino-americana, uma vez que considerou e considera os pobres como um novo lugar teológico onde Deus se revela.

Afirmar que os pobres são considerados "lugar", significa ressaltar a semântica da palavra, pois na afirmativa está reservado ao seu "sentido". Francisco Aquino define que, na América Latina, "a expressão 'lugar teológico' foi utilizada também e de modo especial para indicar o 'lugar social' da revelação da fé e da teologia" (AQUINO, 2019, p. 63). Continua o teólogo: "lugar teológico diz respeito aqui ao 'lugar social' no qual o Deus bíblico se revelou e continua e, consequentemente, ao 'lugar social' mais adequado da fé (práxis teológica) e de sua intelecção (teoria teológica)" (AQUINO, 2019, p. 63).

A teologia sobriniana enfatiza que só poderá ser "razão compassiva eficaz" se houver um processo dinâmico de incorporação e articulação das dimensões da teoria, da crítica e da prática da teologia. A dimensão teórica permite olhar a realidade com suas situações-limite de injustiça e, concomitantemente, produtora de sofrimento. Perceber essa realidade das chagas abertas da história é o que permite romper a própria cegueira da injustiça e de suas consequências. A dimensão ética é o que permite manter viva a consciência do ser humano frente ao sofrimento humano experimentado. A dimensão prática é o conscientizar-se de que "o próprio amor é inteligência"; nesse sentido, a ação se apresenta como categoria necessária de superação dessa realidade de injustiça e de dor. É o agir solidariamente, que dá feição à inteligência da razão compassiva permitindo que o homem se volte para o outro eticamente.

Essa fisionomia da razão compassiva se instaura em filigrana nas fissuras da história, como amor criativo que "cura a vida doente, acolhe a vida estranha, respeita a vida tornada desprezível e embeleza a vida disforme". Por outro lado, permite que a razão crítica da fé se traduza efetivamente em atitude de misericórdia. Para Jon Sobrino, a misericórdia é uma reação correta frente à ferida aberta do mundo. Ela permite descobrir algo central da revelação de Deus na carne da história, a compreensão de Deus e de Jesus Cristo que se revelam.

Não sem consistência que José Maria Vigil diz que Deus opta pela justiça e a opção pelos pobres é uma opção pelos injustiçados. Colocar-se ao lado dos injustiçados é uma questão de razão teológica: Expõe o teólogo:

> O conceito "pobres", como parte da expressão "opção pelos pobres", causou certa confusão. De fato, se a opção é "pelos pobres", explica-se que sobrevenha a tentação de situar na "pobreza" o fundamento de tal opção, seja identificando falsamente pobreza com santidade (o que se evitou desde o princípio), seja reelaborando metaforicamente o conceito de "pobreza" em diferentes direções, ou ainda derivando-o em direção a qualquer um dos grupos que no Antigo Testamento

parecem ser objeto de uma "preferência" por parte de Deus (os "fracos e pequenos"), ou por outros muitos caminhos (VIGIL, 2004, p. 244).

É possível evitar esses desvios trazendo à luz o papel teológico que o conceito de "pobres" tem concretamente na expressão "opção pelos pobres". Teologicamente falando, "pobres" significa aí exatamente "injustiçados". Porque Deus não opta pelos pobres porque sejam pobres (material e/ou economicamente), mas sim porque são "injustiçados". A pobreza econômica não é por si mesma uma categoria teológica; o é a injustiça que pode dar-se nessa pobreza econômica. Teologicamente considerada, a "opção pelos pobres" é na realidade "opção pelos injustiçados". Se é chamada opção "pelos pobres", isso se deve a que, *quoad nos*, os pobres (econômicos) são o *analogatum princeps* da injustiça e sua expressão máxima ou por antonomásia.

Falando com precisão teológica, os destinatários dessa opção pelos pobres não podem ser identificados sem mais como os "pobres econômicos" por si mesmos, nem com os "pobres que são bons", nem com os que são "pobres em algum sentido", ou os que têm "espírito de pobres" (delimitações todas elas muito flexíveis, escorregadias, por causa dos jogos metafóricos da linguagem), mas sim com os "injustiçados", sejam pobres econômicos ou não, metafóricos ou não.

Ao contrário, os "pequenos e os fracos", ou seja, todos aqueles cuja "pobreza" não pode ser medida em termos de injustiça, não devem ser identificados pura e simplesmente como destinatários da opção pelos pobres, e sim por extensão metafórica. Podem ser objeto de uma "ternura especial" e gratuita por parte de Deus e nossa, mas esse sentimento e essa atitude não devem ser confundidos com a opção pelos pobres.

Toda problemática humana que possa ser convertida em injustiça – mesmo que não tenha que ver com a "pobreza" em sentido literal ou econômico – é objeto da opção pelos pobres (porque esta é opção pela justiça). Assim, a discriminação étnica, de gênero, cultural... como formas de injustiça que são, e ainda que não se deem juntamente com situações de pobreza econômica, são objeto da opção pelos pobres. Não o são por serem formas de pobreza – o que elas de fato não são –, mas sim por serem formas de injustiça. Escolher a cultura desprezada, a raça marginalizada, o gênero oprimido [...] não é diferente da opção pelos pobres. Trata-se de concretizações diversas da única "opção pelos injustiçados", à qual chamamos de opção pelos pobres.

A teologia latino-americana leva a sério tudo isso, revestindo-se de uma fina sensibilidade diante do sofrimento dos que vivem vitimados por todo tipo de injustiças acometidas contra suas dignidades. As experiências-limite que constituem o drama dos bolsões de pobreza desta América apresentam-se como verdadeiro labor teológico encadeado diretamente com a fé cristológica. Bento XVI no seu discurso de abertura da sessão inaugural dos trabalhos da V Conferência Geral do Episcopado da América Latina e Caribe expressou que a opção preferencial pelos pobres está implícita na fé cristológica naquele Deus que se fez pobre por nós, para enriquecer-nos com sua pobreza (cf. 2Cor 8,9). Em outras palavras podemos dizer que, fazer opção pelos pobres é fazer opção pelo Cristo.

Para os teólogos latino-americanos que compreendem que é possível construir uma teologia a partir do mundo dos pobres, a imagem de Jesus histórico apresentado como Salvador e o seu anúncio do Reino é decisiva. Desdobra-se uma cristologia capaz de dar conta do tema da revelação de Deus na história pessoal de Jesus. Cristologia em que o conceito sobre Deus é apresentado na mensagem de Jesus e no anúncio do seu Reino, que dão lugares aos qualificativos de Deus: Deus de *Amor* e de *Misericórdia*.

Pensar Deus como amor e misericórdia é pensá-lo a partir da sua revelação na história da miséria do homem, pois ele se compromete a si mesmo frente a uma situação humana crítica. O ser de Deus se manifesta deixando-se afetar pelo sofrimento humano. Somente um Deus que ama é capaz de deixar-se afetar pela dor humana.

"O amor é práxis do reino vindouro de Deus e de sua justiça neste mundo". Daí surge a necessidade de dar lugar a uma cultura do amor, da misericórdia e da paz, como epistemologia do amor, que deve historiar-se. O seu *locus theologicus* é a miséria e a injustiça que exige uma postura ética de solidariedade como "razão compassiva". Nas palavras de Jon Sobrino:

> A irrupção dos pobres exige e possibilita uma nova pré-compreensão e uma conversão fundamental da atitude teológica. Mas é, além disso, questionamento primário a toda atividade humana cristã, e a teológica, que exige uma resposta: é preciso erradicar o sofrimento dos pobres. Nessa resposta, a teologia vai se configurando como a inteligência do amor (SOBRINO, 1992, p. 66-67).

A ótica do oprimido, do sofredor, é pré-compreensão teológica, o que significa dizer que ela aponta para uma formulação de uma compreensão teológica que enfatiza o amor criativo de Deus voltado para os homens em suas situações-limite de injustiça. O clamor pela justiça é assim o ponto de partida da revelação histórica de Deus e, ao mesmo tempo, o fio condutor que nos diz como Deus é.

Então, a partir desse fator germinante do exercício do amor, pode-se dizer que é próprio do amor lançar o homem para fora de si em direção ao outro. O amor define o reconhecimento não violento do outro, pois é alteridade. Sendo assim, o amor é um exercício ético e metaético que se configura como razão compassiva e se insere efetivamente em filigrana nas fissuras dos tempos e da história. É esse amor criativo, compreendido como razão compassiva que será capaz de despertar o entendimento e todos os sentidos para perceber a miséria e romper a própria cegueira que conduz ao sono da inumanidade. Por outro lado, como afirma Jon Sobrino, é "o exercício intelectual da misericórdia que analisa, de maneira mais adequada possível, as causas da realidade das vítimas, e as faz sanar e salvar". O poder do amor criativo de Deus não pode ser excluído da política e da economia e restrito ao âmbito privado.

A teologia latino-americana soube apropriou-se hermeneuticamente de tudo isso. Revestida de uma fina sensibilidade diante do sofrimento e da pobreza de um continente que grita por justiça, soube colocar no centro de sua reflexão o acontecimento Jesus de Nazaré com ênfase em sua práxis libertadora, que por sua morte e ressurreição alcança um significado universal. Nesse sentido, como afirma Olegario Cardedal: pensar novos *loci theologici* "supõe que o cristão, o teólogo e a Igreja se situem nos lugares de pobreza, morte e perda da identidade cultural, para poderem descobrir certas afirmações evangélicas, compartilhar o desejo do Evangelho e assim mostrar que é uma potência de vida frente à morte" (CARDEDAL, 2008, p. 272).

Se a revelação de Deus é manifestação do amor e do perdão que suscitam liberdade e engendram a prática da justiça, o estudo da revelação de Deus na situação latino-americana, como afirma Libanio, suscita novas indagações: "Que experiências concretas, históricas, eclesiais ou não, se fazem na América Latina que sejam mediações, concretizações, categorizações, tematizações da experiência fundante do mistério de Deus, de sua autocomunicação salvífica, de modo que a categoria de revelação adquira concretude? E, portanto, possa ser teologizada?" (LIBANIO, 1992, p. 433).

A questão está bem colocada, uma vez que evidencia o exercício teológico a partir de uma realidade concreta experimentada pelo teólogo situado em seu tempo e lugar. De fato, uma teologia crítica tem que ser consciente do conteúdo que oferece e do método com que faz chegar ao conhecimento os seus conteúdos materiais. A definição de novos lugares teológicos é decisiva nesse contexto, uma vez que, não só esclarece uma questão epistemológica, mas apresenta a relevância teológica do diálogo fé e justiça e como essa relação se dá efetivamente na vida experimentada de "um povo crente, engajado num processo de libertação humana" (DEPUIS, 2017, p. 806).

Compreender uma epistemologia da libertação no campo semântico da Teologia Fundamental pressupõe conscientizar-se de que, se o seu labor teológico se encadeia com a fé bíblica, isso se dá porque as raízes do cristianismo: a história do povo judeu com suas tradições históricas e sua consciência profética fixada nos textos; a história em gênese, a palavra e a pessoa de Jesus de Nazaré com suas ações e os ritos memoriais, as interpretações e decisões dos apóstolos, são lugares teológicos privilegiados que definem dinamicamente sempre novos *loci theologici*.

Não é sem razão que no *Dicionário de Teologia Fundamental* o tema da libertação ocupa significativas páginas. Nelas o teólogo Jacques Dupuis afirma categoricamente que teologia "indutiva e contextual, enquanto parte do real vivido, se deixa interpelar pela realidade histórica que, em seguida, procura iluminar à luz da revelação, a Teologia da Libertação é também uma teologia hermenêutica. Parte de um contexto concreto, em que a Igreja dos pobres vive sua fé, para interpretá-la a partir da mensagem evangélica" (DUPUIS, 2017, p. 806-807). Sabemos que Claude Geffré, frade dominicano francês, foi um dos defensores da virada hermenêutica na teologia e seu engajamento no diálogo inter-religioso.

Para Geffré, é preciso promover uma teologia que, depois da Modernidade, é necessariamente "abrir diante de si as exigências de uma teologia hermenêutica capaz de afrontar o desafio do pluralismo na ordem da verdade, mas que não renuncia à atestação da verdade que lhe é confiada na revelação" (GEFFRÉ, 2009, p. 10). Continua o teólogo: "A teologia hermenêutica é, de fato, um discurso que se debruça sobre um discurso sobre Deus. [...] Ela se coloca justamente a questão da relação do intérprete com seu texto, uma vez que ele se coloca no horizonte da noção de Deus que recebe da revelação" (GEFFRÉ, 2009, p. 10). Por fim, "adotar um modelo hermenêutico em teologia é sempre tomar como ponto de partida um texto: as Escrituras fundantes do cristianismo e as releituras feitas ao longo de toda tradição eclesial" (GEFFRÉ, 2009, p. 10), afirma o teólogo.

A teologia latino-americana também é uma teologia hermenêutica, pois na origem da sua reflexão está um círculo hermenêutico existencial (LIBANIO, 1995, p. 439). Na estrutura metodológica do seu trabalho, as mediações socioanalítica, hermenêutica, teológico-bíblica e prática se contaminam solidariamente. O que significa que cada uma delas, em sua função específica, corrobora hermeneuticamente a outra. Depois, recorrendo à reflexão teológica de Claude Geffré, dirá que a teologia latino-americana é uma teologia hermenêutica porque

> parte de um contexto concreto, em que a Igreja dos pobres vive sua fé, para interpretá-la a partir da mensagem evangélica. A teologia hermenêutica foi definida como "um novo ato interpretativo do evento Jesus Cristo, à base de uma correlação crítica entre a experiência cristã fundamental, testemunhada pela tradição, e a experiência humana hoje" (C. Geffré). A existência cristã de hoje é em toda parte condicionada pelo contexto histórico em que vive com seus componentes culturais, sociais, políticos e religiosos. A teologia hermenêutica consistirá, portanto, em um progressivo e

contínuo ir e vir, entre a experiência fundante que a tradição registra. Esse contínuo ir e vir entre contexto e texto, entre presente e passado, e o que se entende por "círculo hermenêutico". Na realidade, não se trata de circularidade entre dois membros, mas de uma triangularidade e da mútua interação de três ângulos: o texto ou o dado da fé, o contexto histórico e o intérprete de hoje; ou ainda, a memória cristã, a história em gênese e a comunidade eclesial ou a Igreja local (DEPUIS, 2017, p. 807).

Hoje, somos sabedores que a reflexão teológica fundamental ao pensar o *auditus fidei* enquanto movimento interno da teologia, realiza concomitantemente um *auditus temporis et alterius*, pois a escuta do tempo e do outro – são categóricos quando se diz respeito a um autêntico exercício teológico. A inteligibilidade da fé em Deus que se revela na carne da história não pode ser real à margem do escândalo e do sofrimento dos inocentes, sem que haja a suspensão do não sentido por um sentido insuspeitável. A articulação entre os acontecimentos históricos de libertação e os acontecimentos libertadores, fundadores da nossa fé, tece uma epistemologia cuja primazia pertence à dimensão soteriológica e ética da libertação. Pois como afirma Geffré: "uma teologia responsável não se contenta em propor novas interpretações da mensagem cristã. Ela leva a sério os sujeitos concretos da história e conduz a um 'fazer', quer dizer: certa transformação da prática das pessoas e das sociedades em vista do Reino que vem" (GEFFRÉ, 2009, p. 25).

5.2 A epistemologia do amor e a lógica da razão compassiva

A Constituição Dogmática *Dei Verbum* realiza uma nova hermenêutica da revelação divina. Como dito anteriormente, já não mais como um corpo instrutivo ou doutrinal, mas sim, acontecimento histórico-dialógico e experiencial. É pelo caráter pessoal da revelação, pela sua dimensão cristocêntrica, que o homem experimenta, por graça, o amor absoluto de Deus e se vê interpelado a amar concretamente. Somos amados para amar (Jo 13,34). Como afirma Latourelle: "é ainda em Cristo que o mistério dos outros aflora em sua verdade profunda" (LATOURELLE, 2019, p. 669). Sim, de fato, somos guardiões uns dos outros. Continua o teólogo: "os outros são o Filho do homem, servo sofredor que tem fome e sede, que está nu, doente, abandonado, mas destinado à gloria do Filho predileto [...]. Não existe outra coisa senão o amor do Pai e do Filho e o amor de todos os homens, unidos pelo Espírito" (LATOURELLE, 2019, p. 669). O *allélon* joanino ressurge aqui com força e nos convida a repensar hermeneuticamente a dimensão ética da revelação. O *allélon* – *allélus* – "uns aos outros" – diz a relação de reciprocidade entre nós. De fato, se o amor de Deus precede o amor do homem, a caridade de Deus alicerça a caridade fraterna (FORTE, 2018, p. 143). O amor é solidariedade, é justiça.

> Em Cristo os homens descobrem a existência de um Amor absoluto que ama o homem por Ele mesmo e nele mesmo, sem sombra de repulsa, e descobrem a possibilidade de um diálogo e de uma comunhão com esse amor. Têm de imediato a revelação de que o verdadeiro sentido do homem está em entrar livremente na corrente da vida trinitária; entrar nela livremente como uma pessoa, sem dissolver-se ou perder-se no Absoluto. O sentido último do homem é responder ao dom de Deus, acolher essa incompreensível e surpreendente amizade, responder a essa oferta de aliança entre o infinito e a nossa miséria. Na ótica cristã, o homem só se realiza de verdade a si mesmo na expectativa e no acolhimento do dom de Deus, do Amor (LATOURELLE, 2019, p. 99-670).

E o que é próprio do amor? O análogo que nos é mais acessível é a ação humana. Nesse sentido, é "a ideia de um princípio primeiro e universal que dá até dar-se a si mesmo, deve sair uma moral que seja a aplicação à conduta da vida" (RICOEUR, 1995, p. 11). Assemelhar-se a Deus é dar-se de maneira análoga. Sendo assim, só podemos conhecer o conteúdo do amor, para ele ser libertador, se recorrermos à luz da fé, à memória da ação salvífica de Deus que em seu amor incriado sai de si e vem ao encontro do homem. A criação já é em si o resultado da explosão amorosa de Deus, mas desde o Êxodo podemos reconhecer claramente o que é o conhecimento de Deus na história (MOLTMANN, 2004, p. 38).

É pela memória viva da ação de Deus nos eventos contingentes da história humana que o povo da aliança, a saber, do que falam as proposições e narrativas teológicas, que Deus encontrou e vocacionou por meio de uma ação histórica. As histórias bíblicas de Deus, enquanto proposições e narrativas teológicas, são portadoras do significado da experiência que lhes deu origem; trazem o passado vivido, ponto de partida da revelação de Deus frente uma história de desabrigo e vulnerabilidade (Abraão), de miséria e opressão (BELLOSO, 1998, p. 227). Essa situação se expressa no clamor dos pobres.

No Novo Testamento, a parábola de Jesus sobre o clamor da viúva ante o tribunal, não é uma nota isolada acerca da ternura de Deus. Ela se insere nesse gigante acorde sobre o tema do grito dos pobres que ressoa em toda a Bíblia. O querer de Deus está escondido nesse clamor e, por isso, ele não pode deixar de escutar o seu eco. Deus se deixa afetar pela miséria, o que dá lugar ao primeiro e grande qualificativo de Deus "o de misericórdia" que tem *hésed* ou amor. Toda injustiça, toda opressão desperta um grito que implora justiça. A vontade de Deus está inscrita nesse clamor.

A atualização da revelação implica a compreensão do acontecer revelador e de seu significado referido ao hoje que o compreende e interpreta. De fato, nas proposições teológicas, de uma teologia que busca a fundamentação da fé, o seu objeto não pode estar fixado num passado e aprisionado pelo espaço e pelo tempo, sim, a teologia recebe do passado seu objeto, mas em uma transição entre o imemorial e o futuro da esperança. E a revelação enquanto acontecimento histórico situado que "rompe no processo hermenêutico das formulações da fé os limites históricos de uma fixação linguística também concluída no tempo, para projetar-se sobre o presente e o futuro, abrindo-se a uma profunda compreensão" (MONTES, 1994, p. 371).

O acontecimento da revelação é sempre um acontecimento presente, um passado que não passa, pois como afirma Rosenzweig, é uma transição entre o imemorial e o futuro da esperança. Um passado que não passa e o futuro que vem. É nessa transição entre passado e futuro que se encontra o presente sempre novo inaugurado por Deus, tematizado como experiência e encontro, como palavra e ação, analogias que expressam a manifestação de Deus.

No pensamento de Rosenzweig está a ideia de imemorial, de um passado que não passa, que convoca sempre o presente e aponta para o futuro escatológico de Deus. Esse tempo do passado imemorial é o tempo da criação, tempo sempre presente de Deus, porque o início da criação, dado pelo Criador, é um início dinamicamente continuado, e não um passado que ficou esquecido para trás. Falar de um início continuado é muito mais falar de um anterior da ordem do fundamento do que do cronológico[35].

---

35. A origem, segundo penso, não funciona como um primeiro, primeiro de uma série como um começo de que poderíamos datar, mas como aquilo que está sempre já no seio da palavra atual. Trata-se, portanto, de um anterior que é mais da ordem do fundamental que do cronológico. Certamente tem o seu vestígio cronológico: Moisés nos procede no tempo, mas ele próprio é precedido não só por tradições (que efetivamente pode referir-se aos mesopotâmicos), por todos os códigos milenares – na época de Moisés já existiam dois mil anos, pelo menos, de especulações e de mediações –; mas, sobretudo, por uma anterioridade que não está na ordem cronológica do procedente temporal. E Moisés é precedido, na redação final do Pentateuco, pelas tradições dos patriarcas às quais se apôs um grande prefácio, Gn 1-11, que diz respeito a uma humanidade anterior a eleição de Abraão. Essa fuga para trás numa leitura às avessas é absolutamente surpreendente. É como uma retirada da origem à procura de um começo consignado: chegamos assim à magnífica narração sacerdotal da criação, que inicia simultaneamente a escrita e a leitura de uma gênese

Então valer-se da memória, como abordamos nesta obra, é em primeiro lugar servir-se da narrativa histórica, o que significa acentuar o seu caráter de atualização e contemporaneidade. Se o tempo é irreversível e nada retorna, então a unidade da história só pode ser preservada pelo exercício da memória. Segundo Moltmann, "somente por meio da memória é possível preservar a continuidade do tempo. As religiões históricas da Bíblia vivem da rememoração e da lembrança. Isso fica claro na lembrança judaica da história: 'Zachor', 'Lembra-te'" (MOLTMANN, 2004, p. 37). Zachor imperativo religioso que reverbera em todos os tempos. Para o teórico e pesquisador Yosef Hayim Yeruschalmi, "os que os judeus buscam no passado não é a historicidade senão a eterna contemporaneidade" (YERUSHALMI, 1984, p. 25). Nesse sentido, a história das ações de Deus é contada em forma de esperança, pois, "em vista da memória que o povo tem das promissões de Deus, a leitura voltada para adiante tem a primazia; em vista da memória que Deus tem dos sofrimentos do seu povo, a leitura voltada para trás tem a primazia" (MOLTMANN, 2004, p. 38).

Para o Papa Francisco, fazer memória do passado é uma forma de acolher as intervenções inéditas que Deus realiza em nós e pela nossa mediação. Em suas palavras: "saber fazer memória do passado não significa ser nostálgicos ou ficar presos a um período determinado da história, mas saber reconhecer as próprias origens, para voltar sempre ao essencial e lançar-se com fidelidade criativa na construção de tempos nos tempos novos" (FRANCISCO, 2017). Fazer memória das suas ações misericordiosas, do seu amor transformador, da sua ternura que se vincula a opção preferencial pelos últimos (ROCHETTA, 2006, p. 463-507).

---

canônica. O que o filósofo pode reter é a ideia de uma anterioridade que não é da ordem cronológica (RICOEUR, 2010, p. 223).

6
Francisco, o papa da Teologia Fundamental do terceiro milênio

Com o título acima, Michelina Tenate, decana do Departamento de Teologia Fundamental da Pontifícia Universidade Gregoriana de Roma apresenta o livro *Dal chiodo alla Chiave: La teologia fondamentale di Papa Francesco*. A obra parte da metáfora do prego que fecha e da chave que abre. A Teologia Fundamental não pode ser autossuficiente, fechada à realidade [...]. "Deve comunicar a fé e a revelação e pode fazer isso somente alimentando-se de oração e de caridade, isto é, de comunicação com Deus e de escuta dos outros" (TENATE, 2017, p. 5). A teologia de Francisco é compreendida como teologia aberta ao mundo. "Por isso, ousamos dizer que, hoje, a Teologia Fundamental tem um mestre e uma testemunha encantadora: o Papa Francisco, que é o Papa da Teologia Fundamental para o terceiro milênio" (TENATE, 2017, p. 5).

Francisco apresenta claramente o estatuto epistemológico da Teologia Fundamental como teologia do diálogo e de fronteira, "teologia dos pioneiros" (TENATE, 2017, p. 5). Teologia que se compreende como interdisciplinar, hermenêutica e linguística cognitiva, pois para o Papa Francisco, é indispensável para uma boa teologia, o estudo, o encontro com a realidade e a oração. Como afirma no Proêmio da *Veritatis Gaudium*:

Hoje se torna cada vez mais evidente que é necessária uma verdadeira hermenêutica evangélica para compreender melhor a vida, o mundo, os homens; não de uma síntese, mas de uma atmosfera espiritual de investigação e certeza fundamentada nas verdades da razão e da fé. A filosofia e a teologia permitem adquirir as convicções que consolidam e fortalecem o intelecto e iluminam a vontade [...] mas tudo isso só será fecundo, se for feito com a mente aberta e de joelhos. O teólogo que se compraz com o seu pensamento completo e concluído é um medíocre. O bom teólogo e filósofo mantém um pensamento aberto, ou seja, incompleto, sempre aberto ao *maius* de Deus e da verdade, sempre em fase de desenvolvimento, segundo aquela lei que São Vicente de Lerins descreve do seguinte modo: "*annis consolidetur, dilatetur tempore, sublimetur aetate*" (*Commonitorium primum*, 23: *PL* 50, 668).

Para Francisco, como o definiu em seu discurso a Comunidade da Pontifícia Universidade Gregoriana, "o verdadeiro teólogo é aquele que tem uma teologia que se integra com a tarefa missionária, a caridade fraterna e a partilha com os pobres, com a cura da vida interior, na relação com o Senhor". Para Tenate, "Francisco utiliza-se muito mais da imagem do que conceitos para veicular o seu pensamento teológico e 'aquele que melhor encarna a Teologia Fundamental nova', aberta a temas importantes como a relação fé-liberdade, fé e transição, fé e sociedade globalizada, fé e religião" (TENATE, 2017, p. 5).

O seu método é indutivo, pois parte da realidade histórica para ler nela os "sinais dos tempos". A reflexão teológico-fundamental tem cada vez mais consciência de que junto com o *auditus fidei* realiza-se também um verdadeiro *auditus temporis e alterius*. Este é o estatuto epistemológico de Francisco, o *auditus fidei* – a escuta da fé como primeiro elemento do movimento interno da teologia se realiza como *auditus temporis* e *alterius*, pois é a escuta do tempo e do outro que justifica a atenção que dá aos mais pobres, migrantes e refugiados, e ao mesmo tempo aos novos tipos de pobreza que avassalam milhões e milhões de pessoas.

Em sua mensagem de vídeo ao Congresso Internacional de Teologia da Pontifícia Universidade Católica da Argentina diz:

> Neste contexto penso que o estudo da teologia assume grandíssima importância. Um serviço insubstituível na vida eclesial. Não são poucas as vezes nas quais se gera uma oposição entre teologia e pastoral, como se fossem duas realidades opostas, separadas, que nada têm a ver uma com a outra. Não são poucas as vezes nas quais identificamos doutrinal com conservador, retrógrado; e, no oposto, consideramos a pastoral a partir da adaptação, da redução, da conformação. Como se os dois aspectos nada tivessem a ver um com o outro. Dessa forma gera-se uma falsa oposição entre os chamados "pastoralistas" e os "academistas", os que estão da parte do povo e os que estão da parte da doutrina. Gera-se uma falsa oposição entre a teologia e a pastoral; entre a reflexão crente e a vida crente; a vida, então, não encontra espaço para a reflexão e a reflexão não encontra espaço na vida. Os grandes Padres da Igreja, como Irineu, Agostinho, Basílio, Ambrósio, foram grandes teólogos porque foram grandes pastores. Uma das principais contribuições do Concílio Vaticano II foi precisamente a de procurar superar esse divórcio entre teologia e pastoral, entre fé e vida. Ouso dizer que revolucionou numa certa medida o estatuto da teologia, o modo de agir e de pensar crente. Não posso esquecer as palavras de João XXIII no discurso de abertura do Concílio quando disse: "Uma coisa é a substância da antiga doutrina do Depósito da Fé, e outra é a forma com a qual ela é apresentada". Devemos enfrentar o

trabalho, o difícil trabalho de distinguir a mensagem de vida da sua forma de transmissão, dos seus elementos culturais nos quais outrora foi codificado (FRANCISCO, 2015).

E, citando Michel de Certeau, o pontífice prossegue afirmando que uma teologia que "responde às questões de um tempo nunca o faz de outra maneira a não ser nos mesmos termos, porque são aqueles que vivem e falam os homens de uma sociedade" (CERTEAU, 1987, p. 51 apud FRANCISCO, 2015).

A Teologia Fundamental, como razão do saber teológico e como função eclesial, situa-se na encruzilhada de todos os questionamentos sobre o homem, sobre Cristo e a Igreja (LATOURELLE, 2017, p. 81). Por isso é uma teologia de janela aberta, que em hipótese alguma desconsidera a tão necessária conexão entre reflexão e a vida, entre a teologia e a pastoral. "O encontro entre a doutrina e a pastoral não é opcional, é constitutivo de uma teologia que se compreende eclesial" (FRANCISCO, 2015).

As identificações epistemológicas da Teologia Fundamental em Francisco permitem outras demonstrações. Nicolas Steeves, que participa da obra *Dal chiodo alla Chiave: La teologia fondamentale di Papa Francesco*, acena para a questão da linguagem em Francisco. Sem risco de dúvidas os aspectos perfomativos e cognitivos tecem a codificação linguística de Francisco. Para o teólogo, "o Papa Francisco, demonstra ter compreendido as perguntas e os códigos da comunicação mediática hodierna, que responde fundamentalmente suas imagens de cada tipo, físico ou linguístico, reais ou virtuais" (STEEVES, 2017, p. 103).

A teologia proposta por Francisco, antes de ser uma teologia teórica, é, efetivamente, inteligência do amor, da justiça e da misericórdia. Uma teologia mais interessada na ação pastoral do que na especulação; nesse sentido, sua linguagem obedece a lógica pedagógica que o próprio Deus em Jesus Cristo escolheu para manifestar-se aos homens. Nele, o amor criativo de Deus é a razão prática. No mistério da Santíssima Trindade, a Pessoa de Deus Pai é fonte de ação e de linguagem. Nos discursos e nas ações de Francisco há uma série de novos contornos de linguagens que vai se configurando como *intellectus amoris* e *misericordiae*.

6.1 O *intellectus amoris et misericordiae* como linguagem teológica de Francisco[36]

Se a teologia, em sua definição clássica segundo o princípio anselmiano *fides quaerens intellectus* – a fé que busca a razão –, o amor é um elemento intrínseco dessa mesma fé. Nas palavras de Tomás de Aquino: "no fervor de sua fé, a pessoa ama a verdade que crê, resolve-a no seu espírito e a abraça, procurando encontrar razões para o seu amor" (*S.Th.*, II-II, q. 2. a. 10, c.). Em outro célebre anacoluto o Doutor Angélico afirma: "onde está o amor, aí está o olhar" (*In Sent.*, III, 35,1,2). Não estariam aqui as razões epistemológicas da teologia de Francisco? Onde está o seu olhar, senão nos pobres e nas periferias existenciais da vida humana? Onde está o seu amor, senão pautado no anúncio do amor de Deus aos homens, cuja misericórdia é princípio hermenêutico de uma fé em busca da razão? Para o Papa Francisco:

> Misericórdia é a lei fundamental que mora no coração de cada pessoa, quando vê com olhos sinceros o irmão que encontra no caminho da vida. A misericórdia é o caminho que une Deus e o homem, porque nos abre o coração à esperança de sermos amados para sempre, apesar da limitação do nosso pecado (*MV* 2).

De fato, como recorda Tomás de Aquino: "a misericórdia tem que ser atribuída a Deus em grau maior" (ST, I, q. 21, a. 3). Ela é

---

36. Esta reflexão se pauta em Xavier (2018, p. 141-161).

o fundamental da propriedade de Deus, aspecto e rosto de sua natureza divina. Bergoglio não hesita em nomeá-lo como o Deus misericordioso em sequência à nomeação que os textos fundadores de sua fé já assim o fizeram. Vale dizer, ou melhor, recordar, que, para Francisco, o "nome de Deus é misericórdia", dado elementar da sua teologia com profundas significações epistemológicas; poder-se-ia afirmar que a teologia de Bergoglio realiza o *intellectus fidei* como *intellectus misericordiae et amoris*, no vínculo com *o intellectus iustitiae*. A misericórdia enquanto princípio hermenêutico de Francisco coloca em cena as ocorrências bíblicas de raízes hebraicas da própria palavra em si. (*MV* 6-9). Como afirma Walter Kasper, a misericórdia, palavra chave do pontificado de Francisco deve ser entendida como princípio hermenêutico fundamental também como uma real mudança de paradigma: "de um método dedutivo a um método no sentido de ver-julgar-agir, que inicia primeiro indutivamente e somente em um segundo momento introduz critérios teológicos" (KASPER, 2015, p. 54).

Recorda-se que as palavras *Rahûm, hannûn* e *hesed* possuem um sentido semântico decisivo para se compreender a relação ente amor e justiça, como condição própria da misericórdia. Nas palavras de Carlo Rochetta, o vocábulo bíblico a considerar, antes de tudo, é *"rahûn"*, derivado da raiz *"rhn"*, que remete a um sentimento visceral e correspondente a uma vivência de forte participação afetiva, resultante do amor que se traduz em gestos concretos de bondade, de solicitude e de compaixão (ROCHETTA, 2006, p. 120). Do substantivo *"rahûn"* no plural, deriva *"rahamîm"*, que se traduz por compaixão, que tem como singular a palavra *"rèhhem"*, que designa por seu turno o útero da mulher. Da mesma raiz *"rhn"* deriva o adjetivo *"hannûn"*, muito próximo da paciência de divina, e o substantivo *"hen"*, que designa favor, graça, indicando o efeito da ternura na ação de quem se compadece (ROCHETTA, 2006, p. 120). Por fim, a palavra *"hesed"*, com forte característica afetiva, indica amor de benevolência, afeto gratuito, ternura (ROCHETTA, 2006, p. 124). O substantivo se vincula ainda a "*met*", que significa felicidade.

Diante de tudo isso, o que recolhe essa família de palavras é o fato de o homem bíblico viver intensamente seus sentimentos e, quando este fala de Deus, utiliza-se dessa mesma linguagem para expressar a ternura daquele na história dos homens. O termo "*hesed*" e seu plural "*hᵃsadîm*" expressa que o Deus que se revela se dá a conhecer como o Deus sim-pático. Como afirma Walter Kasper, "o Deus cristão, o de Jesus Cristo, não é, pois, um Deus a-pático, senão sim-pático [...]: o Deus que sofre com o homem" (KASPER, 1988, p. 228).

Com base nessas ocorrências bíblicas, torna-se evidente que, para Francisco, a fé no Deus misericordioso não pode ser real à margem do escândalo e do sofrimento dos pequenos e pobres. Para Bergoglio, a misericórdia se volta especialmente para os pobres e excluídos, destinatários da Boa-nova do Evangelho. Diante dessa sua visão, se justifica que sua opção preferencial pelos pobres seja por si mesma manifestação da misericórdia de Deus pelos indefesos e empobrecidos (*EG* 182, 188, 187, 199, 200). Diante do sentido de responsabilidade que acentua na *Evangelii Gaudium* (53, 55, 57, 59, 203, 204), não é sem consistência que Francisco tenha convocado um encontro internacional para pensar uma nova economia. É emergente o exercício de repensar a economia existente para humanizar a economia do amanhã, tornando-a mais justa, mais sustentável e assegurando uma nova preeminência para as populações excluídas (FRANCISCO, 2010). Sua atitude nos lembra de que não há responsabilidade, vida moral e ética sem um movimento de sair de si para caminhar rumo ao outro, sobretudo se ele for fraco, indefeso e sem voz (FORTE, 2018, p. 140-141). De fato, misericórdia significa ter um coração para os pobres, e os pobres no sentido mais amplo e compreensivo (*LS* 45). Nas palavras de Antonio Manzatto, para Francisco, a compreensão da misericórdia vincula-se à prática de cuidado para com os pobres, tal como se atesta na *Evangelii Gaudium*: "A misericórdia, assim, não é simples sentimento ou princípio de piedade, mas comportamento concreto que visa dar novas condições de vida àqueles que são vítimas das injustiças da sociedade" (MANZATTO, 2019, p. 46).

6.2 O *universale concretum* de Francisco

Se para a teologia latino-americana os pobres são considerados "um novo lugar teológico" onde Deus se revela hoje, a novidade da teologia está no fato de recuperar um elemento da práxis evangélica: o seguimento de Jesus. É evidente que, quando se trata de Teologia Fundamental, encontramos também com uma cristologia fundamental. Essa última evidencia o caráter mediador e plenificador de Jesus Cristo em relação à revelação (*DV* 2). Por outro lado, a atestação do conceito de *universal concreto pessoal* é tão cara à Teologia Fundamental no seu reconhecimento que "a pessoa e a vida de Jesus de Nazaré constituem o evento ao qual cabe ser *universale concretum*" (LÖSER, 2017, p. 855).

Uma das analogias significativas para compreendermos a ideia de *universal concreto* é quando nos perguntamos: Como o Todo se esconde no fragmento, como que no particular o universal? É nessa lógica do absurdo, na arte de tecer intriga que compreendemos o sentido moderno do termo. Desta feita, emerge a questão teológica: como os conteúdos de Deus (elementos universais, transcendentes) se explicitam em determinado eixo geográfico e histórico (particular, concreto)? (LIBANIO, 1992, p. 433). Como que os grandes princípios se encarnam nas circunstâncias das realidades históricas que experimentamos?

A ideia de *universal concreto* toca em profundidade a teologia de Francisco, isso porque, nos faz pensar uma teologia do tangível, ou ainda a tangibilidade da presença de Deus que se autocomunica na contingência da história. Em Francisco, nas palavras de Massimo Borghesi, "o universal concreto é um pensar sensível no qual o fator espaço-temporal, imaginativo, é ineliminável" (BORGHESI, 2011, p. 211-212). Herdeiro dos ensinamentos de Santo Inácio de Loyola, Francisco reafirma o pensamento do seu fundador que "os grandes princípios devem ser encarnados nas circunstâncias de lugar, de tempo e de pessoas" (SPADARO, 2013). Bergoglio chama esse caminho metodológico de narrativo. De fato, o seu método é narrativo se aqui entendermos por narrativo o lugar por excelência do discernimento, da restituição do concreto vivo, como explica Borghesi:

> Numa conferência de 1977, *Storia e presenza della Compagnia di Gesù in Argentina*, Bergoglio escreve que "como em *Dom Quixote* essa história da Companhia é tão simples que poderia ser lida pelas crianças". Isso é possível. Pois é aproximada "do ponto de vista narrativo" que, todavia, por suas indicações, propõe-nos um valor simbólico. O pensamento narrativo é um pensamento simbólico, no qual personagens individuais elevam-se a valor universal. São as testemunhas da síntese entre ideia e história, Igreja e realidade, a revelação dos povos. Bergoglio reflete sobre uma modalidade de pensamento concreto, simbólico-narrativo, capaz de oferecer-nos guardinianamente a "visão" (*Anschauung*). Isso objetiva tornar inteligível a categoria de testemunha. A testemunha é o universal-concreto, é aquele que representa a testemunha por excelência, Jesus Cristo, o Filho que manifesta o amor do Pai. A testemunha simboliza o universal-concreto de um povo, o ponto de síntese que unifica os polos que se opõem, o fato que liga beleza e verdade que se separam e se contradizem no ateísmo libertino (BORGHESI, 2011, p. 213-214).

Como dito acima, o pensamento narrativo de Bergoglio é um pensamento simbólico e os personagens individuais elevam-se a um valor universal. Tal é a condição do seu universal-concreto, uma vez que obedece à exigência de restituir a realidade na sua dupla forma de universal particular, baixada no tempo e no espaço (BORGHESI, 2011, p. 212). O pensamento simbólico, narrativo, é um pensamento representativo. Borghesi classifica o pensamento narrativo de Francisco nestes termos:

> 1) A realidade humana, a realidade dos povos é a corda esticada entre particular e universal, entre humano e divino.
>
> 2) O pensamento representativo capta a glória de Deus no mundo. Capta-a no horizonte próprio barroco, isto é, sensivelmente (trata-se de um ver e de um tocar).
>
> 3) O pensamento narrativo tem o objetivo de atualizar o concreto e restituir sua dimensão real como temporalmente presente.
>
> 4) O pensamento exige identificação entre o sujeito e objeto.
>
> 5) O pensamento tensional é uma polaridade concebida e vivida (aquele que narra entra na cena, torna-se espectador e ator ao mesmo tempo, participa daquilo que está acontecendo) (BORGHESI, 2011, p. 215-217).

Por outro lado, também a testemunha é definida em Francisco como o universal-concreto, pois é aquele que em ato representa a testemunha por excelência, Jesus Cristo, o Filho que manifesta o amor do Pai. Aqui, tudo se submete ao horizonte da economia salvífica de Deus. A encarnação é apresentada como chave hermenêutica dessa história de liberdade e amor.

No nosso entendimento, a centralidade do mistério da encarnação no pensamento de Francisco se insere no método de discernimento inaciano. Carlos Palácios numa leitura da segunda semana dos Exercícios Espirituais de Santo Inácio, ressalta, que na espiritualidade inaciana, a encarnação se apresenta como chave hermenêutica da totalidade da história. A encarnação como uma escolha livre das pessoas divinas, acontece num evento histórico, por isso limitado, porém com uma significação universal. Por encarnação devemos entender tudo do desdobramento da vida de Jesus, tudo o que se dá do seu nascer ao morrer, sua história, a maneira como determinou e configurou o seu existir. Lê-se nos Exercícios Espirituais de Santo Inácio:

> A encarnação é um processo cujo sentido é inseparável das etapas pelas quais ela chega à sua plenitude. Mas aí, em cada um desses momentos, o que deve ser captado ("visto" e contemplado) é o 'universal' da soberana determinação das "três pessoas divinas" (nQ 102), a livre decisão pela qual o Filho se faz homem para resgatar o gênero humano (34). "Universal concreto", Jesus Cristo é essa unidade diferenciada que dá consistência teológica não só à palavra "mistério" (utilizada para designar as contemplações da vida de Cristo) mas à própria contemplação. A humanidade de Jesus Cristo não só "aponta para" uma realidade que estaria por trás ou além dela, mas manifesta e revela verdadeiramente a realidade (PALÁCIO, 1984, p. 189).

Aqui reside a intuição cristológica de Inácio, ao nosso ver, a intuição cristológica de Francisco que eleva a categoria de universal-concreto na lógica do pensamento narrativo que objetiva atualizar o concreto, restituindo sua dimensão real como temporalmente presente. A presença de Cristo é viva, real e atual (BORGHESI, 2011, p. 217).

Se para Bergoglio a testemunha simboliza também o universal-concreto de um povo, isto é, o ponto de síntese que unifica os polos que se opõem, podemos intuir que o universal-concreto seja também uma característica da sua teologia do povo. Hoje sabemos que o tema do universal-concreto encontra na teologia moderna, especialmente na Teologia Fundamental, ecos profundos. Nomes como Von Balthasar, com sua teologia da história, e Rahner, com sua antropologia transcendental, têm sido expoentes nessa temática. Para o primeiro, é na gramática da encarnação que o acontecimento Jesus de Nazaré, o Cristo da fé, seja reconhecido como *universale concretum et personale*. O que significa dizer que, num plano teológico, "se trata da possibilidade de que algo contingente e histórico possa ser por sua vez norma universal para todos os homens e para todos os tempos; e por sua norma universal seja e permaneça única e absolutamente irrepetível" (CORDOVILLA PÉREZ, 2004, p. 271). Pensar o universal-concreto é pensar a centralidade da figura de Cristo; nesse sentido, nomes como Jean Mouroux, Jean Daniélou e Romano Guardini encontram no termo uma aplicabilidade à existência humana, tanto na sua dimensão histórica como na sua dimensão escatológica. É compreender o homem escatologicamente, num horizonte finito, porém infinito.

É aqui que, na nossa compreensão, podemos situar os quatro princípios para a construção de um povo que o Papa Francisco apresenta na *Evangelii Gaudium*:

1) o tempo é superior ao espaço (n. 222-225);

2) a unidade prevalece sobre o conflito (n. 226-230);

3) a realidade é mais importante do que a ideia (n. 231-233);

4) o todo é superior à parte (n. 234-237).

Uma clara e significativa explicação sobre os quatros princípios de Francisco nos é dada por Juan Carlos Scannone em seu livro *A teologia do povo: raízes teológicas do Papa Francisco* (2019). Para o teólogo argentino, no pensamento de Francisco a categoria "povo" é decisiva, pois dizer "povo" é sujeito e ator comunitário da história. Um povo está sempre em construção, por isso os quatro princípios são pertinentes para compreender a realidade em seu dinamismo. Segundo o teólogo argentino, esses quatro princípios sempre estiveram presentes no pensamento de Bergoglio, desde o tempo em que era provincial dos jesuítas em Buenos Aires.

Entre os quatro princípios apresentados por Francisco, a questão da superioridade do tempo em relação ao espaço terá a primazia (*LF* 57; *EG* 222-225; *LS* 178; *AL* 3, 261).

Na *Evangelii Gaudium* explica:

> Esse princípio permite trabalhar em longo prazo, sem a obsessão pelos resultados imediatos. Ajuda a suportar, com paciência, situações difíceis e hostis ou as mudanças de planos que o dinamismo da realidade impõe. É um convite a assumir a tensão entre plenitude e limite, dando prioridade ao tempo. Um dos pecados que, às vezes, se nota na atividade sociopolítica é privilegiar os espaços de poder em vez dos tempos dos processos. Dar prioridade ao espaço leva-nos a proceder como loucos para resolver tudo no momento presente, para tentar tomar posse de todos os espaços de poder e autoafirmação. É cristalizar os processos e pretender pará-los. Dar prioridade ao tempo é ocupar-se mais com iniciar processos do que possuir espaços. O tempo ordena os espaços, ilumina-os e transforma-os em elos de uma cadeia em constante crescimento, sem marcha atrás. Trata-se de privilegiar as ações que geram novos dinamismos na sociedade e comprometem outras pessoas e grupos que os desenvolverão até frutificarem em acontecimentos históricos importantes. Sem ansiedade, mas com convicções claras e tenazes (*EG* 223).

E na *Amoris Laetitia* faz uma aplicação desse princípio:

> Recordando que o tempo é superior ao espaço, quero reiterar que nem todas as discussões doutrinais, morais ou pastorais devem ser resolvidas por meio de intervenções magisteriais. Naturalmente, na Igreja, é necessária uma unidade de doutrina e práxis, mas isso não impede que haja maneiras diferentes de interpretar alguns aspectos da doutrina ou algumas consequências que decorrem dela. Assim há de acontecer até que o Espírito nos conduza à verdade completa (cf. Jo 16,13), isto é, quando nos introduzir perfeitamente no mistério de Cristo e pudermos ver tudo com o seu olhar. Além disso, em cada país ou região, é

possível buscar soluções mais inculturadas, atentas às tradições e aos desafios locais (*AL* 3).

Para o teólogo Stefano Biancu esse primeiro princípio apresentado por Francisco deve ser relido numa perspectiva de fé e esperança, pois, de fato, pauta a trajetória da caminhada histórica de um povo que tem Deus por seu guia. Para o teólogo, a superioridade do tempo sobre o espaço é um apelo para que possamos compreender a seriedade teológica e antropológica da nossa condição corpórea. Segundo ele, somos movidos pela esperança e, citando Emmanuel Mounier, reafirma que a esperança semeia começos e, concomitantemente, é "a virtude de quem sabe iniciar processos" (BIANCU, 2016).

Diz o teólogo:

> O fato de que a necessidade de "iniciar processos mais do que possuir espaços" é intrinsecamente teologal parece-me ser demonstrado também pela sua afinidade essencial com a virtude – teologal, não filosófica – da esperança. O que é a esperança senão um contínuo iniciar processos, aceitando – com confiança – a indisponibilidade do tempo? Um contínuo iniciar processos cujo resultado não depende de nós? E, vice-versa, não seria, talvez, uma forma de desespero a busca contínua da posse dos espaços: a atitude daqueles que consideram não poderem receber nada gratuitamente devendo, portanto, se apossar de tudo o que puderem? (Essa também é uma tentação dos evangelizadores!) (BIANCU, 2016).

Também o teólogo Antonio Spadaro reafirma que Francisco expõe esse princípio de que o "tempo é superior ao tempo" em uma perspectiva mais teológica. Nas palavras de Francisco:

> Deus se manifesta numa revelação histórica, no tempo. O tempo inicia os processos, o espaço cristaliza-os. Deus encontra-se no tempo, nos processos em curso. Não é

preciso privilegiar os espaços de poder em relação aos tempos, mesmo longos, dos processos. Devemos encaminhar processos, mais do que ocupar espaços. Deus se manifesta no tempo e está presente nos processos da história. Isso faz privilegiar as ações que geram dinâmicas novas e exige paciência e espera" (SPADARO, 2013).

Considerando a pertinência dessa reflexão, podemos dizer com Stefano Biancu que uma leitura simplesmente filosófica dos quatro princípios não seja satisfatória para esgotar a riqueza e a intenção teológica de Francisco. Cabe aqui uma interpretação em chave bíblico-teológica, ou ainda bíblico-antropológica, uma vez que por meio dela é possível penetrar o mistério gramatical da condição humana.

Os outros também estão presentes nos diversos documentos de Francisco, como é o caso de "a unidade prevalecer sobre o conflito" (*LF* 55; *EG* 226-230; *LS* 198). Nesse caso na *Evangelii Gaudium* chama a atenção para a seguinte realidade:

> O conflito não pode ser ignorado ou dissimulado; deve ser aceito. Mas, se ficamos encurralados nele, perdemos a perspectiva, os horizontes se reduzem e a própria realidade fica fragmentada. Quando paramos na conjuntura conflitual, perdemos o sentido da unidade profunda da realidade (*EG* 226).

Em seguida descreve três atitudes fundamentais:

> Perante o conflito, alguns se limitam a olhá-lo e passam adiante como se nada fosse, lavam as mãos para poder continuar com a sua vida. Outros entram de tal maneira no conflito que ficam prisioneiros, perdem o horizonte, projetam nas instituições as suas próprias confusões e insatisfações e, assim, a unidade se torna impossível. Mas há uma terceira forma, a mais adequada, de enfrentar o conflito: é aceitar suportar o conflito, resolvê-lo e transformá-lo no elo de um novo processo. "Felizes os que promovem a paz" (*EG* 227).

Para Francisco, só assim será possível desenvolver uma comunhão nas diferenças. Nesse sentido, aposta aqui na construção da "amizade social", tema recorrente em seu pontificado ressaltado na sua nova Encíclica *Fratelli Tutti*.

> Desse modo, torna-se possível desenvolver uma comunhão nas diferenças, que pode ser facilitada só por pessoas magnânimas que têm a coragem de ultrapassar a superfície conflitual e consideram os outros na sua dignidade mais profunda. Por isso, é necessário postular um princípio que é indispensável para a construção da amizade social: a unidade é superior ao conflito (*EG* 228).

Nesses termos, as categorias que interessam são a de relação e de processo. Por outro lado, se evidenciam as ideias de cultura do encontro e o modelo dialógico que sabe assumir os conflitos. Scanonne também sugere que o discernimento é uma chave de leitura do pensamento de Francisco (SCANONNE, 2019, p. 257-260). Caminho metodológico do narrativo, da restituição do concreto vivo. Não é sem consistência que ao falar do "diálogo e amizade social" no sexto capítulo da *Fratteli Tutti*, o papa chama a atenção para o conceito de vida como "arte do encontro" (*FT* 215).

6.3 A linguagem de Francisco e a tangibilidade do mundo

Oriundo de uma escola teológico-querigmática, Francisco procura enfatizar a encarnação da Palavra e o seu cumprimento (*EG* 233) porque "o critério da realidade de uma palavra já encarnada e sempre procurando encarnar-se é essencial à evangelização" (*EG* 233). Francisco tem uma proposta cristológica: recuperar o acontecimento histórico Jesus de Nazaré, sua vida, seu conteúdo, sua prática e a utopia do Reino de Deus; e, por outro lado, recuperar o estilo de linguagem de Jesus, aquela utilizada por Ele nas parábolas, seu jeito metafórico de dizer as coisas, fazendo aparecer o inaudito de Deus numa linguagem hiperbólica e paradoxal, cujas narrativas neotestamentárias testemunham.

Trata-se também de recuperar a sua imaginação reino-cêntrica reveladora do mistério do mundo, a sua tangibilidade, uma vez que toca e se deixa tocar principalmente pelas crianças, pelos pobres, doentes e excluídos. Como escreve Alfredo J. Gonçalves, o toque constitui uma das linguagens mais íntimas e familiares no intricado tecido das relações humanas.

O Jesus tangível é a eterna novidade de Deus na história dos homens, é o próprio Evangelho eterno que toca a dramaticidade e a esperança humana. Evangelho eterno (cf. Ap. 14,6) cuja riqueza e beleza são inesgotáveis (*EG* 11). Há sempre o que descobrir e o que decifrar quando se fala do acontecimento, do evento Jesus de Nazaré. Pensar Jesus tangível diante do contexto dos migrantes, dos desalojados, dos refugiados e das vítimas do tráfico humano, como o faz Papa Francisco, abre novos horizontes para que se possa pensar uma Teologia Fundamental para o terceiro milênio. Teologia sabedora de que o mistério do mundo é tocante, que a imanência dos fenômenos chamados fome, rejeição social, injustiça ambiental, intolerância e eliminação do outro toca a fenomenalidade do "corpo" em que Cristo é a cabeça (cf. Cl 1,18). A teologia de Francisco resgata tudo isso, lançando pontes entre os acontecimentos vividos e uma percepção que dá conta da tangibilidade do mundo.

Como nos diz na *Evangelii Gaudium*:

> Ao lermos as Escrituras, fica bem claro que a proposta do Evangelho não consiste só numa relação pessoal com Deus. E a nossa resposta de amor também não deveria ser entendida como uma mera soma de pequenos gestos pessoais a favor de alguns indivíduos necessitados, o que poderia constituir uma "caridade por receita", uma série de ações destinadas apenas a tranquilizar a própria consciência. A proposta é o Reino de Deus (cf. Lc 4,43); trata-se de amar a Deus, que reina no mundo. Na medida em que Ele conseguir reinar entre nós, a vida social será um espaço de fraternidade, de justiça, de paz, de dignidade para todos (*EG* 180).

Francisco constrói uma justa hermenêutica evangélica interpretando a vida e o mundo. Hermenêutica capaz de revelar ao mesmo tempo a necessidade de uma atmosfera espiritual de investigação e certeza fundamentada nas verdades da razão e da fé, como afirma no n. 3 da *Veritatis Gaudium*. Para ele, o amor criativo de Deus é razão prática, por outro lado, "a palavra de Deus ensina que, no irmão, está o prolongamento permanente da Encarnação para cada um de nós" (*EG* 179). E essa palavra que irrompe na história nos convida a correr o risco da credibilidade no humano, o risco do encontro com o outro (*EG* 88-92). Palavra que nos envia a única vocação – para descobrir a fraternidade e nossa única descendência: somos todos irmãos. Na *Lumen Fidei* diz Francisco:

> É necessário voltar a raiz da fraternidade. Desde o início, a história de fé foi uma história de fraternidade, embora não desprovida de conflitos Deus chama Abraão para sair da terra, prometendo fazer dele uma única e grande nação, um grande povo, sobre o qual repousa a bênção divina (cf. Gn 12,1-3). À medida que a história da salvação avança, o homem descobre que Deus quer fazer a todos participar como irmãos da única bênção, cuja plenitude se encontra em Jesus, para que todos se tornem um. O amor inexaurível do Pai nos é comunicado em Jesus, também pela presença do irmão. A fé nos ensina a ver que, em cada homem, há uma bênção para mim, que a luz do rosto de Deus me ilumina pelo rosto do irmão (*LF* 54).

Nessa epifania do rosto se dá a captação do outro no nível do tangível. Ao lado dessas considerações podemos pensar, como sugere Edith Stein em sua fenomenologia, o real descobrimento do outro, porque pertencemos ao mesmo tempo do corpo vivo, assim, podemos penetrar emocionalmente (*Einempfindug*) na capa sensitiva do outro e agarrar sua mão como um órgão que sente e atua (DU ROY, 2018, p. 200). Então reconhecer o outro, não nos deixa somente uma sensação de incompletude no plano do pensamento ético, mas nos leva à certeza da incompletude no plano da nossa compreensão antropológico-bíblico-teológico.

Biblicamente, dizer que o homem é criado a imagem e semelhança de Deus não significa fornecer uma definição essencialista do homem, mas antes de tudo apresentar a sua missão diante de tudo o que está criado. O homem como imagem de Deus é uma definição dinâmica e não estática. De fato, não somos um clone de Deus; criados a sua imagem e semelhança, a gramática do humano que nos pertence é a nossa condição de incompletude que nos remete a responsabilização com a gramática da vida. Somos por criação, então, por princípio original e originante, responsáveis pela construção do humano, uma vez que ser humano é uma realidade existencial em construção. Ontológica e vocacionalmente, somos responsáveis pela própria humanidade.

Dinamicamente, o "humano" é por excelência o lugar onde desenvolvemos a imagem de Deus disposta em nós e que somos chamados a desenvolver com a nossa responsabilidade. Se o "humano" que nos habita é dom de Deus, significa que não somos donos do humano, somos sim seus hospedeiros chamados a servir, cultivar, a se "pre-ocupar" em atitude de solicitude com humano. Ocupar-se mais com iniciar processos nos remetem à vocação de edificarmos a fraternidade. Repensar a expressão "criados a imagem e semelhança de Deus" nos leva a repensar a dimensão ético-teológica da nossa existência.

7
O problema do mal na reflexão da Teologia Fundamental

Poderíamos nos perguntar que lugar ocupa a reflexão sobre o mal na Teologia Fundamental, uma vez que estamos acostumados a encontrar tal reflexão na teologia dogmática, exclusivamente no tratado da criação. Porém, se buscarmos uma fundamentação objetiva da fé, exercício próprio da Teologia Fundamental, diante da questão do mal, nos perguntaremos, como crer apesar do mal?

No *Dicionário de Teologia Fundamental* a questão do mal além de ocupar significativas páginas, encontra-se inserida também no tema do ateísmo. Porém o que se destaca é que o mal mais profundo é aquele que tem a sua origem no coração do homem (LATOURELLE, 2017, p. 271). Trata-se do mal moral, aquele que é fruto de uma liberdade pervertida.

Mas, antes de aprofundarmos isso, sabemos que o ateísmo dos séculos XIX e XX surge como protesto contra as injustiças do mundo. O sofrimento humano questiona profundamente o conceito de Deus. As velhas perguntas estão sempre atualizadas: "Se Deus existe e é um Deus dos homens, de onde vem o mal? O sofrimento injusto em suas múltiplas formas? Por que e para que existe a exploração, a culpa, a angústia, a enfermidade, a morte, a perseguição? Por que o sofrimento de crianças, que não somente são pessoalmente inocentes, senão que estão expostas ao sofrimento desde o primeiro momento?" (KASPER, 1998, p. 188).

São tais perguntas que permanecem abertas ao hoje da teologia, que frente às crueldades e atrocidades cometidas em nosso século, estima que já não é possível falar de um Deus todo-poderoso e bom ao mesmo tempo (KASPER, 1998, p. 188). De fato, a questão é como pensar a questão de Deus e a questão do sofrimento humano e do mal estão correlacionadas. Pensar Deus à parte colocaria um problema para a teologia. Nesse sentido, a questão é como pensar Deus apesar de [...].

B. Groth, no verbete "Ateísmo" do *Dicionário de Teologia Fundamental*, sugere que diante desse contexto é preciso primeiramente distinguir o que é o mal físico e o mal moral. Lembramos que tal definição já se encontra em Kant quando nos diz que o mal físico seria o inevitável ao qual estamos sujeitos pela nossa condição patética da miséria humana e o mal moral, esse sim, estaria relacionado à esfera da liberdade. Para Latourelle:

> A linguagem comum não erra, quando distingue o que faz mal daquilo que é mau, o mal que sofremos e o mal que queremos. O sofrimento e a morte são qualificados como "humanos", porque atingem o homem, mas em sentido tudo aquilo que atingem o homem, mas em sentido estrito somente o pecado é humano, pois somente o homem seu agente, o sujeito livre e responsável. O que sai do coração torna o homem mau (Mt 15,19-20). Quando falamos do mal, tratar-se-á antes de tudo do mal moral (LATOURELLE, 2017, p. 417).

Segundo Groth, a "tentativa de distinguir entre um mal físico e um mal moral pode esclarecer alguns aspectos, mas não representa uma verdadeira solução; o mesmo vale também para a explicação do mal como *privatio boni*" (GROTH, 2017, p. 94).

A questão apresentada por Groth permite pensarmos o que Ricoeur denominou agir responsável do ser humano, pois este só aprende a ser justo ao praticar a justiça e esta se realiza nas efetivas ações com os outros. A ação prevalece sobre o próprio conhecimento teórico, e, pensar a ação dessa forma, concerne, sobretudo, em termos kantianos, à razão prática e ao agir moral e ético quando se tem consciência da responsabilidade de conduta no mundo e com o mundo. Nesse sentido, o mal é um desafio para a filosofia e a teologia e uma teodiceia construída nos velhos padrões leibinizianos não pode ser satisfatória para se pensar o conceito da justiça de Deus. É preciso resgatar o valor da pessoa mesmo quando se trata de sua simbólica do mal.

Sob o enfoque de uma hermenêutica fenomenológica, apesar do mal, a aposta no ser humano resgata elementos e conceitos chaves para a compreensão de uma atitude ética tão necessária às indagações do homem contemporâneo. Uma sensibilidade ética que se pauta na lógica do amor não tem como não nomear o outro de maneira humanamente compreensível. "A exterioridade do ser é a própria moralidade" (LÉVINAS, 1988, p. 276).

A pertinência de se dizer que é possível crer apesar do mal, que é possível crer "apesar de..." é uma atitude fundamental que arremessa o ser humano ao horizonte da esperança. Que entre o abismo da fé e a alteridade da consciência se descobre aquele "algo mais" garante aquela certeza de que, na experiência "de um não sentido" é possível encontrar o sentido. Encontrar o sentido no não-sentido é o que permite dizer que uma fé no Deus da vida não pode ser real à margem do escândalo do sofrimento dos inocentes, sem que haja a suspensão do não sentido por um sentido insuspeitável. Como afirma Latourelle:

> Do Gênesis ao Evangelho, de Oseias a João, a Escritura não cessa de apresentar a Deus como amante. A criação é uma história com dois parceiros na qual o sim de Deus solicita o sim da criatura. Para completar-se, a criação precisa do consentimento do homem, pois

Deus não cria escravidão, mas liberdade. Ele não é um déspota, mas um amante: convida, chama, pede: "se quiseres!" Deus ama bastante os homens para deixar de lado seu próprio poder e correr o risco de uma recusa. Se existe um inferno, será o que cada um terá querido. Pois o homem pode negar essa colaboração, sufocar esse chamado e, com isso, provocar um desastre, uma "des-criação" do universo, mas não poderá impedir o Amor de continuar a amar. Na medida em que compreendemos Deus e seu amor entramos nos abismos de sua ternura e de sua fragilidade. Criando liberdade, Deus aceita ser crucificado pelos que se recusam a amá-lo, mas com isso não pode deixar de estar "em estado de amor" (LATOURELLE, 2017, p. 473).

Parece que não seria excessivo dizer que estamos diante de uma assimetria de liberdades, a liberdade de Deus e a liberdade do homem. Assimétrica, porque Deus tal como se revela, em sua liberdade, não deixa de amar. Nesse sentido, a cruz de Jesus é expressão máxima do amor de Deus por nós. Como diria ainda Latourelle, sem a cruz, Deus ficaria de um lado e nós do outro. Ele não estaria ao nosso lado e não seria aquele que caminha lado a lado conosco nessa grande aventura da existência humana.

De fato, o problema da onipotência de Deus obtém uma resposta prática por meio da sua autorrevelação na história. Ele não se manifesta como onipotente ao modelo de um poder político ou tirano que pode obter tudo o que quer. O seu poder está na sua capacidade de amar. Pensar a onipotência de Deus aos modos de um poder tirano, ou ainda um *deus ex machina* em meio à crise do mal, revela uma fé periférica e secundária (RICOEUR, 2012, p. 142). Nesse sentido, se observarmos os mais variados teólogos que refletem o tema do mal e do sofrimento, veremos que o Livro de Jó é um ponto de convergência para onde apontam suas reflexões, pois consideram sua teologia textual, metáfora do sofrimento humano.

Giuseppe Lorizio fala da dor inocente e o caminho imperscrutável do Senhor como uma teodiceia apofática experienciada por Jó (LORIZIO, 2005, p. 65). Nesses termos, o sofrimento de Jó configura-se como gênese de um *pathos* que une uma visão de mundo e uma visão ética no sistema simbólico de que se apodera a revelação. O *pathos* do sofrimento ativamente assumido por Jó, paradigma de uma história continuada, da qual todos fazemos parte, evoca diante das situações-limite que a linguagem teológica pode deslocar o conceito de Deus de construções preestabelecidas e inatingíveis para situar o tema da revelação no horizonte dramático do homem. A questão de como falar de Deus diante do sofrimento humano e do mal infringido exige uma transgressão de linguagem.

G. Lorizio afirma que "a possibilidade de superar o nível apofático-ético da teodiceia, para chegar ao teológico e cristológico pela mediação da leitura do Livro de Jó é chave fortemente cristocêntrica" (LORIZIO, 2005, p. 67). O Novo Testamento demonstra que o próprio Deus sofreu a dor em Jesus Cristo. A resposta neotestamentária não é que a dor deva ter um sentido, se Deus a sofre, mas o fato de Deus sofrer confere um sentido. E isso significa não a justificação, com base na dor que Deus mesmo, livremente, assumiu sobre si (como dado histórico de fato). "Por isso uma verdadeira teodiceia não pode prescindir da Encarnação nem da paixão" (GROTH, 2017, p. 94).

O tema do Deus no sofrimento ganha uma acepção diferente da que vinha sendo tratada pela teodiceia inclusive de caráter leibniziano. De fato, a pretensão de que Deus pudesse sofrer era impensável no teísmo tradicional. Como afirma Armir Kreiner:

> a confissão da fé cristã na encarnação de Deus em Jesus Cristo sugere que também Deus sofreu de alguma maneira na cruz. Pois a essa inferência a partir da encarnação se tem oposto tradicionalmente importantes

reservas que, no essencial, tinham a ver com outros atributos divinos considerados irrenunciáveis, sobretudo com o da eternidade ou a imutabilidade divina (KREINER, 2007, p. 207).

A fé em um Deus que sofre por amor oferece uma saída à problemática enclausurada da teodiceia. Nesse sentido, mais do que falar de sofrimento de Deus, talvez seja necessário um deslocamento no pensar teológico para a ideia do "sofrimento em Deus". Pois o sofrimento em Deus não é da ordem da passividade como o é nas criaturas, mas sim um ato livre de amor. O sofrimento em Deus está na ordem da iniciativa gratuita do amor. Por outro lado, as questões clássicas apresentadas por tantos teólogos se atualizam em cada experiência em que estamos inseridos.

A teologia está relacionada a um discurso que fala de Deus com um *logos* humano que procura explicar, compreender e interpretar. Historicamente, a teologia exige um discurso sobre Deus que renuncie a todas as objetivações de um discurso que não fale somente sobre Deus, mas evidencie um discurso humano sobre Ele. Ricoeur anuncia teologicamente um estilo de fé cristã ostensiva, deixando espaço ao paradoxo e aos reconhecimentos da força da intriga, capaz de desorientar para orientar. Sua forma de fazer teologia dá ao leitor a oportunidade de se remeter a um caminho de rupturas com a preguiça e conveniências ideológicas habituais. Falar de Deus oniamante em vez de onipotente, é a grande premissa da aposta da fé, uma vez que o único poder de Deus é o amor desarmado.

Quando, de fato, se desdobra a ideia do Deus das possibilidades desconhecidas, da apresentação indireta do incondicionado, do sentimento inesperado do homem frente ao drama experimentado, pode-se dizer que todas essas proposições tocam os limites da linguagem humana. Nesse sentido, pensar o limite impõe categoricamente que a tensão entre a reivindicação objetiva do saber e a apresentação do incondicionado seja preservada numa linguagem, que, por sua vez, saiba acentuar a lembrança de uma esperança não realizada da humanidade, porém, que se apresenta como advento e antecipação dessa mesma esperança. "Essa linguagem é ao mesmo tempo a dos conceitos-limite e das apresentações figurativas do incondicionado" (RICOEUR, 2010, p. 250).

Conclusão
O Deus oniamante

"A imaginação lança um papel fundamental na teologia" (STEEVES, 2017, p. 101). Sendo assim, pensar a revelação de Deus como núcleo irredutível da Teologia Fundamental permite-nos, neste tempo de noturnidade, de incertezas e inseguranças, deixar-nos guiar pela "verdadeira estrela de orientação que nos permite avançar por entre os condicionalismos da mentalidade imanentista e os reducionismos de uma lógica tecnocrática; a revelação cristã é a última possibilidade oferecida por Deus, para reencontrar em plenitude aquele projeto primordial de amor que teve início com a criação" (*FR* 15).

O mistério revelado de Deus pode ser acolhido pela imaginação e não chega ao homem como uma mera projeção, mas como correspondência imaginativa de uma autêntica realidade que envolve Deus e o homem numa relação profunda de amor. Dessa forma, pensar o Amor revelado de Deus é imbuir-se da certeza de sua inaudita presença; é deixar-se envolver na radicalidade do seu mistério, como Deus se insere no coração da história e se deixa narrar por uma tradição viva e textual. Na experiência concreta e sempre nova desse amor cravado na carne de sua história, o homem pode proclamar narrativamente a extraordinariedade desse histórico e dinâmico encontro. Nesse sentido, proclamar-se é entrar no quadro dinâmico de uma "palavra dirigida", uma "palavra que fala", logo é possível aperceber-se da manifestação eloquente do Deus que se revela.

No coração da teologia cristã, está a revelação de Deus consumada na pessoa de Jesus Cristo, que entra na história como a máxima expressão do amor de Deus pelos homens (Jo 3,16). Todavia, a história de Jesus está marcada por esse sentido amoroso de Deus. Dessa máxima revelada decorre a importância de compreender como manifestação do amor de Deus o mistério da vida, morte e ressurreição de Jesus. Por outro lado, quando se compreende imaginativamente a revelação de Deus, Cristo se apresenta como poema de Deus.

> Na Igreja e no mundo, estamos no tempo do discernimento. O discernimento realiza-se sempre na presença do Senhor, olhando para os sinais, ouvindo o que acontece, o sentir do povo que conhece o caminho humilde da teimosia diária, e sobretudo dos pobres. A sabedoria do discernimento resgata a necessária ambiguidade da vida. Mas é preciso penetrar a ambiguidade, é necessário entrar nela, como fez o Senhor Jesus ao assumir a nossa carne. O pensamento rígido não é divino porque Jesus assumiu a nossa carne que não é rígida a não ser no momento da morte. Por isso gosto tanto da poesia e, quando me é possível, continuo a lê-la. A poesia está cheia de metáforas. Compreender as metáforas ajuda a tornar o pensamento ágil, intuitivo, flexível, agudo. Quem tem imaginação não se endurece, tem o sentido do humorismo, goza sempre da doçura da misericórdia e da liberdade interior. É capaz de abrir visões amplas até em espaços restritos como fez nas suas obras pictóricas o Irmão Andrea Pozzo (1642-1709), descerrando com a imaginação espaços abertos, cúpulas e corredores, lá onde há apenas telhados e muros. Indico-vos também ele como figura de referência (FRANCISCO, 2017).

Quando se responde aos textos bíblicos como poemas, a dinâmica imaginativa da leitura cristã desperta duas realidades que parecem claras na ordem da inteligência do mistério de Cristo: o reconhecimento do fato histórico e a profissão querigmática da fé. Nesse sentido, no acontecimento Jesus Cristo, Deus se deixa narrar nessa grande história que é dele. O Deus manifestado na vida de Jesus Cristo é o Deus oniamante e Salvador.

Nesse sentido, assumir a ideia do Deus oniamante pressupõe não a renúncia da ideia da onipotência de Deus, mas sua reformulação na perspectiva da linguagem do amor que a revelação divina faz emergir. O seu poder está revelado em sua capacidade de amar. Assumir no horizonte da linguagem a ideia de um Deus oniamante significa dizer que Deus se dá a conhecer em um amor infinito e superabundante que desconhece limites e fronteiras e que não legitima nenhum tipo de poder que seja autoritário e glorioso. O amor revelado em Cristo é um amor atuante e transformante, dinâmico por si mesmo; nesse sentido, expressão da vida íntima de Deus, por isso mesmo, um amor capaz de esbanjar-se até o fim. A significação de encontrar-se com esse Deus tem implicações profundas, cuja linguagem poética das parábolas de Jesus o revela como apaixonado. Dessa forma, um Deus visceral, cuja misericórdia realiza-se como configuração do seu ser e do seu agir. O Deus oniamante é o Deus que se revela e que salva no amor. O homem somente poderá compreender a Deus no contexto agápico de sua revelação (*DV 2*).

Deus é o amante que, no acontecimento da sua revelação, convoca e envia. A revelação de Deus tem uma dimensão profundamente ética, cuja significação está no fato de impulsionar o sujeito amado para fora de si numa busca efetiva de se encontrar com o outro como constitutivo de sua experiência do Deus revelado. A dimensão ética da revelação registra-se pela prática do amor e da justiça, conclamando o sujeito convocado a atitudes de acolhimento, de testemunho e de envolvimento efetivo com a história e suas vítimas.

Deus se deixa conhecer por meio da audição dos múltiplos discursos nos quais Ele aparece como referente, pois esse próprio Deus se revela em seu abismo de sentido perscrutado pelo Espírito. No quadro dessa dedução, compreende-se que são os acontecimentos experimentados geradores de sentido, e que neles o Espírito atua, de maneira oculta e profunda. A dizibilidade desses acontecimentos na linguagem humana supera uma visão estreita de um ditado feito por Deus nos ouvidos do profeta.

A linguagem religiosa é desafiada cada vez mais a contextualizar-se diante dos desafios da sociedade moderna. Nela se confrontam, por um lado, um exacerbado indiferentismo religioso e, por outro, uma efervescência em torno do sagrado e, ao mesmo tempo, uma prática religiosa intimista, cada vez mais crescente e até mesmo uma prática solipsista espiritual.

A linguagem que tange a pastoral deve ser profunda e existencial. Ela deve ser teológica e teologal. Teológica, porque evidencia a revelação de Deus e suas implicações. Teologal, porque evidencia a experiência que o homem faz dessa revelação.

A intenção deste livro foi construir uma espécie de Teologia Fundamental I – ressaltando o problema da revelação e sua credibilidade como o núcleo irredutível dela, deixando em aberto a possibilidade da continuidade da reflexão com seus parceiros externos: cristologia, eclesiologia, religiões, culturas e ciências (LATOURELLE, 2017, p. 815).

Referências

ÁLVAREZ, C.M. *Deus absconditus*: *Désir, mémoire et imagination eschatologique* – Essai de théologie fondamentale postmoderne. Paris: Cerf, 2010.

AQUINO JUNIOR, F. *Teologia em saída para as periferias*. São Paulo/ Recife: Paulinas/ Universidade Católica de Pernambuco, 2019.

ARENAS, O.R. *Jesus, epifania do amor do Pai*. São Paulo: Loyola, 1995.

AUBERT, R. "Modernismo". In: *SM*, 4, s.d., p. 765-775.

BEAUDE, P.M. "Testamento Antigo e Novo". In: LATOURELLE, R. & FISICHELLA, R. (orgs.). *Dicionário de Teologia Fundamental*. Petrópolis: Vozes, 2017, p. 816-818.

BELLOSO, J.M. *Tratado de Dios Uno y Trino* – Revelación de Dios, Salvación del hombre. Salamanca: Secretariado Trinitário, 1998.

BENTO XVI. *Exortação apostólica pós-sinodal Verbum Domini*. Cidade do Vaticano: Libreria Editrice Vaticana, 2010.

BLONDEL, M. *L'action* – Essai d'une critique de l'aviez et d'une science de la pratique. Paris: Press, 1973.

BOEVE, L. "Linguistica ancilla theologiae – L'intérêt de la linguistique cognitive pour la théologie fondamentale". In: *Revue théologique de Louvain*. Louvain-la-Neuve, 2001, p. 218-239.

BOFF, C. *Teoria do método teológico*. Petrópolis: Vozes, 1998.

BORGHESI, M. *Jorge Mario Bergoglio*: uma biografia intelectual. Petrópolis: Vozes, 2011.

BÖTTIGHEIMER, C. *Manual de Teologia Fundamental* – A racionalidade da questão de Deus e da revelação. Petrópolis: Vozes, 2014.

BOUILLARD, H. "Le concept de Révélation de Vatican I a Vatican II". In: AUDINET, J.; BOUILLARD, H.; DEROUSSEAUX, L.; GEFFRÉ, C. & POTTERIE, I. *Révélation de Dieu et langage des hommes*. Paris: Cerf, 1972, p. 35-49.

CANO, M. *De locis theologicis*. Madri: BAC, 2006.

CARDEDAL, O.G. *El quehacer de la teología*. Salamanca: Sígueme, 2008.

CASALE, U. *Il Dio comunicatore e l'avventura della fede* – Saggio di teologia fondamentale. Turim: Elledici, 2003.

Catecismo da Igreja Católica. Petrópolis/São Paulo: Vozes/Paulinas/Paulus/Loyola/Ave Maria, 1993.

CARTER, W. *O Evangelho de São Mateus* – Comentário sociopolítico e religioso a partir das margens. São Paulo: Paulus, 2002.

CAVALEIRO, R.M. "Homem". In: XAVIER, D.J. (org.). *Paul Ricoeur de A a Z* – Uma contribuição de estudante para estudante. São Paulo: Fons Sapientiae, 2019, p. 142-145.

"Constituição Dogmática *Dei Verbum*". In: VIER, F. (coord.). *Compêndio do Vaticano II*. 20. ed. Petrópolis: Vozes, 1989.

CERTEAU, M. *A faiblesse de croir*. Paris: Seuil, 1987.

CORDOVILLA PÉRES, A. *El ejercicio de la teología* – Introducción al pensar teológico y a sus principales figuras. Salamanca: Sígueme, 2007.

CUNHA, J.T. *Ética Teológica Fundamental*. Lisboa: Universidade Católica, 2009.

D'ALESSIO, D. "Teologia Fondamentale". In: *Rivista Teologica del Seminario Arcivescovile di Milano*. Milão: Ancora, 2011, p. 166-178.

DENZINGER, H. *Compêndio dos símbolos, definições e declarações de fé e moral*. São Paulo: Paulinas/Loyola, 2007.

DORE, J. *La grâce de croire*. Vol. 1: La Révélation. Paris: De L'atelier, 2009.

_____. "Immanenzapologetik". In: *3LThK*, 5, 1996, p. 30-432.

DULLES, A. *Théologies de la Révélation*. Perpignan: Artege, 1992.

DUPUIS, J. "Da Libertação". In: LATOURELLE, R. & FISICHELLA, R. (orgs.). *Dicionário de Teologia Fundamental*. Petrópolis: Vozes, 2017, p. 806-810.

DUQUE, J. *Homo Credens* – Para uma teologia da fé. Lisboa: Universidade Católica, 2004.

ESTRADA, J.A. *A impossível teodiceia* – A crise da fé em Deus e o problema do mal. São Paulo: Paulinas, 2004.

FALQUE E. *Metamorfosis de la finitud* – Nacimiento y resurrección. Salamanca: Sígueme, 2017.

_____. *Pasar Getsemaní: Angustia, Sufrimiento y muerte* – Lectura existencial y fenomenológica. Salamanca: Sígueme, 2013.

FISICHELLA, R. "Cristologia". In: LATOURELLE, R. & FISICHELLA, R. (orgs.). *Dicionário de Teologia Fundamental*. Petrópolis: Vozes, 2017, p. 145-149.

_____. "Inspiração". In: LATOURELLE, R. & FISICHELLA, R. (orgs.). *Dicionário de Teologia Fundamental*. Petrópolis: Vozes, 2017, p. 170-177.

_____. "La Teología de la revelación". In: IZQUIERDO URBINA, C. (org.). *Dios en la Palabra y en la historia* – XIII Simposio Internacional de Teología. Navarra: Universidad de Navarra, 1993, p. 41-82.

_____. "Teologia da história". In: LATOURELLE, R. & FISICHELLA, R. (orgs.). *Dicionário de Teologia Fundamental*. Petrópolis: Vozes, 2017, p. 408-410.

_____. "Testemunho". In: LATOURELLE, R. & FISICHELLA, R. (orgs.). *Dicionário de Teologia Fundamental*. Petrópolis: Vozes, 2017, p. 829-835.

FORTE, B. *A transmissão da fé*. São Paulo: Loyola, 2018.

_____. *À escuta do Outro* – Filosofia e revelação. São Paulo: Paulinas, 2003.

FRANCISCO. *Carta encíclica sobre a fraternidade e a amizade social Fratelli Tutti*. Assis: Libreria Editrice Vaticana, 2020 [Disponível em http://www.vatican.va/content/francesco/pt/encyclicals/documents/papa-francesco_20201003_enciclica-fratelli-tutti.html – Acesso em 30/11/2020].

_____. Homilia *"O Espírito ensina-nos tudo, introduz-nos no mistério, faz-nos recordar e discernir"*. Cidade do Vaticano, 11/05/2020 [Disponível em http://www.vatican.va/content/francesco/pt/cotidie/2020/documents/papa-francesco-cotidie_20200511_lospirito-donodidio.html – Acesso: 30/11/2020].

_____. *Discurso aos membros da comunidade da Civiltà Cattolica*. Cidade do Vaticano, 9/02/2017 [Disponível em http://www.vatican.va/content/francesco/pt/speeches/2017/february/documents/papa-francesco_20170209_comunita-civilta-cattolica.html – Acesso em 29/11/2020].

_____. *Mensagem do Santo Padre Francisco para a XXXII Jornada Mundial da Juventude 2017*. Cidade do Vaticano, 27/02/2017 [Disponível em http://www.vatican.va/content/francesco/pt/messages/youth/documents/papa-francesco_20170227_messaggio-giovani_2017.html – Acesso: 30/11/2020].

_____. *Misericordiae Vultus* – Bula de proclamação do jubileu extraordinário da misericórdia. Cidade do Vaticano: Libreria Editrice Vaticana, 2015 [Disponível em http://www.vatican.va/content/francesco/pt/apost_letters/documents/papa-francesco_bolla_20150411_misericordiae-vultus.html – Acesso em 30/11/2020].

_____. *Mensagem do Papa Francisco ao Congresso Internacional de Teologia junto da Pontifícia Universidade Católica Argentina*. Cidade do Vaticano, 04/09/2015 [Disponível em http://www.vatican.va/content/francesco/es/messages/pont-messages/2015/documents/papa-francesco_20150903_videomessaggio-teologia-buenos-aires.html – Acesso em 30/11/2020].

_____. *Discurso à comunidade da Pontifícia Universidade Gregoriana e dos institutos consagrados*. Cidade do Vaticano, 10/04/2014 [Disponível em http://www.vatican.va/content/francesco/pt/speeches/2014/april/documents/papa-francesco_20140410_universita-consortium-gregorianum.html – Acesso em 30/11/2020].

_____. *Carta encíclica Lumen Fidei*. Cidade do Vaticano: Libreria Editrice Vaticana, 2013 [Disponível em http://www.vatican.va/content/francesco/pt/encyclicals/documents/papa-francesco_20130629_enciclica-lumen-fidei.html – Acesso em 30/11/2020].

_____. *Evangelii Gaudium*. Brasília: CNBB, 2013.

GEFFRÉ, C. "A Teologia Fundamental como hermenêutica". In: *Revista de Teologia e Ciências da Religião da Unicap* – O risco da interpretação: uma homenagem a Claude Geffré, ano 8, n. 3, jul.-dez./2009, p. 9-33.

_____. *Como fazer teologia hoje* – Hermenêutica teológica. São Paulo: Paulinas, 1989.

GISEL, P. *La théologie face aux sciences religieuses*. Genebra: Labor et Fides, 1999.

GISMONDI, G. *Teologia Fondamentale*. Vol. 1: Temi e problemi della fede. Roma: Pontificia Università Gregoriana, 2000.

GOMES, T.F. *O logos se fez dia-logos: economia do Logos encarnado e diálogo inter-religioso em busca da paz em Claude Geffré*. Porto Alegre: Pontifícia Universidade Católica do Rio Grande do Sul, 2020 [Tese de doutorado].

GONÇALVES, P.S.L. *Ontologia hermenêutica e teologia*. Aparecida: Santuário, 2011.

GONZALEZ FAUS, J.I. *La Humanidad Nueva* – Ensayo de Cristología. Maliaño: Sal Terrae, 2016.

GREISCH, J. "Blondel et les aspectes herméneutique de la crise moderniste". In: DURBALE, D. (org.). *Le Modernisme*. Paris 1980, p. 161-180.

GRESHAKE, G. *El Dios Uno e Trino* – Una teología de la Trinidad. Barcelona: Herder, 2001.

GROTH, D. "Ateísmo". In: LATOURELLE, R. & FISICHELLA, R. (orgs.). *Dicionário de Teologia Fundamental*. Petrópolis: Vozes, 2017, p. 88-95.

GUTIÉRREZ, G. *Teologia da Libertação* – Perspectivas. São Paulo: Loyola, 2000.

HAIGHT, R. *Dinâmica da Teologia*. São Paulo: Paulinas, 2004.

HENRICI, P. "Apologética de la inmanencia". In: *SM*, 1, p. 371-375.

_____. "Blondel". In: *3LThK*, 2, 1994, p. 528s.

_____. "M. Blondel y la "filosofía de la acción". In: V.V. A.A. *Filosofía Cristiana*. Vol. 1. Madri, 1993, p. 524-563.

IZQUIERDO URBINA, C. *Teología Fundamental*. Pamplona: Eunsa, 2002.

_____. *Blondel y la crisis modernista*. Pamplona: Eunsa, 1990.

JOÃO PAULO II. *Carta encíclica Fides et Ratio*. Petrópolis: Vozes, 1998.

_____. *Carta apostólica Tertio Millenio Adveniente*. São Paulo: Loyola, 1994.

JÜNGEL, E. *Dieu mystère du monde* – Fondement de la théologie du Crucifié dans le débat entre théisme et athéisme. Paris: Cerf, 1993.

KASPER, W. *Papa Francesco* – La rivoluzione della tenerezza e dell'amore. Bréscia: Queriniana, 2015.

_____. *Jesús, El Cristo*. Salamanca: Sígueme, 2006.

_____. *El Dios de Jesucristo*. Salamanca: Verdad e Imagen, 1998.

_____. *Le Dieu des Chrétiens*. Paris: Cerf, 1985.

KASPUTIS, M.B. "Filósofos da suspeita". In: XAVIER, D.J. (org.). *Paul Ricoeur de A a Z* – Uma contribuição de estudante para estudante. São Paulo: Fons Sapientiae, 2019, p. 121-122.

KREINER, A. Dios en el sufrimiento. Barcelona: Heder, 2007.

LACOSTE, Y. *Experiencia y absoluto*. Salamanca: Sígueme, 2010.

_____. *La phénoménalité de Dieu* – Neuf études. Paris: Cerf, 2008.

LAFONT, G. "Linguagem". In: LATOURELLE, R. & FISICHELLA, R. (orgs.). *Dicionário de Teologia Fundamental*. Petrópolis: Vozes, 2017.

LATOURELLE, R. "Dei Verbum". In: LATOURELLE, R. & FISICHELLA, R. (orgs.). *Dicionário de Teologia Fundamental*. Petrópolis: Vozes, 2017, p. 170-177.

_____. "Evangelho". In: LATOURELLE, R. & FISICHELLA, R. (orgs.). *Dicionário de Teologia Fundamental*. Petrópolis: Vozes, 2017, p. 170-177.

_____. "Mal". In: LATOURELLE, R. & FISICHELLA, R. (orgs.). *Dicionário de Teologia Fundamental*. Petrópolis: Vozes, 2017, p. 471-476.

_____. "Pascal, Blaise". In: LATOURELLE, R. & FISICHELLA, R. (orgs.). *Dicionário de Teologia Fundamental*. Petrópolis: Vozes, 2017, p. 576-579.

_____. "Revelação". In: LATOURELLE, R. & FISICHELLA, R. (orgs.). *Dicionário de Teologia Fundamental*. Petrópolis: Vozes, 2017, p. 677-707.

_____. "Testemunho". In: LATOURELLE, R. & FISICHELLA, R. (orgs.). *Dicionário de Teologia Fundamental*. Petrópolis: Vozes, 2017, p. 824-828.

_____. "Teologia Fundamental". In: LATOURELLE, R. & FISICHELLA, R. (orgs.). *Dicionário de Teologia Fundamental*. Petrópolis: Vozes, 2017, p. 814-816.

_____. "El Concilio Vaticano II y la Constitución Dei Verbum". In: *Teología de la Revelación*. Salamanca: Sígueme, 2005, p. 355-362.

_____. *Teología de la Revelación*. Salamanca: Sígueme, 2005.

LIBANIO, J.B. *Teologia da revelação a partir da Modernidade*. São Paulo: Loyola, 1997.

LORIZIO, G. "La dimensión trinitaria de la Revelación – Una reflexión teológico-fundamental a 40 años de la Dei Verbum". In: *Semanas de Estudios Trinitarios* – Teología y apología del Dios cristiano. El misterio de la SS. Trinidad en la teología fundamental. Salamanca: Secretariado Trinitario, 2005, p. 39-75.

LOSER, W. "Universale Concretum". In: LATOURELLE, R. & FISICHELLA, R. (orgs.). *Dicionário de Teologia Fundamental*. Petrópolis: Vozes, 2017, p. 855-856.

_____. *Introdução à Teologia Fundamental*. São Paulo: Paulus, 2016.

MANZATTO, A. *Jesus Cristo*. São Paulo: Paulinas, 2019.

MARCONDES, J.M. *A vida do símbolo* – A dimensão simbólica da religião. São Paulo: Paulinas, 2006.

MARION, J-L. *Le visible et le révélé*. Paris: Cerf, 2010.

_____. *Étant donné*. Paris: Puf/Quadrige, 1997.

_____. *La croisée du visible*. Paris: Puf/Quadrige, 1996.

MARTINELLI, P. *La testimonianza* – Verità di Dio e libertà dell'uomo. Roma: Paoline, 2002.

MATEOS, J. & BARRETO, J. *O Evangelho de São João*. São Paulo: Paulus, 1999.

MATEOS, J. & CAMACHO, F. *Marcos* – Texto e comentário. São Paulo: Paulus, 1998.

_____. *O Evangelho de Matheus*. São Paulo: Paulinas, 1993.

MATEO-SECO, L.F. *Dios Uno y Trino*. Pamplona: Eunsa, 1998.

MOLTMANN, J. *Experiência de reflexão teológica* – Caminhos e formas da teologia cristã. São Leopoldo: Sinodal, 2014.

MONTES, A.G. *Teología Fundamental* – De la revelación y de la fe. Madri: BAC, 2010.

_____. *Fundamentación de la fe*. Salamanca. Secretariado Trinitario, 1994.

MOUROUX, J. "Carácter personal de la fe". In: SCHÖKEL, L.A. *Comentarios a la constitución Dei Verbum sobre la divina revelación*. Madri: BAC, 2012.

MYERS, C. *O Evangelho de São Marcos*. São Paulo: Paulinas, 1992.

NERI, M. *Il corpo di Dio* – Dire Gesù nella cultura contemporanea. Bolonha: EDB, 2010.

NOVO, A.C.F. *Jesucristo, plenitud de la Revelación*. Bilbao: Desclée, 2003.

PALMER, R. *Hermenêutica*. Porto: Edições 70, 1969.

PASTOR, F.A. *A lógica do inefável*. Aparecida: Santuário, 1986.

PASTOR, F.A. *A semântica do mistério*: a linguagem teológica da ortodoxia trinitária. São Paulo: Loyola, 1982.

PIÉ-NINOT, S. *La Teología Fundamental* – "Dar razón de la esperanza" (1Pe 3,15). Salamanca: Secretariado Trinitario, 2009.

PONTIFÍCIA COMISSÃO BÍBLICA. *La interpretación de la Biblia en la Iglesia.* Madri: PPC, 2010.

POULAT, E. *Modernistica.* Paris, 1982.

_____. *El Modernismo.* Madri, 1972.

PUGLIESE, G.S. "Amor". In: XAVIER, D.J. (org.). *Paul Ricoeur de A a Z* – Uma contribuição de estudante para estudante. São Paulo: Fons Sapientiae, 2019, p. 31-36.

QUEIRUGA, A.T. *Repensar la revelación* – La revelación divina en la realización humana. Madri: Trotta, 2008.

RAHNER, K. *Oyente de la palabra* – Fundamentos para una filosofía de la religión. Barcelona: Herder, 2009.

_____. *Curso Fundamental da fé.* São Paulo: Paulus, 1989.

Revista Concilium, n. 17. Petrópolis: Vozes, 1966.

RICOEUR, P. "Dio non è onnipotente". In: BIANCHI, E. *La logica di Gesù.* Magnano: Qiqajon, 2009, p. 135-154.

_____. "In ascolto delle Parole: uno stupore rinnovato". In: BIANCHI, E. *La logica di Gesù.* Magnano: Qiqajon, 2009, p. 37-53.

_____. "Ermeneutica filosofica ed ermeneutica teologica". In: RICOEUR, P. & JÜRGEM, E. *Dire Dio* – Per un'ermeneutica del linguaggio religioso. Bréscia: Queiriniana, 2005, p. 43-72.

_____. *Parcours de la reconnaissance.* Paris: Seuil, 2004.

_____. *L'herméneutique biblique.* Paris: Seuil, 2001.

_____. *La mémoire, l'histoire, l'oubli.* Paris: Seuil, 2000.

_____. "Le sujet convoque – À l'école des récits de vocation prophétique". In: *Revue de l'Institut Catholique de Paris*, n. 28, 1998, p. 83-99.

_____. *La critique et la conviction* – Entretien avec François Azouvi et Marc de Launay. Paris: Seuil, 1995.

_____. *Réflexion faite – Autobiographie intellectuelle*. Paris: Esprit, 1995.

_____. *Lectures 3* – Aux frontières de la philosophie, Paris: Seuil, 1994.

_____. "Expérience et langage dans le discours religieux". In: CHRÉTIENS, J-L.; HENRY, M.; MARION, J.-L. & RICOEUR, P. *Phénoménologie et théologie*. Paris: Seuil, 1992, p. 15-38.

_____. *Lectures 2* – La contrée des philosophes. Paris: Seuil, 1992.

_____. *Du texte à l'action* – Essais d'herméneutique II. Paris: Seuil, 1986.

_____. *Les incidences théologiques des recherché actuelles concernant le langage*. Louvain-la-Neuve, 1984.

_____. "Imagination et métaphore". In: *Psychologie médicale*, 14, 1982, p. 1-7 [Comunicação à jornada da Societé français de Psychologie de l'expression, em Paris, 1981].

_____. "La Bible et l'imagination". In: *Revue d'histoire et de philosophie religieuses*, n. 4, 1982, p. 339-360.

_____. "Poétique et symbolique". In: LAURET, B. & REFOULÉ, F. *Initiation à la pratique de la théologie*. Vol. 1: Introduction. Paris, 1982, p. 36-63.

_____. *Cours sur herméneutiques*. Bruxelas, 1980 [Curso proferido em Lovaina, 1970-1971].

_____. "Discussion d'ensemble". In: RICOEUR, P.; LÉVINAS, E.; HAULOTTE, E.; CORNÉLIS, E. & GEFFRÉ, C. *La Révélation*. Bruxelas, 1977, p. 207-236.

_____. "Herméneutique de l'idée de Révélation". In: RICOEUR, P.; LÉVINAS, E.; HAULOTTE, E.; CORNÉLIS, E. & GEFFRÉ, C. *La Révélation*. Bruxelas, 1977.

_____. *La Métaphore vive*. Paris: Seuil, 1975.

_____. "Manifestation et proclamation". In: CASTELLI, E. (dir). *Le Sacré: Études et recherches* – Actes du colloque organisé par le Centre International d'*études* humanistes et par l'institut d'*études* philosophique de Rome. Paris: Seuil, 1974.

_____. "La métaphore et le problème central de l'herméneutique". In: *Revue philosophique de Louvain*. Louvaina, 1972.

_____. *Le conflit des interprétations* – Essais d'herméneutique I. Paris: Seuil, 1969.

ROCHETTA, C. "Narrativa". In: LATOURELLE, R. & FISICHELLA, R. (orgs.). *Dicionário de Teologia Fundamental*. Petrópolis: Vozes, 2017, p. 801-803.

_____. *Teologia da ternura* – Um evangelho a descobrir. São Paulo: Paulus, 2002.

RODRÍGUES, J.Z. *El encuentro* – Propuesta para una Teología Fundamental. Salamanca: Secretariado Trintario, 2010.

RUIZ, G. "Historia de la constitución Dei Verbum". In: SCHÖKEL, L.A. (dir.). *Comentarios a la constitución Dei Verbum sobre la divina revelación*. Madri: BAC, 2012.

SANNA, I. *Karl Rahner*. São Paulo: Loyola, 1974.

SCANNONE, J.C. *A teologia do povo* – Raízes teológicas do Papa Francisco. São Paulo: Paulinas, 2019.

SCHÖKEL, L.A. (dir.). *Comentarios a la constitución Dei Verbum sobre la divina revelación*. Madri: BAC, 2012.

SECKLER, M. "La dimensione fondamentale della teologia di Karl Rahner". In: SANNA, I. (org.). L'eredità teológica di Karl Rahner. Roma: Lateran University Press, 2005, p. 49-67.

SEQUERI, P. *A ideia da fé* – Tratado de Teologia Fundamental. Braga: Frente e Verso, 2013.

SOUSA, J.A. *O conceito de revelação na controvérsia modernista*. Lisboa: Sampedro, 1972.

SPADARO, A. *Entrevista ao Papa Francisco*. Cidade do Vaticano, 19/08/2013 [Disponível em http://www.vatican.va/content/francesco/pt/speeches/2013/september/documents/papa-francesco_20130921_intervista-spadaro.html – Acesso em 29/11/2020].

TENATE, M. *Dal chiodo alla chiave*: La teologia fondamentale di Papa Francesco. Cidade do Vaticano: Libreria Editrice Vaticana, 2017.

THEOBALD, C. *La Révélation*. Paris: L'Atelier, 2005.

TORRALDA. F. *Diccionario Bergoglio* – Las palabras clave de un pontificado. Madri: San Pablo, 2019.

TRESMONTANT, C. *La crisis modernista*. Barcelona, 1981.

URBINA, C.I. *Teología Fundamental*. Pamplona: Eunsa, 2002.

VALLS, M.C. *Ispirazione*. Assis: Cittadella, 2014.

VERWEYEN, H. "Inmanencia, Método de la". In: *DTF*, p. 720-725.

VIDE, V. *Los lenguajes de Dios* – Pragmática lingüística y teología. Bilbao: Universidad de Deusto, 1999.

VIGIL, J. "A opção pelos pobres é opção pela justiça, e não é preferencial para um reenquadramento teológico-sistemático da opção pelos pobres". In: *Perspectiva Teológica*, XXXVI/99, mai.-ago./2004, p. 241-252.

VON BALTHASAR, H.U. "Glaubhaft ist nur Liebe". In: *Teologi@ Internet*, 01/10/2013 [Disponível em http://www.ihu.unisinos.br/noticias/ 524498-hans-urs-von-balthasar-1905-1988-somente-o-amor-e-digno-de-credito].

_____. *La percezione dell'amore*. Milão: Jaca Book, 2010.

_____. *Solo el amor es digno de fe*. Salamanca: Verdad e Imagen, 1999.

WALDENFELS, H. *Manuel de théologie fondamentale*. Paris: Cerf, 2010.

WENGER, A. *Vatican II* – Chronique de la troisième session. Paris: Centurion, 1965.

WICKS, J. "Lugares Teológicos". In: LATOURELLE, R. & FISICHELLA, R. (orgs.). *Dicionário de Teologia Fundamental*. Petrópolis: Vozes, 2017, p. 462-463.

_____. *La Divina Rivelazione e la sua trasmissione* – Manuale di studio. Roma: Pontificia Università Gregoriana, 2008.

_____. *Introdução ao Método Teológico*. São Paulo: Loyola, 1999.

XAVIER, D.J. "O testemunho como linguagem do indizível – Um objeto inobjetável e sua jurisdição de possibilidades a partir da fenomenologia de Jean-Luc Marion". In: *Revista Teoliterária*, vol. 10, n. 21, 2020, p. 206-229.

_____. "O Papa, o teólogo e o poeta. Uma análise da linguagem poética e metafórica de Francisco à luz da filosofia da linguagem de Paul Ricoeur". In: R*evista Humanística e Teologia. Teologia e Questões de gênero*, 2018, p. 143-162 [Porto: Universidade Católica Portuguesa].

_____. *A Expressividade do mistério revelado no horizonte da linguagem a partir da hermenêutica teológica de Paul Ricoeur.* Roma: Pontifícia Universidade Gregoriana, 2014.

XAVIER, D.J. (org.). *Paul Ricoeur de A a Z* – Uma contribuição de estudante para estudante. São Paulo: Fons Sapientiae, 2019.

Índice

Sumário, 5

Apresentação à segunda edição da Coleção Iniciação à Teologia, 7

Prefácio, 11

Introdução, 13

Parte I, 21

1 Histórico da Teologia Fundamental, 23

  1.1 Da apologética tradicional à Teologia Fundamental pós-conciliar, 25

  1.2 Objeto e método da Teologia Fundamental, 27

  1.3 A revelação como objeto primeiro, 27

  1.4 A credibilidade como objeto da Teologia Fundamental, 29

2 O acesso do homem à revelação, 32

  2.1 Prolegômenos à revelação, 32

  2.2 O homem como *potentia oboedientialis*, 33

  2.3 O homem capaz de escutar a Palavra de Deus, 37

  2.4 Blaise Pascal e as razões do coração, 40

  2.5 O método da imanência de Maurice Blondel, 43

  2.6 Karl Rahner e sua antropologia transcendental, 50

  2.7 Hans Urs von Balthasar (1905-1988), 56

3 O Mistério inefável, 61

  3.1 A não esgotabilidade do mistério, 63

  3.2 A tessitura da existência humana, 65

3.3 O Deus que se revela é o *Deus absconditus* e o percurso teológico, 66

3.4 O inaudito movimento de Deus na carne da história, 67

3.5 Deus como mistério e como linguagem, 69

4 Perspectiva filosófico-exegética, 72

4.1 A revelação de Deus pela palavra e pela história, 72

4.2 Campos semânticos neotestamentários da revelação, 74

4.3 Os evangelhos sinóticos, 76

4.3.1 Marcos, 77

4.3.2 Mateus, 82

4.3.3 Lucas, 87

4.4 O *corpus* joanino, 88

5 A fenomenologia bíblica, 90

5.1 Os modelos históricos para explicar a revelação, 95

5.2 A revelação como experiência de epifania, 95

5.3 Característica do modelo epifânico da revelação, 95

5.4 A revelação como instrução ou modelo doutrinal, 96

5.4 Revelação como autocomunicação, 97

6 A Constituição Dogmática *Dei Verbum*, 101

6.1 Reflexão preliminar, 101

6.1.1 A constituição, 102

6.1.2 A questão metodológica, 102

6.1.3 A composição geral da *Dei Verbum*, 103

6.1.4 A autocomunicação, 104

6.2 Mudança de perspectiva, 105

6.2.1 O advento de Deus no coração da história, 107

6.3 Do objeto da revelação a compreensão do caráter sacramental, 108

6.4 Notas peculiares acerca da revelação na *Dei Verbum*, 110

6.5 A dimensão cristológica da revelação, 112

6.6 Revelação natural e revelação sobrenatural, 114

    6.6.1 Revelação natural, 114

    6.6.2 Revelação sobrenatural, 115

7 Algumas analogias significativas no panorama da Teologia Fundamental, 117

Parte II, 125

1 A Teologia Fundamental e a linguística cognitiva, 127

    1.1 A assimetria do jogo de linguagem entre Deus e o homem, 128

    1.2 A relevância da metáfora para a Teologia Fundamental, 129

    1.3 A relevância da memória para a Teologia Fundamental, 133

    1.4 Teologia da história e a tradição narrativa como memorial, 135

    1.5 A significação da linguagem como mediação da revelação, 138

2 A importância da hermenêutica para a Teologia Fundamental, 140

    2.1 A palavra "hermenêutica", 142

    2.2 A teoria hermenêutica contemporânea e suas aplicações à Escritura, 143

    2.3 O problema hermenêutico, 144

    2.4 Inspiração e canonicidade, 148

3 O conceito de revelação em Paul Ricoeur, 155

    3.1 O conceito de revelação, 157

    3.2 O conceito polifônico da revelação e sua significação analógica, 158

    3.3 A linguagem polifônica do discurso bíblico, 159

    3.4 O conceito polifônico de revelação, 160

    3.5 Uma poética generativa, 162

    3.6 A Teologia Fundamental e a poética generativa, 163

    3.7 A polifonia da revelação e a pluralidade das nominações de Deus na perspectiva poética bíblica, 164

        3.7.1 O discurso profético, 164

        3.7.2 O discurso narrativo, 165

        3.7.3 O discurso prescritivo, 167

3.7.4 O discurso sapiencial, 169

3.7.5 O discurso hínico, 172

3.8 A categoria de testemunho no centro da atual Teologia Fundamental, 174

4 O resgate da importância do conceito de testemunho, 176

4.1 O homem como testemunha da verdade doada, 177

4.2 O homem como testemunha da verdade – A fenomenologia da doação de Jean Luc Marion, 177

4.3 A fenomenologia da doação, 180

4.4 A categoria de testemunho no contexto de uma fenomenologia da fé, 185

4.5 O valor semântico do testemunho, 199

4.6 A significação histórica do testemunho e da narração, 200

4.7 A significação jurídica do testemunho, 201

4.8 Significação ético-antropológica do testemunho, 202

4.9 O abismo da fé e a alteridade da consciência, 206

4.10 A hermenêutica do testemunho, 207

4.11 O testemunho profético e querigmático, 209

4.12 Textos lucanos e joaninos, 211

4.12.1 Lucas, 211

4.12.2 João, 212

4.13 Confissão cristológica e anúncio narrativo, 213

4.14 O testemunho no horizonte da linguagem: testemunho, revelação e linguagem, 213

4.15 A Teologia Fundamental e os mártires, 218

4.15.1 Romero, símbolo do *affectus fidei*, 220

4.15.2 Romero, símbolo de uma Igreja próxima aos pobres, 221

5 A teologia do martírio e seu lugar na Teologia Fundamental, 223

5.1 Os pobres como lugar hermenêutico, 225

5.2 A epistemologia do amor e a lógica da razão compassiva, 236

6 Francisco, o papa da Teologia Fundamental do terceiro milênio, 241

6.1 O *intellectus amoris et misericordiae* como linguagem teológica de Francisco, 245

6.2 O *universale concretum* de Francisco, 248

6.3 A linguagem de Francisco e a tangibilidade do mundo, 256

7 O problema do mal na reflexão da Teologia Fundamental, 260

Conclusão – O Deus oniamante, 267

Referências, 271

COLEÇÃO INICIAÇÃO À TEOLOGIA
Coordenadores: Welder Lancieri Marchini e Francisco Morás

- *Teologia Moral: questões vitais*
  Antônio Moser
- *Liturgia*
  Frei Alberto Beckhäuser
- *Mariologia*
  Clodovis Boff
- *Bioética: do consenso ao bom-senso*
  Antônio Moser e André Marcelo M. Soares
- *Mariologia – Interpelações para a vida e para a fé*
  Lina Boff
- *Antropologia teológica – Salvação cristã: salvos de quê e para quê?*
  Alfonso García Rubio
- *A Bíblia – Elementos historiográficos e literários*
  Carlos Frederico Schlaepfer, Francisco Rodrigues Orofino e
  Isidoro Mazzarolo
- *Moral Fundamental*
  Frei Nilo Agostini
- *Direito Canônico – O povo de Deus e a vivência dos sacramentos*
  Ivo Müller, OFM
- *Estudar teologia – Iniciação e método*
  Henrique Cristiano José Matos
- *História da Igreja – Notas introdutórias*
  Ney de Souza
- *Direito Canônico*
  Pe. Mário Luiz Menezes Gonçalves
- *Trindade – Mistério de relação*
  João Fernandes Reinert
- *Teologia Fundamental*
  Donizete Xavier
- *Teologia Pastoral – A inteligência reflexa da ação evangelizadora*
  Agenor Brighenti
- *Moral Social*
  Fr. André Luiz Boccato de Almeida, OP

Dicionário de Teologia Fundamental

Esse *Dicionário* tem por base o binômio revelação-fé. Em torno deste eixo giram os 223 verbetes que o compõem. A estrutura do *Dicionário* foi pensada de modo a propor, a quem o desejar, um estudo sistemático de todos os temas da Teologia Fundamental: os princípios básicos e suas implicações.

Em sua concepção inicial, essa obra procurou definir, antes de tudo, as grandes linhas do *Dicionário* e, em seguida, determinar os verbetes a serem tratados, levando em conta uma série de critérios.

Mesmo tendo sido composto há algumas décadas, permanece muitíssimo atual, justamente pela forma abrangente utilizada em sua organização. Sendo um dicionário, não contém tratados teológicos sistemáticos, mas cada temática é apresentada com uma grande abrangência. Além disso, ao final de cada verbete há indicações bibliográficas para aprofundamento.

CULTURAL

Administração
Antropologia
Biografias
Comunicação
Dinâmicas e Jogos
Ecologia e Meio Ambiente
Educação e Pedagogia
Filosofia
História
Letras e Literatura
Obras de referência
Política
Psicologia
Saúde e Nutrição
Serviço Social e Trabalho
Sociologia

CATEQUÉTICO PASTORAL

Catequese
Geral
Crisma
Primeira Eucaristia

Pastoral
Geral
Sacramental
Familiar
Social
Ensino Religioso Escolar

TEOLÓGICO ESPIRITUAL

Biografias
Devocionários
Espiritualidade e Mística
Espiritualidade Mariana
Franciscanismo
Autoconhecimento
Liturgia
Obras de referência
Sagrada Escritura e Livros Apócrifos

Teologia
Bíblica
Histórica
Prática
Sistemática

REVISTAS

Concilium
Estudos Bíblicos
Grande Sinal
REB (Revista Eclesiástica Brasileira)

VOZES NOBILIS

Uma linha editorial especial, com importantes autores, alto valor agregado e qualidade superior.

VOZES DE BOLSO

Obras clássicas de Ciências Humanas em formato de bolso.

PRODUTOS SAZONAIS

Folhinha do Sagrado Coração de Jesus
Calendário de mesa do Sagrado Coração de Jesus
Agenda do Sagrado Coração de Jesus
Almanaque Santo Antônio
Agendinha
Diário Vozes
Meditações para o dia a dia
Encontro diário com Deus
Guia Litúrgico

CADASTRE-SE
www.vozes.com.br

EDITORA VOZES LTDA.
Rua Frei Luís, 100 – Centro – Cep 25689-900 – Petrópolis, RJ
Tel.: (24) 2233-9000 – Fax: (24) 2231-4676 – E-mail: vendas@vozes.com.br

UNIDADES NO BRASIL: Belo Horizonte, MG – Brasília, DF – Campinas, SP – Cuiabá, MT
Curitiba, PR – Fortaleza, CE – Goiânia, GO – Juiz de Fora, MG
Manaus, AM – Petrópolis, RJ – Porto Alegre, RS – Recife, PE – Rio de Janeiro, RJ
Salvador, BA – São Paulo, SP